Geographischen Gesellschaft in Bremen

**Deutsche Geographische Blätter**

Neue Folge der Mittheilungen des früheren Vereins für die Deutsche Nordpolarfahrt

Geographischen Gesellschaft in Bremen

**Deutsche Geographische Blätter**
*Neue Folge der Mittheilungen des früheren Vereins für die Deutsche Nordpolarfahrt*
ISBN/EAN: 9783741175183

Hergestellt in Europa, USA, Kanada, Australien, Japan

Cover: Foto ©Andreas Hilbeck / pixelio.de

Manufactured and distributed by brebook publishing software (www.brebook.com)

Geographischen Gesellschaft in Bremen

**Deutsche Geographische Blätter**

# Deutsche

# Geographische Blätter.

Herausgegeben von der

## Geographischen Gesellschaft in Bremen

durch Dr. M. Lindeman.

## Band IX.

Neue Folge der Mitteilungen des früheren Vereins für die deutsche Nordpolarfahrt.

BREMEN.

Kommissions-Verlag von G. A. v. Halem.

1886.

# INHALT.

### Gröfsere Aufsätze:

1. Islands Natur und ihre Einflüsse auf die Bevölkerung. Von Dr. Konrad Keilhack in Berlin. Mit zwei Karten und zwei Lichtdruckbildern .. 1
2. Eine Reise in das Gebiet nördlich vom Kamerungebirge. Von O. Valdau. I. 30
3. Dänische Untersuchungen in Grönland. Von Premierleutnant C. H. Ryder 49
4. Die Erforschung der Neu-Sibirischen Inseln ........................ 53
5. Der Kongo und sein Gebiet. II. Von Dr. A. Oppel ................ 69
6. Eine Reise in das Gebiet nördlich vom Kamerungebirge. II. Von O. Valdau. Mit Karte ......................................... 120
7. Das hannoversche Wendland. Von H. Steinvorth ................ 141
8. Die chilenische Provinz Tarapaca. Von F. C. .................... 154
9. Das Quellgebiet des Rio Chubut. Von A. Seelstrang ............. 106
10. Reiseeindrücke aus Sizilien. Von W. O. Focke .................... 193
11. Ethnologische Beiträge:
    1. Die Atnatánas oder Anwohner des Kupferflusses. Von Henry T. Allen .............................................. 216
    2. Die Ostgrönländer in ihrem Verhältnisse zu den übrigen Eskimostämmen. Von H. Rink ........................ 228
    3. Der Indianerstamm der Odjibways in Nordwest-Kanada. Von Charles N. Bell ....................................... 239
    4. Zaubereiprozesse und Gottesurteile in Afrika. Von Dr. Alb. Harm Post ............................................. 300
12. Die brasilianische Provinz Matto Grosso, nach der Schilderung von von Dr. J. Severiano da Fonseca. Von Dr. H. von Ihering ........ 265
13. Vom Niger-Benuêgebiet und seinen Handelsverhältnissen. Von Ernst Hartert ................................................... 320
14. Der Ausbruch des Ätna vom Mai 1886 ............................. 331
15. Die Ergebnisse der Untersuchungsfahrten des deutschen Kriegsschiffes „Drache" in der Nordsee. (Sommer 1581, 1882 und 1884.) Von Professor Dr. O. Krümmel in Kiel ............................... 335
16. Vorläufige Mitteilung über die wissenschaftlichen Ergebnisse der deutschen Polarstationen .......................................... 341

### Kleinere Mitteilungen:

1) Programm des 6. Deutschen Geographentages in Dresden. Ostern 1886, 62. 2) Aus der geographischen Gesellschaft in Bremen, 63, 172, 244, 346. 3) Polarregionen, 67, 175, 245, 347. 4) Alaska, 70, 248. 5) Die Färinger, 71. 6) Die lappländischen Alpen, 74. 7) Neu-Guinea, 75, 249, 318. 8) Poudichéry, 71. 9) Die Christian Ittenberg-Stiftung in Bremen, 78. 10) Die Elisabeth Thomson wissenschaftliche Stiftung in Boston, 79. 11) Geographische Litteratur, 79, 176, 259, 301. 12) Der sechste Deutsche Geographentag, 173. 13) Die Neu-Guinea-Ausstellung des Dr. Finsch in Berlin, 175. 14) Robert Flegel †, 253. 15) Das englische Nigergebiet, 254. 16) Alpenwirtschaft in Wallis, 257. 17) Von der Insel Réunion, 349. 18) Die Insel Barbados, 353. 19) Britisch Guiana, 354. 20) Die nordfriesischen Inseln, 356. 21) Aus Sibirien, 357. 22) Dr. O. Adolph Fischer †, 358. 23) Die Berri-Berri-Krankheit, 360. 24) Dampferlinien zwischen Europa und dem Kongo, 360.

## Karten, Ansichten und Plan:

Tafel I. Übersichtskarte von Island mit Angabe des bewohnten und unbewohnten Landes, sowie der Gletscher. Mafsstab 1:1 920 000.
Geologisches Übersichtskärtchen des Heklagebietes. Mafstab 1:480 000. (Im Text S. 4.)

Tafel II. Karte des Gebiets um das Kamerungebirge, nach Skizzen und Tagebuchaufzeichnungen von G. Valdau und K. Knutson, entworfen in der litographischen Anstalt des K. Schwedischen Generalstabs von A. H. Byström, Unterleutnant. Mafsstab 1:500 000.

Die Farm Kollafjördr am Fufs des Esja. Lichtdruck. (Im Text S. 11.)

Der Handelsplatz Bildudalr am Arnarfjördr an der nordwestlichen Halbinsel. Im Text S. 11.)

Grundrifs einer isländischen Farm. (Im Text S. 11.)

Heft 3. Band IX.

# Deutsche
# Geographische Blätter.

Herausgegeben von der

## Geographischen Gesellschaft in Bremen

durch Dr. M. Lindeman.

Diese Zeitschrift erscheint vierteljährlich.
Abonnements-Preis 8 Mark jährlich.

BREMEN.
Kommissions-Verlag von G. A. v. Halem.
1886.

# Inhalt.

Seite

1. Reiseeindrücke aus Sizilien. Von W. O. Focke .................... 193
 (Vorbemerkung: Palermo. Girgenti. Syrakus. Der Ätna und seine Umgebungen.)
2. Ethnologische Beiträge:
 1. Die Atnatánas oder Anwohner des Kupferflusses. Von Henry T. Allen 216
 2. Die Ostgrönländer in ihrem Verhältnisse zu den übrigen Eskimostämmen. Von H. Rink .................................. 228
 3. Der Indianerstamm der Odjibways in Nordwest-Kanada. Von Charles N. Bell .................................................. 239
3. Kleinere Mitteilungen:
 a. Aus der geographischen Gesellschaft in Bremen ................ 244
  (Vorträge. Die Bearbeitung der Sammlungen der Gebrüder Krause. Personalnachrichten.)
 b. Polarregionen: 245
  (Die Österbygd. Die niederländische Expedition. Die Südpolarforschung. Neue amerikanische Expeditionen.)
 c. Alaska ..................................................... 248
  (Die Expedition von F. Schwatka nach den Mount-Elias-Alpen.)
 d. Neu-Guinea ................................................. 249
  (Die Expeditionen von Forbes und Everill. Nachrichten aus Kaiser-Wilhelms-Land. Befahrung des Kaiserin-Augusta-Flusses durch Kapitän Dallmann.)
 e. Robert Flegel † ............................................. 253
 f. Das englische Nigergebiet .................................. 254
  (Grenzbestimmungen. Die Reise Thomsons.)
 g. die Trockenlegung der Zuydersee ............................ 255
 h. Alpenwirtschaft in Wallis .................................. 257
4. Geographische Litteratur ...................................... 259
  (Europa: O. Wolf, Chamonix. Europäische Wanderbilder Nr. 103 und 104. Asien: Balmer, Seeweg zwischen Europa und Westsibirien. Afrika: Johnston, Die Kilima-Njaro-Expedition. Hartmann, Madagaskar. Australien und Polynesien: Hagen, Die Marschall-Inseln. Oceanographie: Krümmel, Der Ocean. Karten: Engelhardts Karte von Zentral-Ostafrika. Gaeblers Verkehrskarten.)

## Zur Beachtung.

Diesem Heft liegt der Katalog der im Verlage von Orell, Füssli & Co. in Zürich erschienenen Europäischen Wanderbilder bei.

# Deutsche Geographische Blätter.

Herausgegeben von der
Geographischen Gesellschaft in Bremen.

Beiträge und sonstige Sendungen an die Redaktion werden unter der Adresse:
Dr. M. Lindeman, Bremen, Mendestrasse 8, erbeten.

Der Abdruck der Original-Aufsätze, sowie die Nachbildung von Karten und Illustrationen dieser Zeitschrift ist nur nach Verständigung mit der Redaktion gestattet.

## Reiseeindrücke aus Sizilien.
### Von Wilhelm Olbers Focke.

Vorbemerkung. 1. Gesamtbild. 2. Palermo. 3. Girgenti. 4. Syrakus. 5. Der Ätna und seine Umgebungen.

### Vorbemerkung.

Die Insel Sizilien ist eins der ältesten Kulturländer Europas; sie ist auch im Laufe der Zeiten niemals so vollständig in Barbarei zurückgesunken, wie manche Gegenden des Orients. Es ist daher nicht möglich, der Welt etwas wesentlich Neues über die Insel mitzuteilen; was ich den Lesern dieser Blätter bieten kann, sind eben nur Reiseeindrücke, wie sie sich bei einem kurzen Ausfluge gewinnen lassen. (Eine ausführlichere gute Schilderung von Land und Leuten aus neuester Zeit findet sich in der französischen Zeitschrift „Revue des deux mondes", Jahrgang 1884.) Es ist meine Absicht, mich in den folgenden Aufzeichnungen im wesentlichen auf persönliche Eindrücke und Beobachtungen zu beschränken; statt einer gewissenhaften chronologischen Reisebeschreibung will ich aber versuchen, zunächst ein Gesamtbild und dann Skizzen einzelner bemerkenswerter Örtlichkeiten zu liefern.

### 1. Allgemeines über Land und Leute.

Als ich am Morgen des 22. Mai an Bord des Dampfers erwachte, welcher am vorhergehenden Nachmittage von Neapel abgegangen war, erblickte ich durch das Fensterchen der Kabine in der Ferne zackige Berge. „Früh aufstehen" empfiehlt Bädeker, damit man die Liparischen Inseln nicht versäume. Ich begab mich also auf Deck und sah nun in der Ferne eine langgestreckte, teils von Dunst halb verschleierte, teils von den Strahlen der aufgehenden Sonne hell beleuchtete Berglandschaft vor mir. Daſs dies die Nordküste Siziliens war, konnte keinen Augenblick zweifelhaft sein; der schöne neue Dampfer, welcher mich führte, hatte die Fahrt bedeutend schneller zurückgelegt als seine Vorgänger, über deren Reisen Bädeker berichtete. Allmählich kamen die Berge näher; die Umrisse der an der Küste gelegenen Gipfel hoben sich immer bestimmter gegen die binnenländischen Gebirgsmassen ab. Bei der Einfahrt in die Bucht von Palermo sieht man westlich den mächtigen Monte Pellegrino, jene von Oswald Achenbachs Bildern wohlbekannte Berggestalt, östlich den Monte Catalfano mit dem weit vorspringenden spitzen Kap Zaffarano, dazwischen das flache Ufer mit dem weifsen Streifen der Häuserreihen.

Der Anblick dieser von der südlichen Morgensonne scharf beleuchteten Landschaft ist für den Bewohner Mitteleuropas um so fremdartiger, als das Auge zwischen all den gelblichen, violetten und grauen Farbentönen vergebens nach Grün ausspäht. Die Berge scheinen vollständig kahl zu sein, nur die weifsen Häuserreihen der Stadt werden hier und da durch dunkle Partien unterbrochen, die wie Bäume aussehen. Auch wenn man gelandet ist, begreift man bei dem Anblicke der nackten Felsen und Berge zunächst gar nicht, wie überhaupt eine dichte Bevölkerung hier ihren Unterhalt finden kann. Mit Ausnahme weniger Landstriche bietet nicht allein die Umgegend von Palermo, sondern überhaupt ganz Sizilien dem Auge während des Sommers nur vereinzelte grüne Flächen; im Winter, wenn das junge Getreide spriefst, mag es namentlich in den Weizen bauenden Gegenden anders aussehen.

Man ist bei uns in Deutschland gewöhnlich der Meinung, dafs man Süditalien und namentlich Sizilien im Winter besuchen müsse, weil es dort im Sommer zu heifs sei. Wer nicht ans Mittelmeer reist, um dem rauhen nordischen Winter zu entgehen, sondern um Land und Leute kennen zu lernen, der thut entschieden besser, den Frühsommer zu wählen. Im Mai und Juni ist es in Sizilien allerdings warm, aber die Hitze ist nicht gröfser als bei uns im Sommer; dabei ist die Witterung sehr beständig, die Luft rein und nicht schwül, die vormittags wehende Seebrise angenehm erfrischend; die Tageslänge ist erheblich geringer als bei uns. Die Temperatur beträgt nachts etwa 16—18°, bei Tage 21—22° R. Regen kommt um diese Jahreszeit fast nur noch in den Bergen und allenfalls einmal in der Umgegend des Ätna vor. — Ein auffälliger Unterschied im Vergleich zu Mitteleuropa zeigt sich allerdings in der weit gröfseren Stärke der unmittelbaren Sonnenwirkung. Im Juni steht die Sonne zur Mittagsstunde in Sizilien höher als am Äquator; sie ist dem Scheitelpunkte schon so nahe gerückt, dafs die Schatten recht kurz werden. An Stellen, zu welchen die Seebrise keinen

Zutritt hat, kann es daher schon im Frühsommer während der wärmsten Tagesstunden im freien Sonnenbrande glühend heifs werden; im Schatten oder an luftigen Stellen oder in einer Meereshöhe von einigen hundert Metern ist dies jedoch keineswegs der Fall. Die Abende sind sehr angenehm, und bei festlichen Anlässen, die oft genug eintreten, entfaltet sich an ihnen in den gröfseren Städten das eigenartige sommerliche Volksleben; „italienische Nächte" kann man dann zur Genüge kennen lernen; die Witterung stört fast niemals, denn Regen, Wind oder unangenehme Kühle kennt man in Sizilien nach Mitte Mai kaum noch. In voller Blüte steht das italienische Sommerleben allerdings erst im Juli und August, aber dann steigt auch die Tageshitze oft so hoch, dafs sie auf den Nordländer völlig lähmend wirkt; ferner legen Gesundheitsrücksichten dann mancherlei Beschränkungen auf, während das Frühjahr die gesundeste Jahreszeit ist, so dafs selbst Malariaplätze bei kürzerem Aufenthalte keine Gefahr bringen.

Das Reisen in Sizilien wird durch den allmählichen Ausbau des Eisenbahnnetzes aufserordentlich erleichtert. Die Hauptplätze sind bereits seit mehreren Jahren sämtlich durch Schienenwege verbunden. Eine direkte längs der Nordküste hingeführte Bahn Messina-Palermo wird allerdings noch längere Zeit auf sich warten lassen; sie wird einst höchst interessante und landschaftlich besonders bevorzugte Gegenden erschliefsen, die jetzt schwer zugänglich sind. Das Reisen im Postwagen und Omnibus hat in Sizilien mancherlei Unannehmlichkeiten. Auch das Gasthauswesen läfst viel zu wünschen. An den von Fremden häufiger besuchten Plätzen finden sich internationale Hotels, die in Sizilien denselben Charakter haben wie anderswo; hier und da finden sich auch gute italienische Gasthöfe, in denen sich der anspruchslose Reisende im allgemeinen viel behaglicher fühlen wird. Von den gewöhnlichen landesüblichen Wirtshäusern wird ein Mitteleuropäer nur die besten leidlich finden; zunächst wird man in denselben z. B. die Einzelzimmer vermissen, da die eigentlich sizilianischen Wirtschaften meistens nur Schlafsäle zu 4 bis 6 Betten besitzen; Waschgeschirr pflegt erst morgens hereingetragen zu werden. Man kann nicht darauf rechnen, in einer Stadt von 10—20 000 Einwohnern auch nur ein derartiges Gasthaus zu treffen; offenbar fehlt in Sizilien bisher der Pionier der Reisezivilisation: der Commis voyageur.

Die öffentliche Sicherheit ist im Osten Siziliens kaum je gestört gewesen; man bewegt sich dort eben so frei und unbefangen wie in den ruhigsten und bestverwalteten Ländern. In manchen Teilen des Westens, z. B. um Girgenti und namentlich um Palermo, haben zeitweise Raubereien eine bedeutende Rolle gespielt; auch

jetzt sieht man noch, dafs nicht jeder dem Frieden unbedingt traut.
Auf dem Lande geht fast jedermann bewaffnet, angeblich der Jagd
wegen; die Gendarmerie ist sehr zahlreich und namentlich an
einsameren Stellen der besuchten Landstrafsen findet man häufig
Doppelposten aufgestellt; angesehene und reiche Leute reisen unter
bewaffneter Bedeckung. Diese Sicherheitsmafsregeln scheinen jetzt
vollständig zu genügen, aber anderseits auch noch nicht entbehrlich
zu sein. Noch 1882 wurde ein wohlhabender Mann in der Nähe
von Palermo durch eine Bande als Gendarmen verkleideter Freibeuter aufgegriffen, nach Landessitte ins Gebirge geschleppt und
nur gegen hohes Lösegeld frei gegeben. Als der Fall 1885 zur
gerichtlichen Verhandlung kam, hob der Staatsanwalt hervor, es
gereiche ihm zur Befriedigung, dafs man sämtliche Teilnehmer an
dem Verbrechen, Thäter wie Hehler, mit einer einzigen Ausnahme,
ergriffen habe. Der einzige Schuldige, der leider noch fehle, sei
der Schneider in Palermo, der die Uniformen geliefert habe. Es
galt in Sizilien als selbstverständlich, dafs diese Uniformen in einem
Kloster angefertigt waren, aber die frommen Schneider hatten es
wohlweislich verstanden, sich allen Nachforschungen zu entziehen.
Die Klöster sind auf den Aussterbeetat gesetzt und mit ihnen wird
in Sizilien auch eine der kräftigsten Wurzeln des Räuberwesens zu
Grunde gehen, da die klerikale Partei das nationale Brigantentum
als ein legitimes Kampfmittel gegen die Freigeister und die freigeistigen norditalienischen Eroberer benutzt hat. Fremde, die den
inneren Streitigkeiten fern standen und deren Vermögensverhältnisse man nicht kannte, sind im ganzen wenig von den sizilianischen
Räubern belästigt worden, wenn auch hier und da einmal, so lange
die Regierung noch schwach war, einige Strolche die Wertgegenstände, welche Reisende bei sich führten, konfisziert haben. Diese
Zustände gehören aber jetzt der Vergangenheit an; die Erziehung
des Volkes durch Schule und Militärdienst wird hoffentlich bald
dahin führen, ihre Wiederkehr unmöglich zu machen.

Sizilien ist in seinem ganzen nördlichen Teile ein gebirgiges
Land, während der Süden mehr hügelig und wellig erscheint. Ebenen
sind wenige vorhanden und haben meistens nur eine geringe Ausdehnung; die einzige bedeutendere ist die schöne, fruchtbare, gut
bewässerte Ebene von Catania im Süden des Ätna; bekannt ist
ferner die Conca d'oro, die goldene Muschel, von Palermo. Das
Hauptgebirge erstreckt sich von Messina längs der Nordküste nach
Westen; es ist eine Fortsetzung der neapolitanischen Apenninen,
wird von den Geographen „Nebroden" genannt, führt aber keinen
einheitlichen einheimischen Namen. Nahe der Mitte der Nordküste

erreicht es in der Berggruppe der Madonie seine höchste Entwickelung und eine Höhe von fast 2000 m, wird dann aber durch eine Senkung unterbrochen, welche das ganze westliche Sizilien abschneidet. Jenseits dieser Senkung, von der die im Altertume als Himera bekannten beiden Flüsse sich nach Norden und nach Süden ergiefsen, ist die Insel von unregelmäfsigen Bergzügen und einzelnen Gipfeln bedeckt, unter denen manche sich noch über 1000 m erheben. Im Osten lehnt sich an den Südfufs des nördlichen Küstengebirges (Nebroden), aber vollständig von demselben getrennt, der gewaltige Vulkankegel des Ätna an. Auch der im allgemeinen mehr hügelige Südosten der Insel hat im Innern sein besonderes Bergsystem.

Unter den Produkten des Mineralreichs hat eins für Sizilien eine aufserordentliche Bedeutung, nämlich der Schwefel, der in einem gröfseren Bezirke unweit der Südküste und nahe der Mitte der Insel bergmännisch gewonnen wird. Die Ausfuhr erfolgt vorzüglich über die Häfen Licata und Porto Empedocle bei Girgenti, zum Teil auch über Palermo.

Die Vegetation Siziliens hat das charakteristische Gepräge der Mittelmeerflora. Die Insel liegt so ziemlich in der Mitte des ganzen grofsen Beckens zwischen Alpen und Sahara einerseits, der Strafse von Gibraltar und dem Libanon anderseits. Heifse trockne Sommer und regenreiche, kühle, aber in den milderen Küstenstrichen fast frostfreie Winter sind für das Klima charakteristisch. Die Pflanzenwelt ist diesen Verhältnissen angepafst; das Gedeihen der eigentlichen Tropengewächse wird durch die kühlen Winter verhindert, während die mitteleuropäischen Pflanzen zum Teil durch die Kürze der Ruheperiode, vorzüglich jedoch durch die Sommerdürre leiden. Auf den Bergen und am Rande der Gewässer sieht man daher am meisten mitteleuropäische Formen auftreten. Der Gesamteindruck, den die Pflanzendecke Siziliens hervorbringt, mufs übrigens in der Urzeit ein wesentlich andrer gewesen sein als gegenwärtig. Die Vegetation hatte damals unstreitig weit mehr Ähnlichkeit mit derjenigen des westlichen Mitteleuropa. Sizilien war ursprünglich mit dichten Wäldern bedeckt und der eigentliche Waldbaum der Insel ist noch immer die gewöhnliche Eiche. Unter den laubwechselnden Eichen fand sich ein dichtes Unterholz von immergrünem Buschwerk, ähnlich wie wir noch jetzt an der deutschen Nordseeküste Eichenwald finden, in dessen Schatten dichtes Unterholz von immergrünen Hülsen gedeiht. Ein grofser Unterschied zeigt sich aber darin, dafs in Sizilien eine ansehnliche Zahl von kleinen Laubbäumen und grofsen Sträuchern immergrün bleibt, während bei uns an der Nordsee (aufser dem kletternden Epheu) nur eine einzige einheimische Art auch im Winter ihr grünes Laub behält.

Immerhin muſs Sizilien in der Urzeit durch seine Vegetation vielfach an das westliche Mitteleuropa erinnert haben. Nach der Ausrottung der Wälder muſsten dagegen solche Gewächse sich ausbreiten, welche befähigt sind, dem Sonnenbrande und der Sommerdürre zu widerstehen. Sie bilden jetzt auf einem groſsen Teile der Insel das einzige Grün, aber sie erscheinen nicht in einer so beträchtlichen Mannigfaltigkeit von Arten, wie in Spanien oder im Orient, wo schon in der Urzeit viel mehr waldloses Steppenland vorhanden gewesen sein wird.

Unter den einheimischen Gewächsen sind übrigens manche Formen vertreten, welche entschieden auf ein subtropisches Klima hinweisen. Überall auf dürren steinigen Berghängen sieht man die kurzen steifen Wedel der Zwergpalme (Chamaerops humilis), welche in Sizilien ganz allgemein zu Besen gebraucht werden, wie bei uns Heidekraut und Birkenreiser. An feuchten, etwas schattigen Stellen, wo unter Buschwerk Spuren von Quellwasser hervorsickern, erblickt man die klassischen Formen der Acanthusblätter, die einen kurzen, mit groſsen bläulichen Blumen geschmückten Stengel umgeben. An den Felsen und sonnigen Hängen klettern die Kappernsträucher mit ihren schönen, groſsen, zart violett angehauchten Blumen; im Kiese der Fluſsthäler oder auch an feuchten Felswänden erblickt man die Blütenpracht der Oleanderbüsche, welche auf weite Entfernung schon bei der Eisenbahnfahrt sichtbar sind. Die genannten Pflanzen tragen sämtlich ein südländisches Gepräge; ihre nächsten Verwandten sind in den Tropen zu Hause.

Der Anbau hat der Insel mancherlei subtropische und tropische Pflanzenformen zugeführt, die jetzt eine groſse Verbreitung gewonnen haben. An Wasserläufen ist der Papyrus der afrikanischen Stromufer heimisch geworden, hier und da auch die amerikanische Canna. Das Zuckerrohr hat einst seinen Weg von Indien über Sizilien nach Spanien und Amerika genommen; jetzt wird es kaum noch auf der Insel gebaut. Auch für Reisfelder besitzt die Insel nicht viele geeignete Gegenden; öfter sieht man Baumwollpflanzungen. In groſsem Maſsstabe haben aber die Haine von Ölbäumen, Zitronen und Apfelsinen, die zerstreut darüber hinausragenden Dattelpalmen, sowie endlich die 3 m hohen dichten Zäune des Feigenkaktus den landschaftlichen Charakter Siziliens verändert; gerade diese Pflanzengestalten haben ein so eigenartiges Gepräge und man sieht sie so häufig, daſs sie gegenwärtig in dem Gesamteindrucke, welchen die Insel hinterläſst, eine wichtige Rolle einnehmen. Aus neuester Zeit kommen zu den fremdländischen Baumformen noch die zahlreichen trefflich gedeihenden Eucalyptuspflanzungen hinzu, die namentlich an fast allen Bahnhöfen angelegt sind. Längs der Bahndämme leuchten auch manchmal in langen Reihen die Blüten der südafrikanischen Scharlachpelargonien hervor, denen das Klima aufserordentlich zusagt, die daher massenhaft gezogen werden und halb verwildert vorkommen.

Unter den pflanzlichen Produkten der Insel ist in erster Linie der Weizen zu nennen, welcher seit den ältesten Zeiten in grofser Ausdehnung gebaut wird. Während der feuchten Winter Siziliens wächst das Getreide auf einem Boden heran, der im Sommer als ausgedörrte Wüste erscheint. Die Wärme des April und Mai genügt, um das Korn zur Reife zu bringen; die Dürre der letzten Maiwochen schadet nicht mehr. Gegen Ende dieses Monats und zu Anfang Juni findet dann die Ernte statt, während welcher man im Klima Siziliens kein schädliches Regenwetter zu befürchten braucht. Der Weinbau spielt in Sizilien eine bedeutende Rolle. Unter den übrigen Produkten sind namentlich Baumfrüchte von Wichtigkeit. In manchen Gegenden sieht man in den Getreidefeldern zahlreiche Mandelbäume stehen, deren Schatten dem sonnigen Lande eher nützlich als schädlich sein dürfte. In den warmen tiefgelegenen Thälern werden die Agrumen in grofsem Mafsstabe gebaut, und zwar in einigen Gegenden mehr Zitronen, in andern besonders Apfelsinen (süfse Orangen). Aufser Feigen- und Ölbaum sind ferner zwei Fruchtbäume zu nennen, welche bei uns weniger bekannt sind, nämlich der zahme Vogelbeerbaum (Sorbus domestica) und die japanische Mispel, welche den Vorzug besitzt, schon früh im Jahre, nämlich im April und Mai, ein sehr angenehmes Obst zu liefern. Die Früchte dieser Pflanze ähneln aufserlich in Grösse und Farbe den Aprikosen; sie enthalten einige sehr grofse Kerne, welche von saftreichem Fleisch umgeben sind. Diese Mispeln werden in Menge mit dem Dampfboot von Palermo nach Neapel gesandt; durch jeden längeren Landtransport, bei welchem ein Schütteln und Stofsen nicht zu vermeiden ist, würden sie jedoch leiden und unansehnlich werden. In Norditalien sind diese Früchte kleiner, saurer und minder saftig.

Auf ganz trocknem und steinigem Boden gedeihen immer noch zwei Kulturpflanzen: Feigenkaktus und Sumach. Die grotesken Gestalten des Feigenkaktus benutzt man ziemlich allgemein zu undurchdringlichen Hecken; die Früchte, die sich nicht konservieren lassen, müssen im Herbste in unglaublichen Mengen genossen werden.

Die Viehzucht spielt in Sizilien keine hervorragende Rolle, da die Tiere sich mit dem spärlichen Futter der anscheinend ganz kahlen Berghänge begnügen müssen. Kräftige schlanke Ziegen von hellbräunlicher oder weifslicher Färbung sieht man in grofsen Herden; ferner kleine rotbraune, lang gehörnte Rinder, ziemlich kleine Pferde und Maultiere, seltener schwarze Schafe. Gröfsere wilde Tiere trifft man natürlich in dem entwaldeten und seit alten Zeiten hoch kultivierten Lande sehr selten an. Auch die Vögel sind wegen der allgegenwärtigen Jäger sehr scheu. Gut vertreten ist die niedere Tierwelt; bunte Insekten sind zahlreich und auch die Schnecken fallen mitunter durch ihre grofse Menge auf. Bei Girgenti fand ich auf dürren Pflanzenstengeln weifse Klumpen, die aus einiger Entfernung wie maiskolbenähnliche Fruchtstände aussahen. Bei näherer Betrachtung bemerkte ich, dafs diese Scheinfrüchte aus gedrängt bei einander sitzenden Schnecken (Helix- und Bulimusarten) bestanden, die sich auf die Spitze trockner Meerzwiebelstengel zurückgezogen hatten. Der Sonnenbrand mochte auf solch luftigem Sitze erträglicher sein als in den Spalten des nackten Felsbodens.

Um über die Bewohner Siziliens ein begründetes Urteil aussprechen zu können, dazu würde ein viel längerer Aufenthalt und ein genauerer Verkehr mit dem Volke erforderlich sein, als mir beschieden war. Durchschnittlich sind die Sizilianer von untersetzter Statur, aber kräftig; Frauenschönheit ist wenig vertreten. Von dem Charakter der Leute erhält man im allgemeinen einen entschieden vorteilhaften Eindruck; sie scheinen zuverlässig, arbeitsam und nüchtern zu sein, ganz besonders zeichnen sie sich durch eine rasche Auffassungsgabe aus. Die Frauen scheinen, wenigstens in den Städten, in ihrer Freiheit ziemlich beschränkt zu werden; es ist als ob auch in dieser Hinsicht ein Anflug orientalischer Sitte bis nach Sizilien gedrungen ist. Eigentümliche Volkstrachten sieht man nirgends mehr; nur bei einer Gelegenheit begegnet man einem besonderen, allerdings sehr auffälligen Kostüm: es ist das der vollständig vermummten, in ganz weifse Gewänder gehüllten Begleiter von Leichenzügen. Übrigens ist in Neapel dieselbe Tracht gebräuchlich.

Das landesübliche Gefährt sind zweiräderige Karren, wie sie vielfach auch auf dem süditalienischen Festlande benutzt werden. Sizilien eigentümlich ist aber die bunte Bemalung dieser Karren; die Grundfarbe pflegt gelb zu sein; auf den Seitenbrettern des Karrens sind dann in lebhaften Farben allerlei Heiligengeschichten u. a. dargestellt, ganz im Stile der Bänkelsänger- und Mordgeschichtenbilder. Wenn diese bunten Karren in voller Gala erscheinen, so gehört dazu auch ein eigentümlicher bunter Pferdeschmuck mit einer Art von hohen Federbüschen.

Von Geräten sieht man in Sizilien noch manche altertümliche Formen; in manchen Gegenden sind noch die antiken Thonkrüge (Amphoren) im allgemeinen Gebrauch.

Die Bevölkerung wohnt durchgehends in Städten oder städtisch gebauten Ortschaften; einzelne Gehöfte oder Dörfer mit zerstreut liegenden Häusern trifft man nur selten an. Merkwürdig sind die uralten Felsennester, die sich auf der Insel erhalten haben, namentlich die auf isolierten Bergkegeln gelegenen Städte des Innern, die zum Teil ziemlich volkreich sind. Das Schutzbedürfnis hat diese Bauweise veranlafst und man hat noch immer nicht von der alten unbequemen Gewohnheit gelassen, durch welche die Bewohner, die doch gröfstenteils Ackerbürger sind, zu weiten und mühsamen Wanderungen gezwungen werden, um ihre Ländereien zu bestellen. In den Umgebungen einer solchen Bergstadt sieht man dann weit und breit bis in grofse Entfernungen keine Ortschaft und kein Haus. Das Innere der sizilianischen Wohnungen ist im allgemeinen eben so wenig freundlich, wie das Innere der Städte. In einzelnen Beziehungen zeigt sich übrigens die uralte sizilianische Kultur noch immer unsrer jetzigen nordwesteuropäischen überlegen. Dies gilt z. B. ganz unbedingt vom Strafsenpflaster, welches in Städten und Dörfern überall aus mächtigen, ganz regelmäfsig behauenen und sehr genau zusammengefügten Quadern besteht.

Zu den vorzüglichsten Reizen Siziliens gehören die geschichtlichen Erinnerungen und namentlich die Denkmäler aus der grofsen Zeit des griechischen Altertums. Wenn auch die umfangreichsten und merkwürdigsten Ruinen sich nur an vier oder fünf Plätzen finden, so sind doch an vielen andern Stellen einzelne Reste alter Kultur oder irgend welche Anknüpfungen an die Vorzeit vorhanden. Auch die Sarazenen haben in Bauwerken, Ortsnamen und Gebräuchen mancherlei Spuren ihrer Herrschaft hinterlassen.

Was Sizilien so anziehend macht, ist die Mannigfaltigkeit der verschiedenen Eindrücke, welche man dort empfängt. Über die Schönheit des Innern der Insel besitzen wir begeisterte Schilderungen aus dem Altertum, aber die herrlichen Waldungen, die rauschenden Bäche und Quellen, die üppige Pflanzen- und Tierwelt sind verschwunden — so dafs gegenwärtig das kahle, baum- und wasserarme Innere trotz der mannigfaltigen Berglinien keinen allzugrofsen Reiz ausübt. Aber an den Küsten, wo sich Land und Berge von der ruhigen tiefblauen Meeresfläche abheben, gewinnt die Gegend auch mit wenig Pflanzengrün Leben und Farbe. Nimmt man dazu den gewaltigen Ätna, die fremdländische Vegetation, die modernen Städte, die altgriechischen und mittelalterlichen Erinnerungen, so wie endlich das schöne milde Klima — so hat man wohl die wichtigsten Bestandteile hervorgehoben, aus denen sich die Anziehungskraft Siziliens zusammensetzt.

## 2. Palermo.

Unter allen Grofsstädten Europas giebt es kaum eine, welche an sich, als Stadt betrachtet, so wenig Anziehendes bietet wie Neapel. Der naheliegende Vergleich zwischen der süditalischen und der sizilianischen Hauptstadt fällt entschieden zu gunsten der letzten aus. Aber anderseits giebt es keine europäische Stadt, welche sich irgendwie mit Neapel vergleichen läfst im Hinblick auf die wundervolle Lage und die mannigfaltigen Reize der Umgebungen. In dieser Beziehung steht Palermo bedeutend zurück; einen Vesuv, ein Capri, ein Pompeji und Puzzuoli vermag es nicht zu bieten. Aber dennoch ist die Lage Palermos eine vorzüglich schöne. Insbesondere sind es die charaktervollen Umrisse des mächtigen Monte Pellegrino, welche dem Platze sein besonderes landschaftliches Gepräge verleihen. Einerseits vom Meere bespült, anderseits von einem völlig ebenen Thalgrunde, der berühmten Conca d'oro, umgeben, steigen die nackten Felswände, Grate und Zacken des Berges von allen Seiten frei empor. Am Fufse dieser Felsmasse, da wo die Ebene in breiter Front das blaue Meer berührt, dehnt sich die sizilische Hauptstadt aus, an der Landseite rings von grünen Zitronenhainen umkränzt. Am schönsten überblickt man Palermo und seine Umgebungen von den Abhängen des Monte Griffone aus, der dem Pellegrino gerade gegenüber liegt; mit Vorliebe haben Maler diese Stelle für ihre Landschaften gewählt und zwar vorzüglich einen Punkt, an welchem die Klosterkirche S. Maria di Gesù den Vordergrund einnimmt, während sich weiter entfernt in der Mitte die vom Monte Pellegrino überragte Stadt ausbreitet, rechts das Meer, links die fruchtbare Ebene, umrahmt von Bergen, über welche zahlreiche entferntere Gipfel, Kämme und Spitzen emporsteigen.

Palermo zählt jetzt etwa eine Viertelmillion Einwohner. Zwei rechtwinklig sich schneidende schnurgerade Hauptstrafsen teilen die Stadt in vier ziemlich gleich grofse Viertel ein; von Bedeutung sind ferner noch einige öffentliche Plätze und breitere Strafsen, die als wichtige Verkehrswege dienen; im übrigen besteht das Innere der einzelnen Quartiere aus jenem Gewirr enger Gassen und Gänge, welches man in so vielen italienischen Städten anzutreffen gewohnt ist. Die Häuser sind nicht übermäfsig hoch und ihre Architektur ist im allgemeinen einfach und einförmig; jedes Fenster hat einen mit Eisengitter umgebenen Balkon, wodurch wenigstens die Gleichförmigkeit der Mauerflächen etwas unterbrochen wird. Schornsteine kennt man kaum, der Rauch des Herdes entweicht aus dem Fenster. Eine namhafte Zahl bedeutender mittelalterlicher Bauwerke verleiht übrigens der Stadt ein gröfseres architektonisches Interesse; in ihrem Innern enthalten diese Gebäude interessante Kunstschätze. Besonders ausgezeichnet sind die herrlichen Goldmosaiken, welche sich in mehreren Kirchen und Kapellen erhalten haben. Das prächtigste Baudenkmal steht freilich nicht in Palermo selbst, sondern in der etwa eine deutsche Meile entfernten Stadt Monreale; es ist die dortige erzbischöfliche Kathedrale, welche durch Architektur, Goldmosaiken und herrliche Lage höchst bemerkenswert ist; daneben befindet sich ein Kreuzgang, dessen 216 Säulen aufserordentlich zierlich und sämtlich verschieden gearbeitet sind.

Das kulturgeschichtliche Interesse, welches Baudenkmäler aus der griechischen und römischen Zeit so manchen Plätzen des Westens sowie der Süd- und Ostküste Siziliens verleihen, fehlt dem Norden fast ganz. Was in Palermo an römischen Resten entdeckt wurde, ist von geringer Bedeutung. Wohl aber finden sich im dortigen Nationalmuseum zahlreiche antike Gegenstände, welche in andern Teilen der Insel gesammelt sind, namentlich die berühmten Metopen von Selinunt, die einer sehr frühen Periode der griechischen Kunst angehören.

Einen besonderen Reiz erhält Palermo durch seine schönen Parkanlagen und Gärten mit ihren zahlreichen fremdartigen Gewächsen aus der subtropischen Zone. Bei allen diesen Anpflanzungen handelt es sich vor allen Dingen um das Wasser. Wo es Süfswasser giebt, da herrscht um Palermo die gröfste Üppigkeit der Vegetation, wo es fehlt, da ist auch für den Gärtner wenig zu machen. Die herrlichen Zitronenhaine der Conca d'oro sind abhängig von der Bewässerung; wo diese nicht zu beschaffen ist, da gedeihen nur noch Sumach und Feigenkaktus. Grofse Grasflächen, die im Winter grün gewesen waren, lagen in der zweiten Hälfte des Mai vollständig verdorrt da; der Boden war dicht bedeckt mit den Früchten der Schneckenkleearten und andrer einjährigen Gewächse. Und nach dem Mai folgen noch drei heifse regenlose Monate! Es versteht sich von selbst, dafs unter diesen Verhältnissen solche Gewächse besonders wertvoll sind, welche wenig Wasser bedürfen. Als Rasen verwendet man die Blätter der japanesischen Maililie. In den Baumpflanzungen und Alleen zu Palermo hat man namentlich viel Gebrauch gemacht von dem mexikanischen Pfefferbaum (Schinus molle), der mit seiner feinen hängenden Belaubung eine der graziösesten Pflanzengestalten ist, die es giebt. Ebenso widerstandsfähig scheinen die Erythrinabäume zu sein, welche zwar weniger zierlich sind, aber durch ihr dunkles massiges Laubwerk vortrefflich schatten. Die meisten sonstigen Baumarten erfordern mehr oder minder Wasser, so namentlich die Palmen und Araucarien, jene so regelmäfsig gewachsenen Nadelholzbäume, die wir als kleine Exemplare in unsern Kalthäusern bewundern. Bei Palermo sieht man sie am schönsten in dem wohlbewässerten Garten des Grafen Tasca. Auch die tropischen Bananen mit ihren mächtigen breiten Blättern halten in Sizilien an geschützten Stellen ganz gut im Freien aus, bringen aber keine Früchte. Einen eigentümlichen Eindruck macht es, wenn man gegen Ende Mai in einer Landschaft, die auf den Nordeuropäer einen hochsommerlichen oder selbst herbstlichen Eindruck macht, Bäume aus einer wärmeren Heimat antrifft, welche zu derselben Zeit ihr erstes Frühlingslaub entfalten. Es thut dies z. B. der Jakarandabaum, der mit den ersten Blättern auch seine prächtigen satt violettblauen Blumen erschliefst.

Es würde zu weit führen, hier auf mehr Einzelheiten einzugehen, doch mag noch erwähnt werden, welche Rolle die Gärten im Leben der Palermitaner wie andrer italienischen Stadtbewohner spielen. Die gleichmäfsig stillen, heiteren und vollkommen dunklen Sommerabende gestatten es ganz regelmäfsig, Feste zu feiern mit Musik, Gasbeleuchtung, bunten Papierlaternen, Feuerwerk, kleinen brennenden Luftballons u. dergl. Vor allen Dingen eignen sich die öffentlichen Parks und die am Meeresufer gelegenen Promenaden für die Entfaltung dieses eigenartigen südländischen Treibens mit seiner glänzenden sinnenberauschenden Poesie.

Die Umgegend von Palermo gewährt aufser den mannigfaltigen Ausblicken auf Meer, Thäler und Berge auch einen Begriff von der Beschaffenheit und der Bebauung des Landes. Die Ertragfähigkeit hängt, wie gesagt, vom Wasser ab und der Wassermangel ist offenbar zum Teil durch die Entwaldung bedingt. Kleine Versuche zeigen, dafs eine allmähliche Wiederbewaldung nicht unmöglich ist; freilich darf man nicht an den dürrsten und wertlosesten Stellen anfangen wollen. Höher auf den Bergen ist Weideland vorhanden, welches dem Vieh auch im Sommer Nahrung spendet. Zuweilen bekommt man den Eindruck, als ob noch in einer nicht zu fernen Vergangenheit die Dürre des Landes geringer gewesen sein müsse. Zu Bagheria, östlich von Palermo, giebt es grofsartige Gartenanlagen, die nicht bewässert werden können, mit Schlössern, welche von dem Reichtum ihrer Erbauer Zeugnis ablegen. Man sah schon Ende Mai, wie sehr dort die Bäume und das Buschwerk mit der Dürre zu kämpfen hatten; man begreift kaum, wie man an solchen Stellen einst kostspielige Anpflanzungen machen konnte.

Sollten die Verhältnisse nicht ehemals günstiger gewesen sein? Die Schlösser Bagherias enthalten übrigens einige kulturhistorische Wunderlichkeiten; in einem Schlofshofe finden sich ebenso geschmacklose wie phantastische Tier-Mensch-Ungetümfiguren in grofser Zahl; an einer andern Stelle wird man in ein als Kloster eingerichtetes Gebäude geführt, in dessen Zellen lebensgrofse als Mönche oder Nonnen gekleidete Figuren mit klösterlichen Verrichtungen beschäftigt angebracht sind.

Noch eine andre kulturhistorische Absonderlichkeit Palermos mag hier erwähnt werden. Manche der wohlhabenden Einwohner der Stadt pflegen den Gebrauch, die Leichen ihrer Angehörigen nicht etwa bestatten oder verbrennen, sondern trocknen zu lassen. Und dabei wird dies Trocknen ohne jegliche Benutzung der neueren wissenschaftlichen Hülfsmittel in ganz roher Weise und mit recht mangelhaftem Erfolge ausgeübt. Die getrockneten Leichen werden in grofsen unterirdischen Korridoren aufbewahrt. Sie ruhen da nun nicht etwa, wie es im Bremer Bleikeller der Fall ist, sämtlich in einer Art von Särgen oder Sarkophagen, sondern teils kauern oder liegen sie über einander in Wandnischen, teils sind sie an den Wänden aufgehängt. Sie sind auch nicht wirklich getrocknet wie die Bleikellerleichen, sondern sie stellen eigentlich nur Gerippe vor, an denen noch Fetzen der Weichteile hängen und die oft nur mit dürftigen Gewändern bekleidet sind. Da das Trocknungsverfahren trotz seiner Mangelhaftigkeit ziemlich kostspielig ist, können sich nur Wohlhabende diesen Luxus erlauben. Wenn man durch die mit trocknen Leichen angefüllten Grüfte geht, glaubt man unter einem halb wilden Volke zu weilen, und man mufs sich immer wieder durch das Lesen der Inschriften überzeugen, dafs es Palermitaner der letzten Jahrzehnte sind, deren irdische Reste hier zu Tausenden herumliegen und hängen.

Des kulturgeschichtlichen Gegensatzes wegen mag hier erwähnt werden, dafs eine andre sizilische Stadt, nämlich Messina, einen Friedhof besitzt, dessen herrliche Lage schwerlich irgendwo in Europa ihresgleichen findet. Die Baulichkeiten ahmen denen Mailands und Genuas nach, sind jedoch noch zu neu, um gleich zahlreiche Kunstwerke und Denkmäler zu enthalten. Man hat dort einen Ruheplatz für die Toten geschaffen, in dessen ganzer Anlage sich moderne Anschauungs- und Empfindungsweise ausspricht. Man kann sich kaum einen gröfseren Gegensatz denken, als den zwischen Palermos schauerlichem Leichenkeller und Messinas friedlich schönem Totengarten.

### 3. Girgenti.

Der Raum, welchen die alte Grofsstadt Akragas oder Agrigentum bedeckt hat, wird jetzt grofsenteils von Äckern und Fruchtpflanzungen eingenommen; die dürren höher gelegenen Stellen sind völlig wüst; ihre winterliche Pflanzendecke ist im Sommer versengt. Die nördlichste Ecke des alten Stadtgebietes wird ausgefüllt von dem heutigen Girgenti mit seinen hohen Häusern und engen, meist steilen Gassen. Die Grenze der alten Stadt wird bezeichnet durch schroff abstürzende Abhänge, die meistens von der Natur gegeben, zum Teil aber auch absichtlich steiler gemacht sind. Tief unterhalb des jetzigen Girgenti, am Fufse des Abhanges, oder eigentlich schon an der jenseitigen Thalwand, liegt der Bahnhof, von welchem aus die Bahn einerseits nordwärts ins Innere der Insel, andrerseits in weitem Bogen an die Küste, an den Hafen von Girgenti führt, der neuerdings zum Andenken an den berühmtesten Bürger Agrigents den Namen Porto Empedocle empfangen hat. Das neue Girgenti mag etwa 25 000 Einwohner zählen; es bietet nicht viel Bemerkenswertes. Was die Fremden an diesen Ort lockt, das sind die merkwürdigen Reste aus dem Altertume. Die schönsten antiken Bauwerke liegen längs der alten Ringmauer an der Südseite Agrigents, fast dreiviertel Stunden von der heutigen Stadt entfernt. Da finden sich die gewaltigen Trümmer des Zeustempels, der übrigens nie ganz vollendet gewesen ist. Ein freundlicher Kustode führte mich umher und gab mir in geläufigem Französisch die notwendigen Erklärungen; als dann aber das Gespräch auf andre Dinge abschweifte, verfiel er in ein höchst spafshaftes, aber ganz gut verständliches galloitalisches Messingsch, dessen er sich übrigens in vollster Unbefangenheit bediente. Ähnliches begegnet übrigens dem Fremden im südlichen Italien nicht selten. Noch weit anziehender als die Trümmerfelder sind die beiden in der Nähe gelegenen Tempel der Juno und der Konkordia, weil sie noch grofsenteils erhalten sind. Gepriesen sei jener mittelalterliche Pfaffe, welcher den glücklichen Gedanken hatte, den herrlichen Konkordiatempel dem Schutzpatrone aller Rüben zu weihen. Von nun an war das schöne Bauwerk vor den Angriffen roher Menschenhände sicher, denn niemand wollte es mit einem so einflufsreichen Heiligen verderben und dadurch vielleicht seine ganze Rübenernte aufs Spiel setzen. Erdbeben und Scirocco haben sich freilich nicht abhalten lassen, ihre zerstörende Thätigkeit auszuüben, aber sie arbeiten minder rasch und gewaltthätig als die Menschen. Von den Vorstufen, den Säulenreihen, Mauern und selbst den Giebeln der beiden Tempel ist noch so viel erhalten, dafs man den vollen wirklichen Eindruck altgriechischer Monumentalbauten von ihnen empfängt. Kein Kustode und kein Bettler stört die Erinnerungen an das Altertum und den herrlichen Ausblick in die sonnige wellige, teils wohl bebaute, teils felsigöde Landschaft. Unter der Stadtmauer, auf der die Tempel stehen, senkt sich der Abhang in das Thal eines ausgetrockneten Flüfschens hinab, an dessen naher Mündung der versandete Hafen von Agrigent lag; der Blick schweift von dort über die ruhige sattblaue Meeresfläche hinweg in die endlose Ferne. Ein frischer Ostwind kühlte zur Zeit meines Besuches die Luft so weit ab, dafs ich nicht im mindesten von dem Sonnenbrande belästigt wurde; um so mehr empfand ich aber die Hitze, als ich mich endlich von den Tempeln trennte und auf der staubigen, von Mauern und Kaktushecken eingeschlossenen, vor jedem Luftzuge geschützten Strafse bergaufwärts nach Girgenti wanderte; die Mittagssonne stand so hoch, dafs die Schatten fast unmerklich kurz wurden. Auf halbem Wege zur Stadt quillt frisches Wasser aus einer antiken Leitung. Hier sammeln sich jetzt, wie es im Altertum der Fall war, die Wasserschöpfer. Maultiere und Esel, über deren Rücken jederseits ein grofser Thonkrug, eine Amphora von echt klassischer Gestalt, herabhängt, gehen und kommen von der Stadt, um das unentbehrliche Nafs zu holen. Die begleitenden Jungen riefen mir einmal über das andre ein „vole bibere?" (wollen Sie trinken?) zu, eine Frage, welche in ihrer mehr lateinischen als italienischen Form dazu beitrug, die durch Landschaft, Tempel, Amphoren und Brunnenszenen geweckten altklassischen Eindrücke nur noch lebendiger zu gestalten.

Eigentlich modernes Leben zeigt sich mehr in Porto Empedocle als in Girgenti selbst. Weizen und Schwefel sind die vorzüglichsten Ausfuhrprodukte der südsizilischen Häfen. Und so sind es denn namentlich die mächtigen Haufen der gelben Schwefelbarren, welche Porto Empedocle sein besonderes Gepräge verleihen.

### 4. Syrakus.

Der alte Ruhm von Agrigent wird noch überboten durch den von Syrakus. Einst ging die in den Perserkriegen errungene Bedeutung Athens vor den Mauern von Syrakus verloren, um niemals wieder zu dem früheren Glanze zu erstehen. Wie viele Erinnerungen knüpfen sich nicht allein an die Namen Dionys und Archimedes!

Die älteste Stadt wurde auf der kleinen Insel Ortygia begründet, deren Wichtigkeit namentlich auf der berühmten Quelle Arethusa beruhte, welche die Einwohner unter allen Umständen vor der Gefahr des Trinkwassermangels schützte. In der späteren Grofsstadt Syrakus bildete die Insel nur einen kleinen, wenn auch bedeutsamen Stadtteil; das moderne Siracusa hat wieder Raum genug auf der alten Stelle, der Ortygia, gefunden. Im Norden ist die Insel von dem sizilischen Hauptlande nur durch einen schmalen Kanal getrennt, der durch Festungswerke grabenartig eingeengt ist. Die Quelle Arethusa ist neuerdings neu gefaßt; ihr von Papyrus umstandenes klares Becken liegt in einer kleinen Anlage am westlichen Ufer der Insel; ihr Abfluß ergießt sich nach einem Laufe von wenigen Metern und einem Gefälle von einigen Zentimetern in die ostwärts durch die Ortygia begrenzte nur nach Süden zu offene Meeresbucht, welche einst den grofsen Hafen von Syrakus bildete. Im Norden dieser Bucht und der Insel lag die ehemalige Grofsstadt, deren äuserste Punkte innerhalb der Ringmauer sowohl in ostwestlicher als auch (einschliefslich der Ortygia) in nordsüdlicher Richtung eine deutsche Meile von einander entfernt lagen. Wenn der Blick auf diesem weiten Raume nach den Ruinen von Syrakus sucht, so findet man sich zunächst vielleicht durch nichts mehr überrascht als durch den Umstand, dafs solche Ruinen kaum vorhanden sind. Überall sieht man in dem Felsen die geebneten viereckigen Hausplätze und andre Zeichen einer einstigen dichten Bewohnung, aber vergebens forscht man nach dem Verbleib der Steine, aus welchen die Häuser gebaut waren. Ein kümmerliches noch aufrecht stehendes Säulenbruchstück und einige von der alten Ringmauer stammende Steinhaufen: das ist so ziemlich alles, was an *oberirdischen* Resten von dem alten Syrakus noch übrig ist. Die Merkwürdigkeiten, welche die antike Riesenstadt uns hinterlassen hat, bestehen in Höhlungen und Bauwerken, welche die griechischen Architekten und Steinhauer einst in den Felsen eingehauen haben. Dahin gehören namentlich die grofsen Steinbrüche oder Latomien, welche in der athenisch-syrakusanischen Geschichte eine bedeutende Rolle spielen. Der Grund dieser tiefen schattigen und kühlen Gruben bleibt stets einigermafsen feucht und gestattet die Entwickelung eines üppigen Baumwuchses, wie man ihn in Sizilien sonst selten sieht. In dieser Beziehung ausgezeichnet ist namentlich die bei einem ehemaligen Kapuzinerkloster gelegene und darnach benannte Latomie, welche eine mehrfach gewundene und verzweigte, von senkrechten Felswänden eingefafste enge Schlucht darstellt, in welcher eine Art von Garten mit hohen Bäumen und überall wucherndem Grün angelegt ist. In der Wand eines andern Steinbruches befindet sich eine eigentümlich gewundene Höhlung mit einem merkwürdigen Echo. Die Höhle wird als Ohr des Dionys bezeichnet, in der Annahme, der Tyrann habe jedes von den im unteren Teile des Raumes eingesperrten Gefangenen geflüsterte Wort oben belauscht.

Aufser den Latomien sind in dem alten Syrakus noch Festungsgräben und ausgedehnte Katakomben, namentlich aber ein Theater und ein Amphitheater besuchenswert; beide sind unter Benutzung natürlicher Vertiefungen in dem Felsen ausgehöhlt. Die Sitzreihen des Theaters steigen im Bogen an drei Seiten empor, am höchsten an der Nordseite, während die offene Südseite einen freien Blick über die Bucht des grofsen Hafens gewährt, östlich von der jetzigen Inselstadt, westlich von Anhöhen begrenzt, auf deren einer noch zwei einsame Säulen emporragen, die letzten Reste des berühmten aufserhalb des alten Syrakus gelegenen Olympieion. Die Aussicht von der Höhe des Theaters ist eine entzückende; die Wahl des Platzes liefert einen glänzenden Beweis des feinen Gefühls für Naturschönheit bei den alten Griechen.

Eine Merkwürdigkeit von Syrakus ist noch die südwestlich von der alten Stadt nahe bei dem genannten Olympieion gelegene berühmte Quelle Kyane, „die kornblumenblaue". An der Westseite des grofsen Hafens, gegenüber der Arethusa, mündet das Flüfschen Anapo, nachdem dasselbe einige tausend Schritte weiter oberhalb das kristallhelle Wasser des schnellströmenden Baches Ciani aufgenommen hat. Wenn man nur einige Wochen in dem dürren Sizilien gelebt hat, so versteht man den mächtigen Eindruck, welchen diese Fülle fliefsenden blauen Süfswassers auf die alten Griechen hervorgebracht hat. Die Quelle, der dies Wasser entströmt, liegt in Sümpfen nahe dem Olympieion und an ihr befinden sich die berühmten Papyrusstauden. Diese entschieden tropischen Pflanzengestalten gedeihen hier vortrefflich, sind aber gewifs von Ägypten aus nach Sizilien verpflanzt, obgleich einige patriotische italienische Botaniker sich eifrig bemüht haben nachzuweisen, dafs die merkwürdige Pflanze hier ursprünglich einheimisch sei. — Man kann in kleinen Böten auf dem Anapo und Ciani bis zu den Papyrusstauden vordringen.

Hier und da sieht man um Syrakus auch vereinzelte Dattelpalmen mit so hohen und schlanken Stämmen, wie sie bei Palermo nicht vorkommen, wie wir sie aber als Charakterpflanzen von allen nordafrikanischen Landschaftsbildern kennen. Beim Anblicke solcher Baumgestalten sucht man unwillkürlich nach Kamelen und Beduinen; man kann beinahe vergessen, dafs man sich noch in Europa befindet, aber freilich in einem Lande, welches in früheren Perioden der Geschichte vielfach von orientalisch-afrikanischen Mächten, Karthagern und Arabern, den Europäern streitig gemacht ist.

## 5. Der Ätna und Umgebungen.

Einige einfache Striche umschreiben auf japanesischen Bildern die Gestalt des Fudzi-Yama und damit auch aller typisch ausgebildeten Vulkane. In Europa haben wir nur einen einzigen solchen Mustervulkan, der in regelmäfsiger Kegelform unmittelbar vom Meere und von der Ebene aus bis zu einer Höhe von 3000 m ansteigt; es ist dies der Ätna, der sämtliche andern Berge, die sich in dem weiten Mittelmeerbecken erheben, ansehnlich überragt und nur von einigen Gipfeln der Randgebirge, insbesondere der Alpen, an Höhe übertroffen wird. Ewiger Schnee deckt seinen Gipfel, während die warmen Hänge an seinem Fufse eine subtropische Vegetation gedeihen lassen. Im Norden und Westen wird der Ätna durch eine tiefe Furche von der nordsizilischen Bergkette getrennt, während er im Süden und Osten ganz frei von der catanesischen Tiefebene und vom Meere aus ansteigt. Die regelmäfsige, ziemlich flache Kegelform des Berges tritt auffallend hervor, von welcher Seite man ihn auch betrachten mag; seine Höhe erscheint in gröfserer Ferne imposanter, weil man dann erst ermifst, um wie viel er die andern Berge überragt. Die Entfernung vom Gipfel bis zum Fufse des Berges beträgt nach den verschiedenen Richtungen in gerader Linie 18—30 km; am gröfsten ist sie nach Süden, nach Catania zu. Von hier aus erfolgt demnach das Ansteigen am langsamsten. An den Abhängen des Berges und zwar ausschliefslich in der unteren bis zu 800 m Meereshöhe reichenden Zone, wohnen über 300 000 Menschen, von denen etwa 85 000 auf die Stadt Catania zu rechnen sind; die übrigen verteilen sich auf 15 Ortschaften mit mehr als 5000 Einwohnern und auf 23 kleinere Gemeinden. Alle diese Plätze sind der Gefahr ausgesetzt, gelegentlich einmal durch Lavaströme zerstört zu werden. Der ganze Ätna bedeckt einen Flächenraum von etwa 22 deutschen Quadratmeilen.

Catania ist eine uralte Stadt, die aber niemals eine so bedeutende Rolle gespielt hat wie etwa Agrigent oder Syrakus. So oft sie auch in den zahllosen furchtbaren Kriegen, die im Altertum und Mittelalter Sizilien heimsuchten, zerstört wurde, so vielfach sie auch durch Lavaströme und Erdbeben litt, so ist sie doch stets wieder emporgeblüht, weil sie der natürliche Handels- und Hafenplatz für eine aufserordentlich fruchtbare Gegend ist. Die gut bewässerte Ebene von Catania und die Thäler, welche in dieselbe münden, sowie die reiche Gegend am Fufse des Ätna sind auf Catania als Ausfuhrplatz angewiesen; nordwärts liegt der Ätna, südwärts das Marschland, welches auf eine weite Strecke hin jede gröfsere Ansiedelung wegen der Sumpffieber unmöglich macht.

Die Reste aus griechisch-römischer Zeit, welche in Catania vorhanden sind, liegen mehr oder minder vollständig unter Lava verschüttet und bieten nur für den Spezialforscher Interesse. 1693 wurde die Stadt durch Erdbeben völlig zerstört, so dafs das jetzige Catania ein ziemlich neuer Platz mit geraden Hauptstrafsen ist; zum Teil ist es auf dem Lavastrom erbaut, welcher 1669 neben der Stadt und unter Zerstörung eines Teils derselben ins Meer stürzte. Eigentümlich ist eine grofse öffentliche Gartenanlage mit ihren zwei Lavahügeln, auf denen abends häufig Musikkapellen Konzerte geben. Catania feiert besonders musikalische Erinnerungen: einer der gröfsten Tonkünstler des Altertums, Stesichoros, ist hier gestorben, ein hervorragender moderner Meister dagegen, Bellini, hat hier das Licht der Welt erblickt.

Die Strafse, die von Catania allmählich steigend auf den Ätnagipfel zuführt, erreicht in etwa 700 m Meereshöhe das letzte Dorf, Nicolosi. Die Abhänge eines Vulkans unterscheiden sich sofort von denen eines gewöhnlichen Gebirges durch das gleichmäfsige Ansteigen und das Fehlen bedeutenderer Bergkämme, Thäler und Schluchten. Bis auf das an der Ostseite des Berges befindliche grofse kraterartige Valle del Bove, welches den Geologen so viel zu denken, zu vermuten und zu raten gegeben hat, giebt es am ganzen Ätna kein einziges wirkliches Thal; es giebt auch an seiner Oberfläche keine Quellen und kein fliefsendes Wasser. Die Rinde des Berges besteht aus Lavaströmen, die sich über einander ergossen haben, und aus der sandigen ausgeworfenen Asche, welche sich vorzüglich in allen Vertiefungen angehäuft hat. Der poröse Grund läfst alles Schneeschmelz- und Regenwasser in die Tiefe versickern. Die regelmäfsige Abdachung des Berges wird aber unterbrochen durch die grofse Zahl von Eruptionskegeln oder kleinen Einzelvulkanen, welche sich an seinem Abhange erheben. Man zählt im ganzen 900—1000, darunter über 100 namhaftere Kegel, die vom Volke „Kinder des Ätna" genannt werden. Zu den ausgezeichnetsten dieser kleinen Vulkane gehören die weithin sichtbaren Monti Rossi bei Nicolosi, welche 1669 entstanden sind. Sie bilden einen spärlich bewachsenen Doppelberg mit zwei Kratern; ihr Gipfel, 950 m ü. M. und fast 250 m über Nicolosi gelegen, bietet eine prachtvolle Aussicht auf den Fufs des Ätna mit seinem grünen Kulturlande, seinen zahlreichen Ortschaften und seinen wüsten, zahlreichen Lavaströmen; in etwas gröfserer Ferne erblickt man Catania und links das Meer, rechts die von kahlen Hügeln umsäumte Tiefebene. Die Küstenlinie mit einem schwachen Brandungsstreifen läfst sich bis in die Nähe von Syrakus verfolgen. Der Vordergrund wird übrigens so vorwiegend von Lavaströmen, namentlich dem von 1660, eingenommen, dafs die nähere Umgebung einen wüsten und wilden Eindruck macht. Die kleinen Eruptionskegel des Ätna erinnern auf das lebhafteste an die Vulkane der Eifel. Einige der älteren zeigen auch eine üppige Vegetation, grünen Eichenwald mit dichtem Untergebüsch.

Die Lavaströme bieten in der ersten Zeit nach ihrer Entstehung das Bild der äufsersten Öde dar. Die Schlacken, welche schollenartig die flüssige Steinmasse bedecken, schieben sich vielfach über einander, so dafs eine äufserst unebene, von zahllosen rauhen, durch einander geworfenen scharfkantigen Blöcken gebildete Oberfläche entsteht. Die letzten Schollen, welche der erkaltende Strom vor sich herschiebt, strahlen keine erhebliche Hitze mehr aus; Bäume, welche vor zwei Jahren von den letzten Ausläufern eines Lavastromes umschlossen wurden, sah ich unbeschädigt fortgrünen. Vereinzelte Pflanzen siedeln sich schon in den ersten Jahren in den Spalten eines Lavastromes an; wenigstens ist dies in einer Meereshöhe von 1200 m und mehr der Fall, wo die Luft auch im Sommer feuchter ist als unten. Allmählich werden die Pflanzen zahlreicher, namentlich sind es, abgesehen von mancherlei krautartigen Gewächsen, zwei gelbblühende Ginsterarten, die sich auf der Lava heimisch machen, nämlich der gewöhnliche, am ganzen Mittelmeer verbreitete Pfriemenginster (Spartium junceum) und der dem Ätna und wenigen andern Bergen eigentümliche Ätnaginster (Genista Aetnensis). Vor Beschädigungen durch Menschen und Vieh geschützt, entwickelt sich diese letztgenannte Pflanze zu einem mäfsigen Baume von höchst eigentümlicher Tracht, dessen grüne, fast laublose Zweige sich graziös abwärts neigen, so dafs sie an neuholländische Kasuarinen erinnern. Wenn man diese merkwürdigen Bäume bei Nicolosi gesehen hat, begreift man nicht, weshalb man sie nicht auch anderswo kultiviert. Ob sie die Winter Mitteleuropas oder das feuchte Klima Englands ertragen würden, mag zweifelhaft sein, wenn auch weder die wilde Vegetation, noch die Kulturpflanzen ihrer Umgebung auf ein besonders mildes südliches Klima hinweisen. Es wird aber doch gewifs in Italien viele Plätze geben, wo sie gut gedeihen würden.

Trotz der Ginsterarten und der andern zwischen den Blöcken wachsenden Pflanzen machen die Lavaströme noch Jahrhunderte lang einen äufserst wilden und öden Eindruck; aus der Ferne gesehen erscheinen sie völlig schwarz. Erst wenn der Boden zwischen den Felsstücken mehr verwittert ist, kann er dem Anbau gewonnen werden. Wo am Fufse des Ätna der Untergrund mehr Feuchtigkeit enthült, hat man oft eine Bebauung versucht, und dann gewährt ein solcher kultivierter Lavastrom einen höchst eigentümlichen Anblick.

In den Rillen und Furchen hat man Weizen gesät; dazwischen stehen, zum Teil als Schutz gegen Sonnenbrand dienend, Fruchtbäume, wie Mandeln, japanische Mispeln und efsbare Vogelbeeren; an den trockneren Stellen, auf den unteren Felsblöcken, sind Ölbäume, Feigen und Maulbeeren angepflanzt, während an den dürrsten Plätzen Feigenkaktus, zuweilen auch Sumach, stehen. Dazwischen ragen nun überall zahllose schwarze, völlig kahle Blöcke empor. Alles auf diesen kultivierten Lavafeldern ist rauh und regellos steinig, kein Quadratmeter ist eben und mit der gleichen Frucht bestellt; auf einem ganz kleinen Raum findet man oft ein Dutzend verschiedener Kulturpflanzen nebeneinander gebaut.

Nicolosi ist ein ansehnliches Dorf mit soliden niedrigen Steinhäusern, geeignet mäfsige Erdbebenstöfse unbeschädigt zu ertragen. Es bietet dem Fremden gute Unterkunft, sowie die Hülfsmittel zu einer Ätnabesteigung. Der Reisegefährte, mit dem ich am Ätna umherstreifte, war schon mehrmals oben gewesen und weigerte sich entschieden, nur um einer Idee willen bei ungünstigem Wetter nochmals den Gipfel zu erklimmen. Jedenfalls wollten wir aber über die Waldregion hinaus bis in die obere kahle Zone des Berges vordringen. Mit einem Führer, zwei Maultieren und Mundvorrat zogen wir aus; Wasser und Wein führten wir in kleinen thönernen Amphoren von klassischer Form mit uns. Der Weinbau hört bald oberhalb Nicolosi auf; man sieht dann nur noch zerstreute Roggenfelder zwischen den Lavaströmen. Kleine Flecke natürlicher Eichenwaldung bemerkt man zuweilen in den alten Kratern, weiter oben gelangt man in den zusammenhängenden Waldgürtel, in welchem aber die einheimischen Baumarten durch gepflanzte Kastanien verdrängt sind. In einer Höhe von 1428 m liegt hier im Schatten hoher Bäume eine Schutzhütte für die Waldarbeiter, casa del bosco genannt; neben ihr befindet sich der oberste Brunnen des Berges. Für die Ätnareisenden bildet diese Hütte eine Station; den Arbeitern, welche man selten dort antrifft, hinterläfst man für Benutzung der Hütte ein kleines Trinkgeld. Hat man den Wald durchschritten, so gelangt man in den oberen Gürtel, die regione scoperta, in welchem der nackte oder wenig bewachsene Fels vorherrscht, während die grünen Flecke nur einen beschränkten Raum einnehmen. Im unteren Teile dieser Steinregion findet sich vielfach ein niedriges dorniges Buschwerk. Hier ist namentlich ein dem Boden angepreister Zwergstrauch (Astragalus Siculus) verbreitet, dessen dornspitzige Zweige igelartig abstehen, das tiefere feine Laubwerk und die blafs rosenfarbenen Blüten vor den Angriffen der Ziegen schützend. Etwas ansehnlicheren Wuchs zeigen eine stachlige Berberitze (Berb. Aetnensis), die im Juni mit gelben Blüten bedeckt war, sowie niedrige Wacholdersträucher. Krautige Pflanzen finden sich in der ersten Strecke oberhalb des Waldgürtels noch in ziemlicher Zahl; einige darunter erinnern an die höheren Voralpen, so z. B. ein prächtig blaues Stiefmütterchen (Viola calcarata). In einer Höhe bis zu 1800 m findet man schon alle pflanzlichen Ätnabewohner vor; weiter nach oben zu wird die Vegetation immer spärlicher und ärmer, aber es kommt keine einzige Art hinzu. Wie ganz anders ist dies in den Alpen und Pyrenäen! Erst in einer Höhe von 2000 m beginnt dort die eigentliche Hochgebirgsflora; erst dort treten jene gedrungenen zwergigen Pflänzchen auf mit ihren oft so farbenprächtigen Blumen. Dergleichen ist auf dem Ätna nicht zu sehen. Man hat den Grund davon oft in der Isolierung des Berges gesucht, welche es verhinderte, dafs er von den Hochalpenpflanzen auf ihren Wanderungen erreicht wurde. Nachdem ich die örtlichen Verhältnisse kennen gelernt, zweifle ich an der Richtigkeit dieser Erklärung; die physikalischen Verhältnisse sind dem Gedeihen der Alpenpflanzen auf dem Ätna zu ungünstig und ich glaube kaum, dafs es gelingen würde, dort die Gewächse der Hochalpen auch nur zu kultivieren. Der schwarze vulkanische Sand wird nach dem Schmelzen des Schnees viel zu schnell trocken, lafst alle Feuchtigkeit in die Tiefe versinken und erhitzt sich zu stark durch die Sonnenstrahlen.

Meine Ätnabesteigung endigte, als wir an die Grenze der Wolken gelangt waren, in einer Höhe von wenig über 2000 m. Nach den Erfahrungen der vorigen Tage war weiter oben kaum mehr zu erwarten, als Nebel, Nässe und Kälte. Freilich steht unter dem Aschenkegel in einer Höhe von fast 3000 m die bekannte Casa Inglese, welche dem Reisenden ein Obdach während der Nacht bietet; aber auch für den nächsten Morgen war wenig zu hoffen. Wir traten daher den Rückweg an, der Regen senkte sich gleichzeitig tiefer herab, so dafs wir die casa del bosco schon ziemlich durchnäfst erreichten. So sehr man sich auch nach dem sizilischen Sonnenbrande der Kühle freute, so hörte doch eine Temperatur von 8° R. allmählich auf angenehm zu sein, wenn man sich ihr in nassen Kleidern und ruhend ausgesetzt sah. Halbwegs Nicolosi waren wir übrigens wieder völlig warm und trocken geworden. Nach den Berichten von 1686 hat sich in diesem Jahre ein Lavastrom über den Ätnaweg ergossen und erst dicht vor Nicolosi Halt gemacht. Ein kleiner Vorläufer desselben aus dem Jahre 1883 lag neben dem Wege; mehrere winzige Eruptionskegel liefsen aus den Spalten ihrer Krater noch heifse Dämpfe entweichen.

Eine Eigentümlichkeit Siziliens sind auch die Schlammvulkane, welche zum Teil weit entfernt vom Ätna liegen. Einer derselben befindet sich indes am südwestlichen Fufse des Berges bei dem Orte Paternò. Gleich beim Ausgange aus der Stadt trifft man auf ein völlig pflanzenleeres Schlammfeld, welches einigermafsen an die zur Ebbezeit trocken gelaufenen Schlickwatten unsrer Nordseeküste erinnert. In der Schlammwüste erheben sich einige sehr flach ansteigende Schlammkegel, welche oben ein seichtes trocknes Becken, eine Art Krater, tragen. Zur Zeit meines Besuches ruhte die Thätigkeit dieses Schlammvulkans vollständig; nur im Grunde einer engen Spalte sah man einen kleinen Bach schlammigen Wassers strömen. Am Rande der Schlammwüstenei entspringt ein klarer Kohlensäuerling; von dem nach dem Flusse Simeto geneigten Abhange unterhalb der Stadt und des Schlammes quillt an vielen Stellen salzhaltiges Wasser hervor, so dafs man hier mancherlei Küstenpflanzen antreffen kann.

Die wissenschaftliche Kenntnis des Ätna gründet sich im wesentlichen auf die Forschungen eines deutschen Gelehrten, des Göttinger Professors Sartorius von Waltershausen, der 1836 bis 1843 in den Umgebungen des Berges zubrachte. In neuerer Zeit ist es vorzüglich Professor O. Silvestri in Catania, welcher sich das Studium des Ätna und seiner Ausbrüche zur Aufgabe gemacht und auch einen sehr brauchbaren Führer (Un viaggio all' Etna) herausgegeben hat.

Schliefslich kann ich mir nicht versagen, einen Punkt zu nennen, der zwar nicht mehr eigentlich zum Ätnagebiete gehört, demselben aber sehr nahe liegt, so dafs Sartorius von Waltershausen, als er einmal einen Vortrag über den Ätna hielt, in seinen Schilderungen von diesem Punkte ausging: es ist Taormina. An der Bahn von Catania nach Messina, die längs der Küste hinführt, liegt die Station Giardini, etwas nördlich des Alcantarathales, welches den Ätna von der nordsizilischen Bergkette trennt. Über dem Bahnhofe von Giardini erhebt sich eine von ansehnlichen Häusern gekrönte Felswand: es ist das Städtchen Taormina, welches dort oben thront. Überall auf den Vorsprüngen der steilen Berglehnen der Umgegend geniefst man die herrlichsten Aussichten auf das Meer, die kalabrische und sizilische Küste. Man hat die weite blaue Wasserfläche vor sich, die nach Norden hin einen sich mehr und mehr verengenden Arm zwischen die sich nähernden Bergketten Siziliens und des italischen Festlandes hineinstreckt, der allmählich in die Meerenge von Messina übergeht. Nach den andern Seiten zu steigen Bergwände und Felsen in die Höhe; auf einem derselben liegt das Felsennest Mola gerade oberhalb Taormina, noch höher zieht sich der zackige Kamm der Bergkette hin, welche in ihrem jenseitigen Abhange zur Nordküste Siziliens abfällt. Für den Ausblick nach Süden giebt es aber keinen schöneren Punkt als die Höhe des altgriechischen Theaters von Taormina, dessen Lage gleich der des Theaters zu Syrakus für das feine Naturgefühl der Erbauer Zeugnis ablegt. Von jenem Punkte aus überblickt man zunächst die im Halbkreise aufsteigenden Sitzreihen des Theaters, welches an der offenen Seite des Bogens durch teilweise verfallene Mauern, Portale und Säulenreihen geschlossen ist. Zwischen und über diesen Resten griechischer Baukunst blickt man hinaus auf das blaue Meer und die auf der Felswand gelegene Stadt; den Hintergrund des Gemäldes schließt aber der in sanften Böschungen zu gewaltiger Höhe ansteigende Ätna mit seiner schneeigen Kuppe und seinem rauchenden Schlote. Und vom Fuße des Berges schweift der Blick längs der Küstenlinie in weite Ferne südwärts nach Syrakus zu.

An dieser Stelle sammelt man noch einmal die bedeutendsten Eindrücke, welche man in Sizilien empfangen hat, und faßt sie in ein Gesamtbild zusammen. Und wenn vor 30 Jahren Sartorius von Waltershausen am Schlusse seines oben erwähnten Vortrages, nachdem er mit Begeisterung der griechischen Blütezeit gedacht hatte, auf „eine trübe verschuldete Gegenwart und eine ungewisse Zukunft" Siziliens hinwies, so können wir jetzt mit freudigeren Aussichten der Geschicke des schönen Eilands gedenken. Die Norditaliener haben den Fluch der Pfaffenherrschaft von dem Lande genommen; möge es ihnen gelingen, seine Bewohner zu freier und vernünftiger Selbstbestimmung zu erziehen!

## Die Atnatánas oder Anwohner des Kupferflusses.
### Von Henry T. Allen.

Körperbeschaffenheit. Fruchtbarkeit der Ehen. Lebensalter. Krankheiten. Einteilung in Stämme und Gesamtzahl. Hervorragende Häuptlinge. Wohngebiete der Atnatánas. Pflanzen- und Tierleben. Fischerei. Die Nahrungsmittel der Eingeborenen. Ekgier. Heilmittel. Wohnwesen. Sommer- und Winterwohnungen. Dampfbad. Jedes Lasse fehlt. Kleidung und Schmuck. Waffen und Werkzeuge. Reisen zu Fluss. Hunde als Lasttiere. Sangesluft. Sprachliches. Stellung der Frauen. Soziale Organisation. Schamanentum. Gesinds. Heirat und Beerdigung.

Als Regel kann man annehmen, daß die Atnatánas, die Anwohner des Kupferflusses, zwischen 5 Fuß 6 Zoll und 5 Fuß 8 Zoll (englisch) groß sind, wenn es auch gelegentlich Männer giebt, die volle 6 Fuß Höhe haben; ihr Körpergewicht ist etwa 140 Pfund, ihre Hautfarbe ein kupferfarbenes braun, erheblich dunkler als diejenige ihrer Küstennachbarn. Das Haar ist im allgemeinen straff, gelegentlich gewellt, die Augen sind durchweg schwarz oder beinahe schwarz. Der Gesichtsausdruck ist aufserordentlich verschieden; einige Gesichter drücken die Geistes- und Gemütsstimmung in derselben Weise aus, wie man dies bei zivilisierten Völkern findet, die Gesichter andrer sind und bleiben unverändert ausdruckslos.

Ihre Muskelkraft ist nicht so bedeutend, als ihre Fähigkeit grofse Strecken bei schmaler Kost auf Reisen zurückzulegen. Ich hatte reichliche Gelegenheit, ihre Kraft und Ausdauer mit derjenigen meiner Leute zu messen; in den ersten Tagen stellte sich der Vergleich zu ihren gunsten, später aber immer auf unsre Seite, wobei ich allerdings hervorheben mufs, dafs meine Leute besonders mit Rücksicht auf ihre physische Ausdauer auserwählt worden waren.

Selten findet man, dafs ein Ehepaar mehr als drei Kinder hat; ich vermag nicht zu sagen, ob diese geringe Kinderzahl eine Folge der Kümmerlichkeit in der Gewinnung des Lebensunterhalts oder schlechten Gewohnheiten zuzuschreiben ist. Thatsächlich sind gerade arme Ehepaare mit Kindern gesegnet, eine jede der ärmsten Familien hatte vier Kinder, deren einzelnen freilich der Hunger aus den Augen sah. Die Beschaffenheit ihrer Nahrung bewirkt eine solche Abnutzung der Zähne, dafs man Kinder sieht, deren erste Zahnreihe fast bis auf das Zahnfleisch abgenutzt ist. Auch bei Leuten in jugendlichem Alter findet man diese Erscheinung.

Die Gesichter zeigen den Ausdruck harter Entbehrung und Anstrengung, lange bevor die Haare ergraut sind. Infolge der Unfähigkeit zur Berechnung der Zeit konnte das Alter bei keinem der Leute dieses Indianerstammes mit einiger Gewifsheit bestimmt werden. Messala aber, der auf dem linken Ufer des Kupferflusses eine Tagereise von Tarál lebt und wahrscheinlich seiner Zeit, 1848, den mörderischen Angriff gegen die Russen geleitet hat, mufs damals schon ein Mann in reiferen Jahren gewesen sein.

Die einzige bei den Atnatánas bekannte Krankheit aufser den Folgen vom Hunger, entstand durch Verstopfung; ohne Zweifel verschwindet sie während des Lachsfangs. Nur eine natürliche Deformität, ein verkümmertes Bein wurde bemerkt; alle haben aber stark zusammengekrümmte Zehen, vom Gebrauch der Schneeschuhe auf Reisen.

Ihr Scharfsinn in Verfolgung von Spuren oder Wild ist vermutlich nicht gröfser, als derjenige andrer Stämme der Tinnehfamilie, mufs aber den, der die Fähigkeiten der Eingeborenen in dieser Richtung nicht kennt, in Erstaunen setzen.

Die ganze Bevölkerung der Kupferflufsgegend hiefs bei den Russen Midnóskies (oder genauer Mednóvtsi) und alle, ausgenommen die an der Mündung des Flusses Wohnenden, gehören zu der grofsen Tinnehfamilie, welche das Innere von Alaska bewohnt. Diejenigen unterhalb des Tezlináflusses haben durch ihre Verbindung mit den Russen eine abgekürzte Form dieses Wortes: Midusky, Mausky oder ähnlich, angenommen, während die oberhalb Wohnenden sich Tatlatans nennen. Ich denke der Name Atnatána, der indianische Name für einen Bewohner des Atna- (Kupfer-) Flufsgebietes würde ein geeigneter Name für das Volk beider Stämme sein, die sich sehr wenig von einander unterscheiden. Der genaueren Unterscheidung halber habe ich das Wort Midnusky für das Volk südlich vom Tezliná gewählt, einschliefslich derjenigen, die am Chittyná leben und Tatlatan für diejenigen, welche nördlich vom Tezliná und südlich von den Alaskabergen leben.

Die Gesamtzahl der Bewohner am Flufs und seinen Nebengewässern ist etwa 366, sie verteilt sich wie folgt: Männer 128, Frauen 98, Kinder 140. Zwischen Alagánik und Woods Cañon, eine Strecke von 110 miles, giebt es keine Niederlassungen, doch geht gelegentlich eine Gesellschaft zum Bremnerflufs hinab, um Elenne zu jagen. Am Chittyná und seinen Zuflüssen leben etwa 30 Seelen, an den Quellflüssen des Tezliná und Lake Plaveznie ungefähr 20. Die Tatlatans, einschliefslich der in der Niederung am Suslóta-See zählen 117. Am Kupferflufs zwischen Tarál und dem Tezliná sind 209, die Gesamtzahl der Midnuskies. Nicolai ist Selbstherrscher der Chittyná und Tarál Fischereistation; zwischen dem letzteren Platz und dem Tezliná haben dieses Privilegium Liebigstag und Coneguanta; der erstere kontrolliert den unteren Teil, der letztere, mit dem gröfsten Anhange unter allen Atnatánas, den oberen. Der einflufsreichste Mann unter den Tatlatans ist Babzulnéta, ein Schamane.

So weit ich nach den dürftigen Berichten der Russen und meinen eignen Beobachtungen urteilen kann, möchte ich glauben, dafs der ziffermäfsige Bestand der Leute lange Jahre sich wenig verändert hat. Ihre Geschichte, so weit sie auf ihren eignen Überlieferungen beruht, wird wohl immer ein versiegeltes Buch bleiben. Auf beiden Ufern des Flusses zwischen Chittyná und dem Klawatsinaflusse, besonders auf dem linken Ufer, findet man häufig 2—4 Fufs tiefe Aushöhlungen, welche die Lage der Häuser anzeigen. Die neueren derselben zeigen Spuren, dafs Badhäuser mit ihnen in Verbindung standen. In einigen der älteren Aushöhlungen wachsen hohe Fichten.

Das Gebiet der Atnatánas liegt zwischen dem 145. und 147. Meridian und zwischen dem $60^1/_2$ und 63. Breitengrad und ist ungefähr 25,000 engl. Quadratmeilen grofs; das ganze Gebiet wird durch den Kupferfluſs und seine Nebenflüsse entwässert. Thatsächlich sind sie von dem Verkehr mit der übrigen Welt ausgeschlossen und so ist es erklärlich, daſs sie ein konservatives Volk sind. Und da Berge auf allen Seiten sich erheben, so beschränken sich ihre Reiserouten des Winters wie des Sommers hauptsächlich auf die Wasserwege. Wäre es ausführbar, von Tarál nach den oberen Gewässern des Kupferflusses dadurch zu gelangen, daſs man ungefähr gerade nordwärts zöge, so würde die Hälfte der Entfernung der Fluſsroute, welche notwendig eingeschlagen werden muſs, vermieden werden. Zwischen diesen Örtlichkeiten erheben sich einige der höchsten Berge des Kontinents, sicher der höchste Vulkan (Wrangell); weiter unten sind es mächtige Gletscher (Miles und Childs), welche den Fluſs besäumen und die Schiffahrt äuſserst gefährlich machen. Auſser diesen geographischen Momenten beeinfluſst das Klima, — thatsächlich 7 Monate strenger Winter, — in hohem Grade die Gewohnheiten des Volkes.

Die Pflanzenerzeugnisse sind beschränkt sowohl in Arten als in Mengen. Auſser den Moosbeeren, Blaubeeren, einer kleinen roten Beere, die sie giniſs nennen und einer kleinen schwarzen Beere, gizneh, die der roten sehr ähnelt, giebt es eine tombá genannte auf einem mehrere Fuſs hohen Strauch wachsende Frucht. Sie hängt den Winter durch an den Büschen und kann im Frühjahr und selbst im Sommer, wo sie sehr trocken und fast geschmacklos ist, gegessen werden. In Form und Art ähnelt sie sehr der schwarzen Mehlbeere, doch ist die Farbe gelblich weiſs. Die Eingeborenen backen sie in Elenn- oder anderem Fett, indem sie dabei die Beere mit einem Stäbchen oder einer Gabel zu Brei zerdrücken; es giebt eine recht wohlschmeckende Speise. Ihre hauptsächlichste Pflanzennahrung ist jedoch eine in der Form der Pastinak ähnliche aber längere Wurzel, welche sie Chaſs nennen. Der aus der Erde herausragende Teil derselben ist nicht länger als 6—12 Zoll hoch und einem Büschel kleiner Weiden nicht unähnlich; die Wurzel ist oft mehrere Fuſs lang. Die Wurzel wird nicht eingemacht, sondern roh, gekocht oder gebraten besonders im Frühjahr gegessen. Den Hauptbestandteil der Nahrungsmittel liefern Fische, Kaninchen, Elenn, Bergschafe, Rentiere, Bären, Bergziegen, Stachelschweine, Biber, Luchse, Moschusratten, Gänse, Enten und Wildhühner. Fische ist die wichtigste Speise, nächst ihnen sind es Hasen. Die Fische werden nicht gesalzen, sondern an der Sonne gedörrt. Das Fett des Elenn wird geschmolzen und in den Gedärmen bewahrt; das Blut wird im Wanst gesammelt. Es scheint den Eingeborenen gleichgültig zu sein, ob sie das Fleisch roh oder gekocht genieſsen, selten lassen sie das Fleisch gar kochen. Die Eingeweide der Hasen werden zuweilen mit den

Tieren selbst gekocht oder auch mit anderm Fleisch, es ist dies ein sehr wirksames Mittel gegen den Skorbut. Das beste Fleisch kochen die Männer für sich und überlassen den Rest den Frauen; ein 5 oder 6 Jahre alter Knabe geht bei den Mahlzeiten seiner Mutter vor. Es scheint beinahe unbegrenzt, was ein hungriger Eingeborener verzehren kann. Ein einziges Nahrungsmittel mufs sehr reichlich vorhanden sein, um die nötigen Elemente zur Ernährung zu gewähren, dagegen genügen bei verschiedenen Nahrungsmitteln geringere Mengen. Wie die meisten andern Indianer, so scheinen auch diese, wenn hungrig, ohne Rücksicht auf bestimmte Essenszeiten ihren Hunger zu befriedigen. Das einzige Getränk, welches ich bei den Eingeborenen sah, — ausgenommen den bei ihnen sehr beliebten Thee und die Flüssigkeiten, in welchen die Speisen gekocht werden, — wird aus einer Pflanze (Lammtod, Kalmia augustifolia) bereitet; es ist bei allen Tinnehs von Alaska, sowie bei den Eingeborenen des Hudsons-Bai-Landes und Labrador in Gebrauch, keine besondere Vorbereitung, nicht einmal ein Dörrprozefs ist vor dem Gebrauche notwendig.

Irgendwelche medizinische Mittel, wenn sie deren besitzen, sind in den Händen der Schamanen, welche sie sorgfältig geheim halten. Die Berührung mit den Russen und Amerikanern, obwohl sie nur eine oberflächliche war, hat sie doch die Wohlthaten zivilisierterer Mittel kennen gelehrt und sie werden irgend welche ihnen von Weifsen gebotene Medizin willig annehmen.

Die Häuser der Atnatánas sind zweierlei Art: ständige und zeitweilige. Jene sind für die Benutzung im Winter bestimmt und werden alljährlich in dieser Zeit bezogen, die letzteren werden schnell an beliebigen Plätzen, wo Wild angetroffen wird, hergestellt. Ein ständiges Haus ist 18 Fufs im Quadrat, aus Tannenpfählen und -planken lose errichtet und mit Tannenrinde bedeckt; mehrfach wird Moos zum dichten verwendet. Die Wände sind ungefähr 4 Fufs in den Boden eingesenkt und ragen ungefähr 3 Fufs über demselben hervor. Inwendig geht rund um eine 4—5 Fufs breite Bank, die als Sitz am Tage und als Lager für die Nacht dient. Der durch senkrechte Stäbe abgeteilte Raum unter der Bank dient den Frauen, Kindern und Hunden als Schlafstätte. Das Dach hat in der Mitte eine weite Öffnung, durch welche der Rauch des auf dem Fufsboden unterhaltenen Feuers entweicht. Der Eingang ist durch einen kleinen als Sturmfang dienenden Vorbau von etwa 2 Fufs Breite und 3 Fufs Länge, der auf der Aufsenseite durch ein Schaf- oder Ziegenfell gedeckt ist. Dem Eingang gegenüber ist ein rundes, etwa 15 Zoll im Durchmesser haltendes Loch, der Eingang zum Schlaf- und Baderaum. Dieser hält 10 oder 12 Fuſs Quadrat, ist 4 oder 5 Fuſs hoch; der gröſste Teil dieses Raumes ist unterirdisch und erhält derselbe sein Licht durch eine schmale Öffnung, über welche die Eingeweide eines Bären gespannt sind. Das Schwitzbad ist so beliebt, daſs jedes Winterhaus der Midnuskis und die meisten bei den Tatlátans mit einem solchen versehen sind. Die Erwärmung geschieht auf sehr einfache Weise: in dem Hauptraum des Hauses wird ein auf einem Holzstoſs gelagerter Haufen Steine wie in einem altmodischen Kalkofen erhitzt und mit Hülfe von zwei Stöcken sodann in die Badestube getragen. Mit einer Art Deckel wird darauf die kreisrunde Öffnung geschlossen und auf die Steine so lange Wasser gegossen, bis sie den erforderlichen Dampf entwickeln. Der Gedanke der Anlage dieses Badehouses entsprang aus dem Verkehr mit den Russen, bei denen das Dampfbad sowohl ein Gesundheitsmittel als ein religiöser Brauch ist. Man findet das Dampfbad so weit nördlich, als die Alaskaberge reichen, weiter hinauf findet man es nicht, bis man zum unteren Yukon kommt.

Das zeitweilige oder Jagdhaus ist immer aus tannenen und Pappelpfählen und Ästen errichtet, in rechtwinkliger Form; ein Gang führt mitten durch; nur zwei Seiten werden benutzt, die Enden und der obere Teil sind dürftig bedeckt. Ein auf das Feuer geworfenes Stück Holz ragt oft aus beiden Enden des Hauses heraus.

Eine Elenn- oder Rentierhaut wird oft — an Stelle des Baumwollenzeugs bei den zivilisierteren Brüdern — dazu verwendet, das Haus über der Schlafstelle wasserdicht zu machen. Zelte findet man noch nicht bei den Eingeborenen, auch wird Metall noch nicht zum Zusammenhalten der einzelnen Teile des Hauses verwendet; Weidenzweige und Tierhautstreifen leisten den beanspruchten Dienst des Verbindens und Festhaltens. Das Winterhaus liegt am Strom und wird während der Lachssaison benutzt, etwa bis zum Februar; um diese Zeit verlassen es die Insassen und ziehen nach den Quellgebieten der Ströme, wo sie sich in den Sommerhäusern niederlassen, um Wild zu jagen oder in Fallen zu fangen.

Nie sah ich Indianer, die so sehr aller Luxusartikel entbehrten, als die Atnatánas. Die wohlhabendsten hatten nur die folgenden Hauptgegenstände und Geräte in ihren Vorratskammern: einen bis drei groſse Kessel, einen Theekessel, eine Bratpfanne, verschiedene hölzerne Mulden, — Arbeit der Eingeborenen, — mehrere Messer, auch gewöhnlich von eigner Arbeit, Hornlöffel und zwei oder drei Näpfe. Nur an einem Platze sah ich eine Art Möbel, einen Kasten, auf welchem die Theenäpfe gesetzt wurden. Durchschnittlich hat das Haupt einer Familie nur einen Kessel, eine oder zwei hölzerne

Mulden, ein oder zwei Messer und vielleicht einen kleinen Napf, den er auf Reisen immer mit sich führt. Behälter zum kochen oder zum aufbewahren von Wasser, die vor der Einführung moderner Gefäfse dieser Art in Gebrauch gewesen wären, fand ich nicht. Die Kleidung besteht gewöhnlich aus zwei Teilen: Hosen und Stiefeln sind der eine, Rock oder Parka der andre Teil. Im Winter kommt zuweilen noch ein Hemd aus Kaninchenfellen hinzu. Der Rock ist gewöhnlich nicht mit einer Kappe verbunden, während dies bei den Eskimos gebräuchlich. Die Kopfbedeckung besteht aus Murmeltier- oder Eichhörnchenfellen. Der wichtigste Schmuck sind Perlen, die beliebtesten sind solche, welche $1/8$ bis $1/4$ Zoll Durchmesser haben. Sehr selten werden die Stacheln des Stachelschweins zur Zierrat benutzt.

Die Männer haben durchstochene Ohren und Nasen, bei den Frauen sind nur die Ohren durchstochen. In der Nase werden Ringe aus Muschelschalen oder Metall bis zum Durchmesser von $1^{1}/_{2}$ Zoll getragen. Der Ohrschmuck, verlängerte Perlen, wird an Sehnen getragen. Zur vollständigen Ausstaffierung des Kopfes gehört noch ein wenig im Gesicht angebrachte rote Farbe, besonders bei den Frauen und Kindern. Unerläfslich für einen gut ausgerüsteten Atnatána ist das in einer perlenverzierten Scheide um den Hals gehängte Messer, er legt diesen Schmuck auch bei Nacht nicht ab. Ferner tragen die Häuptlinge und wohlhabenden Leute eine mit Perlen besetzte Munitionstasche. Arm- und Fingerringe, wie Tattowieren, sind beinahe unbekannt. Einige haben Kämme aus den Hufen des Elenns, andre suchen ihr Haar durch geschickte Behandlung mittelst ihrer Hände in Ordnung zu halten. In bezug auf die Coiffure sind sie sehr eigen, immer ist sie in guter Ordnung, ausgenommen beim Schamanen. Die Schamanen wie die Frauen tragen ihr Haar lang, dagegen scheren sich die Männer die Haare im Frühsommer bis zur Hälfte des Halses ab. Das Einheitsmafs bei den Atnatánas ist die Entfernung zwischen den Fingerspitzen, wenn die Arme horizontal ausgestreckt werden. Ich war oft Zeuge, wie sie in dieser Weise Holz für eine Baidare, oder Taue, oder Riemen mafsen. Perlen und Munition sind die Tauschmittel, gegen welche die Zwischenhändler Pelze erhalten, die nach den Handelsstationen gebracht werden. Nicolai lafst in seinem Hause am Chittystonefluſs während seiner Abwesenheit in Taral Perlen, Schalen und Pulver für die Colcharnies*), welche sich einfinden und eine Anzahl

---

*) Der Ausdruck Colcharny oder Kolschina stammt aus dem russischen und bezieht sich bei den Midnnskies auf alle nicht zu ihrem Stamm gehörenden Leute.

Pelze deponieren; eine Thatsache, die einesteils den festen Preis gewisser Verbrauchsgegenstände und anderseits das gegenseitige Vertrauen beweist.

Bogen und Pfeil der Atnatánas ähneln sehr den früher bei den Yukoneingeborenen gebräuchlichen. Beide werden aus Birkenholz gefertigt, das zu dem Zweck einem besondern Bereitungsverfahren unterworfen wird: mit der Axt, welche so ziemlich alle Eingeborenen führen, hauen sie aus dem grünen Birkenstamm ein etwa 5 Fufs langes Stück Holz heraus, das nun mit dem Messer bis auf eine Stärke von 1 bis 1¼ Zoll Durchmesser verschmälert wird. Darauf legt der Mann den Stab für einige Sekunden ins Feuer. Letzterer wird nun von neuem mit dem Messer bearbeitet, bis er die gewünschten Dimensionen erlangt hat; endlich wird er für einige Wochen dem Rauch ausgesetzt, um schliefslich noch einmal mit Hülfe von Feuer und Messer bearbeitet zu werden. Der aus diesem Prozefs fertig hervorgehende Bogen erfordert einen starken Arm zum spannen.

Noch immer sind Bogen und Pfeil bei den Eingeborenen stark in Gebrauch, obwohl sie zusehends durch eine kleine doppelläufige Vorderladeflinte überflügelt werden, deren man zwei Sorten findet: eine minderwertige und eine gute mit Stahlläufen. Beide Sorten wiegen nicht mehr als 5—6 Pfund. Die Eingeborenen laden diese Gewehre mit Kieselsteinen, Blei- oder Kupferkugeln. Die letzteren ziehen sie für die Erlegung gröfseren Wildes, wie Elenn und Bären vor, weil, wie sie sagen, die kupfernen Kugeln allein die Knochen zerschmettern, während die Bleikugeln das nicht thaten. Die am Chittynáflufs gebräuchlichen Kupferkugeln werden mit dem Hammer zurechtgearbeitet.

Darf man nach den bei diesen Eingeborenen gebräuchlichen Waffen und nach ihrem lenksamen fröhlichen Wesen urteilen, so sollte man meinen, dafs es kein besonders kriegerisches Völkchen sei.*)

Beim Bau ihrer Häuser bedienen sich die Eingeborenen aufser Axt und Messer einer Krummhaue, indem sie an einem hakenförmigen Stock mittelst Hautstreifen ein flaches von ihnen selbst gehärtetes Stück Eisen befestigen.

Erfindungsgeist ist den Atnatánas durchaus nicht eigen; viele verschaffen sich ihre Schneeschuhe in Tausch von den Col-

---

*) Nachdem ich dies geschrieben, ist leider die Nachricht gekommen, dafs sie den einzigen weifsen Mann, der auf 2—300 miles in ihrem Gebiet lebte, den Händler Holt auf Nuchek-Insel, ermordet haben.

charnies; indessen fertigen sie sich ihre Toboggans\*) und Schlitten selbst; dieselben besitzen zwei wertvolle Eigenschaften: Leichtigkeit und Dauerhaftigkeit. Wie schon erwähnt sind die Reisewege der Atnatánas auf oder nahe den Wasserläufen. Wenn eine längere Reise stromabwärts geplant wird oder eine Fahrt nach Nuchek beschlossen ist, wird ein Fellboot gebaut; ist aber die Reise eine kürzere, so wird aus vier Balken, die untereinander mit Weidenzweigen verbunden, ein Flofs gezimmert. Bei Bootreisen stromaufwärts kann nur eine Methode zur Anwendung kommen, die des Ziehens. Eine Partie Tatlatáns wurde oberhalb des Chitsletchinaflusses passiert, sie waren in einer Baidare unterwegs nach Tarál zur Fischerei. Dort angekommen, wollten sie aus der Fellhaut des Bootes Kleidungsstücke anfertigen und erst dann zurückkehren, wenn die Eisdecke des Stromes ihnen eine Rückkehr zu Schlitten ermögliche. Längs des Flusses läuft ein Fufspfad von Tarál zur Mündung des Slanáflusses, freilich nicht immer auf demselben Ufer und mitunter 2—3 miles vom Flusse.

Im Durchschnitt gehören jedem Mitglied einer Familie drei Hunde, welche zur Elenn- und Bärenjagd, wie auch zum Transport von Päckereien benutzt werden. In der Nähe von Hasenschlingen können sie sehr lästig werden, wenn sie nicht im Hause fest an die Wand gebunden werden. Als Packtiere sind sie sehr wertvoll. Obgleich sie in der Regel nicht höher als 18—20 Zoll sind, vermögen sie doch für kurze Strecken Lasten im Gewicht von 30 bis 35 Pfd. und Tag für Tag solche im Gewicht von 25 Pfd. zu tragen. Eine solche Hundekarawane zum tragen von Gepäck ist entschieden für solche Reisen anzuraten, wo es wünschenswert ist, mit einer möglichst leistungsfähigen lebendigen Tragkraft einen thunlichst geringen Verbrauch von Lebensmitteln zu verbinden. Diese Hunde werden niemals an die Schlitten geschirrt, welche letztere die Eingeborenen ziehen und schieben, sie tragen ihre Last direkt auf dem Rücken. Die Leute selbst tragen sehr selten mehr als ihre Waffen und Decken, im übrigen ist der Transport des Gepäcks Sache der Frauen und Hunde. Transport von Gepäck in Kanus wird auf dem Kupferflufs oder seinen Nebengewässern in keiner Weise unternommen und zwar wegen des reifsenden Stromes, der auf einer Strecke von 330 miles 3260 Fufs fällt.

Die Hauptunterhaltung der Atnatáner aufser dem Essen besteht im Singen. Ungefähr alle singen, besonders unter Führung der

---

\*) Toboggan, tobogan oder tarbogan ist ein in den Hudson-Bai-Ländern benutzter aus Brettern gezimmerter 10—12 Fufs langer und 12—15 Zoll breiter Schlitten.

jungen Leute und Knaben, ohne Begleitung irgend eines musikalischen Instruments, nicht einmal eines Tam-Tam. Die Gesänge sind zahlreich und sehr mannigfaltigen Charakters, die Liebeslieder weich, die epischen Gesänge erhebend. Oft wird beim Mahle gesungen; die Kinder lernen das Singen fast ebenso früh als das Sprechen. Wenn zum Tanz gesungen wird, folgt die Stimme in ihrer Kraft der Lebhaftigkeit der Bewegungen. Die gesprochene Sprache ist scharf accentuiert und selten werden mehr als drei auf einander folgende Worte mit der gleichen Betonung gesprochen. Die meisten zweisilbigen Wörter und viele Adjektiva werden auf der letzten Silbe betont. Der Gebrauch des Redenhaltens ist eben so häufig bei den Atnatánas als bei den Siouxs und Cheyennes. Das nachfolgende kleine Vokabular möge dem Leser wenigstens eine schwache Vorstellung von der Atnatánasprache geben. Die angefügten Zahlwörter der Apachen in den „weifsen Bergen", gesammelt von Leutnant J. B. Dugan von der Ver. St. Armee, welcher 10 Monate auf der San Carlos-Reservation war, zeigt eine auffallende Ähnlichkeit der bezüglichen Wörter bei den Atnatánas und wird dies hoffentlich weiter nachgeforscht werden.*) Bei weiterer Vergleichung unserer kleinen Vokabularien wurden einige wenige in Klang und Bedeutung gleiche Wörter gefunden.

| | | | |
|---|---|---|---|
| Mann | Keek | Murmeltier | Chiléss |
| Frau | Sekái | Ebener Boden | Neut |
| Kind | Skunkái | Berge | Trollái |
| Hund | Sklekáy | Wald | Chitz |
| Silberlachs (kleiner) | Slukkáy | Eis | Tin |
| Königslachs (grofser) | Sukacháy | See | Bin |
| Elenn | Tenáyga | Wasser | To |
| Renlier | Honnái | Flufs | Na |
| Schaf | Tebáy | Sonne | Niái |
| Ziege | S'bai | Nahrung | Kuchin |
| Wolf | Tekáut | Haus | Hoonák |
| Fuchs | Nukleksy | Dampfbad | Sayzill |
| Luchs | Nóotĕay | Fett | Dulkák |
| Marder | Chóoga | Heute | Titagin |
| Schwarzer Bär | Nolláy | Morgen | Minta und Se |
| Brauner Bär | Cháhny | Ihr | Nin |
| Hase | Gak | Kein, nichts, wenig | T'Kwully |

*) Seitdem ich dies schrieb, habe ich von Herrn O. J. Mason, Direktor des ethnologischen Departements in Washington, gehört, dafs die Verwandtschaft der Tinnehfamilie mit den südlichen Indianern schon vor einer Reihe von Jahren durch Herrn Turner aufgefunden wurde.
Geogr. Blätter. Bremen, 1884.

| | | | | | |
|---|---|---|---|---|---|
| Weit, eine grofse Strecke | Kooteshit | | Kalt | | |
| Eine lange Zeit... | Siyú | | Müde | Tazée | |
| Eine kurze Strecke | Cuttlestée | | Hungrig | Descháne | |
| Gut | Walláy | | Gehen | Hóona | |
| Schlecht | Katáhwat | | Kommen | Ahny | |
| Grofs | Tráykcha | | Schlafen | Nastalá | |
| Klein | Tulchone | | Wie viele? | Dónnakeelan | |
| Viel | Keelan | | Gieb mir etwas Wasser | To nuto | |
| Heifs | Hebáy | | Berg Wrangell... | Keúnchilly | |
| | Midnusky | Apache | | Midnusky | Apache |
| Eins... | Tuskál | Daschlái | Sechs.. | Kistáu | Goostán |
| Zwei... | Naytáyky | Nakée | Sieben.. | Konsorry | Goosélty |
| Drei... | Tágy | Tágy | Acht... | Klahinky | Saybée |
| Vier... | Dinky | Dingy | Neun... | Zutlakwálo | Goostál |
| Fünf... | Ahtzúnny | Schlai | Zehn... | Lahzún | Gooneznún |

Obwohl die Frauen bei den Atnatánas entschieden in der Minderheit sind, findet bei ihnen doch Vielweiberei in beschränktem Mafse statt. Inwieweit sie die Gebote der Blutsverwaudtschaft bei ihren Heiraten achten, weifs ich nicht; es dürfte aber wohl aus dem Wunsch, Verwandtenheiraten zu vermeiden, zu erklären sein, dafs gelegentlich ein Midnusky eine Tatlatán heiratet. Im allgemeinen geniefsen die Frauen bei den Männern keine besondere Achtung, ihre Wertschätzung richtet sich hauptsächlich nach ihrem Geschick zu packen und sonstige Arbeiten zu verrichten. Bei dem Tode des Mannes, mag er auch noch so wohlhabend gewesen sein, bleiben die Frau und die Kinder stets in dürftigen Umständen zurück. Das kommt daher, dafs es Gebrauch ist, das Eigentum des Verstorbenen unter die Stammesgenossen zu verteilen. Je mehr er Habe und Vermögen hinterlassen hat, desto grofsartiger sind die Beerdigungsfeierlichkeiten. Der älteste Sohn, sei er auch noch so jung, wird das Haupt der Familie; adoptierte Kinder werden übrigens nicht anders behandelt, als die rechten. Ganz kleine Kinder erhalten ihren Platz in einer Art Stuhl aus Birkenholz, ältere finden auf Reisen ihren Platz auf dem Gepäck bei der Mutter.

Die soziale Organisation dürfte sich in folgenden Klassen darstellen: Tyones, Skillies (nahe Verwandte eines Tyone), Shamans oder Medizinmänner und Vasallen in verschiedenen Graden der Dienstbarkeit. In allen Versammlungen werden Sitze streng nach dem sorgfältig beachteten Rang angewiesen. Die Tyones würden sich schwer dazu verstehen, jemanden von uns als ihnen gleichstehend zu betrachten und erschien es ihnen verächtlich, wenn sie sahen, dafs einer von unsrer Gesellschaft Gepäck trug oder ein Tau anfafste. Bei den Midouskis ist der Einfluſs des Schamanen erheblich geringer als bei den Tatlatáns, ein Umstand, der wohl der Berührung mit den Russen zuzuschreiben ist. Nicolai, ein einfluſsreicher Häuptling, litt ihn nicht, obwohl er seinerseits sich zu wundervollen Kuren befähigt hielt und sicher waren hiervon auch viele Eingeborene nah und fern überzeugt. Seine Macht, glaubt man, sei ihm von der griechischen Kirche, deren Apostel er ist, verliehen. Auf seinem Hute trägt er als Talisman ein griechisches Kreuz, er führt etwas Papier und einen Bleistift bei sich, um alles, das für sein Volk von Bedeutung ist, aufzuzeichnen. Es ist nichts auffallendes, daſs er mit Hülfe seiner Fähigkeit weitausschauender Erkenntnis seine Nachburn täuscht, wie dies folgendes ergiebt: in Khiltáts, etwa 350 miles vom Taräl, sahen wir auf unsrer Reise einen Eingeborenen, der ein wertvolles kupfernes Kreuz mit einigen Hieroglyphen trug. Beides war das Werk von Nicolai, der dafür ohne Zweifel eine reichliche Anzahl Felle empfangen hat. Einige haben ein so festes Vertrauen in die Heilkraft Nicolais, dafs sie ihm viele miles weit das Kleid eines kranken Kindes zusenden, damit er darauf schlafe. Liebigstag, ein Tyone, zu dessen Gefolge mehrere Schamanen gehören, veranlaſste ihre Entfernung aus seinem Lager, als er von unsrer Annäherung hörte. Weiter stromaufwärts sind sie zahlreicher; man erkennt sie daran, dafs sie ihr Haar frei und unbeschnitten tragen. Sie arbeiten nicht, ihr Beruf ist der eines Priesters und Propheten im primitivsten Sinne.

Die Skillies (Adlige) sind zahlreich und nicht wenige haben Vasallen, die auf ihren Wink und Ruf Folge leisten. Ich habe gesehen wie ein Knabe im Alter von 14 oder 15 Jahren, wenige Fuſs vom Fluſs sitzend, einen 6 Fuſs hohen Mann, Vasallen, beorderte, ihm Wasser zu bringen. Dieses Gesinde wird zu allen Arten von Arbeiten benutzt und steht vollständig unter der Kontrolle seiner Herrschaft, doch hörte ich niemals davon, daſs es eine körperliche Züchtigung hätte über sich ergehen lassen müssen. Die Annahme ist gewiſs berechtigt, daſs die Androhung der Entziehung von Lebensmitteln oder der Unterkunft sie bei ihrem hülflosen Zustande zu widerspruchslosem Gehorsam nötigen mufs.

Die Toten werden zur Erde bestattet und das Grab durch ein darauf angebrachtes Holzgestell von 4 zu 5 Fufs bezeichnet. Besondre Heiratsgebräuche bestehen, so scheint es, nicht; ein Mann, der einige Kessel und ähnliches besitzt, gilt stets als gute Partie, er trifft mit der Erkorenen zusammen und durch Ansprache erfolgt das Verlöbnis.

Fort Walla Walla, Washington-Territorium, den 3. August 1886.

## Die Ostgrönländer in ihrem Verhältnisse zu den übrigen Eskimostämmen.*)
### Von H. Rink.**)

**Einleitung.** Die wahrscheinliche Heimat des arktischen Volkes. Wanderungen von Westen nach Osten. Sociale Ähnlichkeiten unter allen Eskimos. Kulturveränderungen auf dem Wege von Westen nach Osten nachgewiesen am Kajak und dessen Anfertigung, am Lippenschmuck, an der Wohnung u. A. Das Band der Sprache. Eigentümlichkeiten der Ostgrönländer gegenüber den Westgrönländern im Bau und in der Beschaffenheit des Kajaks und der Fanggeräthe. Gewerbe, Kunstindustrie, Wohnungs-Sitten, Sage und Sprache bei den Ostgrönländern.

Man hat bekanntlich in Nordamerika in den letzten Jahren mit erhöhtem Eifer die Kulturentwickelung der Ureinwohner zur Aufgabe gründlicherer Forschungen gemacht, bevor diese Nationen entweder ganz verschwinden oder sich mit ihren neuen Umgebungen assimilieren. Die nähere Betrachtung derselben hat zu einer Klassifizierung geführt, indem man zugleich mit Recht angenommen hat, dafs ihre verschiedenen Kulturstufen die Alter bezeichnen, welche mehr oder weniger auch die jetzt am höchsten unter ihnen stehenden durchgangen haben. Insofern als gewisse Merkmale auf dem Gebiete des Gewerbfleifses, und darunter besonders die ersten Zeichen von Pflanzenkultur dabei als die entscheidenden angesehen werden, geraten wir in Beziehung auf die Eskimos etwas in Verlegenheit. Allerdings mufs ihnen ja jeder Gedanke an Gartenbau fern liegen, aber anderseits dürfte die aufserordentliche Erfindungsgabe, mit welcher sie einer kärglichen Natur ihren notwendigen, ja gewissermafsen reichlichen Unterhalt abgewonnen haben, für diesen Mangel entschädigen und billigerweise zu den Gründen für eine Rangererhöhung zählen. Wie dem nun auch sei, so kann man jedenfalls mit Recht behaupten, dafs sie sich durch eine scharf ausgeprägte

---

*) Die vor- und nachstehenden dankenswerten Mitteilungen werter Freunde und Mitglieder unsrer Gesellschaft bilden eine Fortsetzung von in früheren Bänden veröffentlichten ethnologischen Beiträgen. Der obige Gegenstand ist inzwischen von unsrem verehrten Mitarbeiter, Herrn Justizrat Rink in Kopenhagen, in einem noch ausführlicheren Aufsatz behandelt worden, welchen die Zeitschrift der Königlich dänischen geographischen Zeitschrift in Heft VIII. 1885—86 veröffentlichte. D. Red.

**) Die nächste Veranlassung zu dieser Mitteilung war, dafs ich mit dem Kapitän Holm zusammen seine reiche Sammlung aus Ostgrönland genau habe durchgehen können. Dazu kam, dafs ich ebenfalls Gelegenheit gehabt habe, über die Eskimos des äufsersten Westen von den Brüdern Krause, sowie noch zuletzt von A. Jakobsen, und über die der mittleren Regionen von F. Boas persönlich mich belehren zu lassen. R.

wenn auch in enge Grenzen beschränkte und höchst einseitige Kulturentwickelung von ihren indianischen Nachbaren unterscheiden. Hieraus folgt denn auch allerdings, dafs ihre Stämme unter sich einander ungewöhnlich gleich sind. Allein dieses gilt doch auch nur im Vergleich mit den übrigen nordamerikanischen Nationen im allgemeinen, bei genauerer Betrachtung entdeckt man doch Verschiedenheiten, die nach ihrer Auswanderung aus einer ursprünglichen engern Heimat und während ihrer Verbreitung über die jetzt von ihnen bewohnten Küsten eingetreten sind und also auch beweisen, dafs ihre scheinbare Stagnation jedenfalls in einem langen Zeitraume keine absolute gewesen ist.

Grönland kann ja nur von Westen her seine eskimoische Bevölkerung empfangen haben. Dasselbe läfst sich mit Wahrscheinlichkeit auch von den nächsten Nachbarländern jenseits der Davisstrafse annehmen, und wenn wir diese Vermutung weiter erstrecken, gelangen wir zum Alaskaterritorium als der wahrscheinlichen Heimat des jetzt so weit zertreuten arktischen Volkes. Zunächst findet diese Annahme eine Bestätigung darin, dafs die Eskimos hier nicht auf die Küste beschränkt, sondern auch längs der Flüsse ins Binnenland verbreitet sind, nur dafs der ungeheure Fischreichtum dieser Flüsse es möglich gemacht haben kann, dafs hier ursprünglich eine noch viel gröfsere Bevölkerung, als jetzt, sich sammelte, welche durch Auswanderung das notwendige Kontingent zur Entstehung der auf die Meeresküste beschränkten Stämme geliefert haben kann.

Unter der hier ausgesprochenen Voraussetzung können wir passend die Bewohner der Insel Kadjak in Alaska und die Angmagsalikker in Ostgrönland als Repräsentanten des Eskimovolkes im äufsersten Westen und Osten oder des Anfanges und Endes seiner Wanderung betrachten. Zwischen beiden ist die Entfernung nach grönländischer Reiseart zum wenigsten 1600 Meilen, und während das Klima von Kadjak sich dem gemäfsigten nähert, führt der Weg von da nach Angmagsalik durch Länder, deren jährliche Mitteltemperatur den äufsersten Grad erreicht, in welchem Menschen überhaupt haben existieren können.

Die soziale Organisation der Indianerstämme, sowie man sie jetzt in Amerika durch Verteilung in Familien, Geschlechter (gentes), Phratries, Stämme (Confederacies) und Nationen festgestellt hat, läfst sich allerdings nicht mit irgend einer Schärfe auf die Eskimos anwenden; doch scheint es, als ob die Grundbedingungen zu einer solchen Ordnung vorhanden sind, und dafs nur die grofse Zerstreuung und Dünnheit der Bevölkerung sie nirgends zur Vollkommenheit gelangen läfst. Doch trifft man gewisse wesentliche Kennzeichen der gentes, namentlich Beschränkungen in der Wahl der Ehegatten, sowie auch Verpflichtung zu gegenseitiger Hülfe u. a. unter allen Eskimos. Auch wird in den meisten Schriften, gewifs nicht ohne Grund, eine Einteilung in Stämme vorausgesetzt. Selbige werden gewöhnlich durch die Endigung — mut oder — miut (Bewohner von —), zu einem Ortsnamen gefügt, bezeichnet. Ohne Zweifel haben wir in den Angmagsalingmiut einen solchen Stamm. Für unsern Zweck dürfte hier eine Einteilung in folgende Gruppen genügen: die des Alaskaterritoriums oder westlichen Eskimos, welche wiederum in die südlichen und nördlichen zerfallen, die Mackenzieseskimos, die Bewohner der mittleren Regionen, die Labradorer, Westgrönländer und Ostgrönländer. Betrachten wir hier denn näher, wie man gewisse, wenn auch an und für sich geringe, so doch deutliche Kulturveränderungen auf dem Wege von Westen nach Osten verfolgen kann.

Erstlich was die, man darf ja sagen, berühmte Erfindung, den Kajak betrifft, so läfst sich die Entstehung und Vervollkommnung desselben mit seinen zugehörigen Gerätschaften, wie es scheint, ganz natürlich vom Birkenkanu der Indianer Alaskas ausgehend nachweisen. Die Binnenlandeskimos an den bewaldeten Ufern des Flusses Kuskokwim betreiben ihre Fischerei in solchen Kähnen ganz wie ihre indianischen Nachbaren. An der Mündung des Flusses aber findet man die Fahrzeuge mit Fell statt mit Birkenrinde bezogen und zugleich überdeckt. Die übrige Ausrüstung der so entstandenen Kajaks finden wir nach und nach hinzugefügt, indem wir von der Insel Kadjak aus die Küste nach Norden und Osten verfolgen. Man bedient sich im Süden nur noch des Kanuruders, mit einem Blatte, oder auch zweier kleiner derselben Art. Erst später tritt das eigentümliche doppelte Kajakruder an die Stelle. Die Wurfspiefse sind auch erst nach Art der Bogenpfeile für Landjagd, mit Vogelfedern versehen. Ja man hat auch noch Bogen und Pfeil auf dem Kajak benutzt. Für die Vogeljagd im Kajak genügte demnächst ein Wurfspiefs mit grofsem Widerhaken auf der Mitte des Schafts. Die ähnliche Waffe mufste aber, um auf Seetiere anwendbar zu werden, mit einem Mittel versehen sein, welches den getroffenen Tieren das Untertauchen erschweren könnte. Dieses wurde durch eine, an den Schaft geheftete Blase bewerkstelligt. Auf diese Weise entstand also der „Vogelpfeil" und der „Blasenpfeil". Wiederum mufste aber die eben genannte Blase nach und nach für die erweiterte Anwendung vergröfsert werden, und da dieses den Flug der geworfenen Waffe zu sehr hinderte, trennte man sie von derselben und erfand die grofse, nur durch eine Leine mit der losen Fangblase verbundene Harpune, während der Blasenpfeil doch zugleich beibehalten wurde. Auf ähnliche Weise erscheinen, wenn man vom Süden nach Norden und Osten geht, nach und nach die sinnreichen Vorkehrungen, durch welche das äufsere Ende der Waffe sich umbiegen läfst und die Spitze der grofsen Harpune nebst der Fangleine und Blase sich ganz vom Schafte lösen kann. Das biegsame Ende wurde auch auf die „Lanze", die nur zum töten des bereits getroffenen Tieres bestimmt ist, angewendet. Dann aber endlich gilt die gradweise Entwickelung auch für die Form und die Dimensionen des Kajaks und die davon ebenfalls abhängige Fertigkeit in der Manövrierung desselben. John Murdoch, Teilnehmer der meteorologischen Expedition auf Point Barrow, hat mir auf nähere Vorfrage gütigst folgendes mitgeteilt: abgesehen von den Aleuten ist das Kajakruder mit doppeltem Blatte den Eskimos im Süden von Pastolik, einem Dorfe eben nördlich von der Yukonmündung, unbekannt, und selbst ganz bis Point Barrow wird das einfache Ruder noch immer für gewöhnliche, das doppelte für besondere Zwecke benutzt. Nach Modellen zu urteilen geht dieser Gebrauch noch sogar bis zum Flusse Anderson. Von der losen Fangblase hat man freilich schon eben nördlich von der Halbinsel Alaska Proben gesehen. Sie erscheint aber erst nur ausnahmsweise, man begnügt sich in der Regel mit dem Blasenpfeil, und selbst auf Point Barrow dient die lose Blase nur für Walrofs- und Walfischfang. Schon auf Kadjak hat man freilich eine Harpune mit loser Spitze, aber die Weise, in der diese sich ablöst, wird vollkommener, je weiter nach Norden. Die Kunst, im Kajak umzuwerfen und durch Hülfe des Ruders sich wieder aufzurichten, ist in Alaska überhaupt nur als Seltenheit, auf Point Barrow insonderheit gar nicht bekannt. Die dafür notwendige wasserdichte Bekleidung des Kajakfahrers ist auch noch sehr mangelhaft. Zu diesen Bemerkungen Murdochs dürfte noch hinzugefügt werden, dafs der Kajak, bis auf einzelne Ausnahmen, nicht allein in Alaska, sondern ganz bis Labrador in der Regel für die eben genannte Kunst zu breit und schwerfällig gebaut ist. Während man also wohl vom Mackenzie an die normalen grönländischen Kajakgerätschaften: Doppelruder, Vogelpfeil, Blasenpfeil, grofse Harpune mit Blase und endlich Lanze als festgesetzt betrachten kann, erlangt erst in Grönland die bewunderungswürdige Festigkeit des Kajakfahrers ihre Vollkommenheit, und der Kajak selbst den dafür notwendigen schlanken und zierlichen Bau.

Eine merkwürdige Sitte, welche die westlichen Eskimos mit den südlichen Nachbarindianern der Küste gemein haben, ist die Durchbohrung der Unterlippe und Anbringung des aus Knochen oder Stein gebildeten Schmuckes in derselben. Der Unterschied, dafs die Eskimos zwei kleine Zierraten dieser Art unter den Mundwinkeln, die Tlinkits aber einen grofsen in der Mitte tragen, scheint durch das strengere Klima hervorgerufen zu sein. Dennoch mufs man sich wundern, mit welcher Treue diese, mit der arktischen Winterkälte so schlecht harmonierende Sitte um Point Barrow herum bis zum Mackenzie beibehalten ist. Weiter nach Osten und Norden hin scheint sie aber ganz zu verschwinden, sicherlich ist das Ungemach, welches sie mit sich führte, zu überwiegend geworden.

Auch die Wohnungen der Eskimos schliefsen sich im südlichen Alaska, namentlich durch das Vorhandensein eines Feuerherdes in der Mitte der Diele, denen der Indianer an. Im Norden mufs aber die Feuerstelle aus Mangel an Holz der Thranlampe weichen, worauf auch nach und nach Schneehütten an die Stelle der Häuser aus Holz und Erde treten, bis wiederum in Grönland Erde oder Rasen und Stein nebst Treibholz die Baumaterialien abgeben. Hierbei ist als wesentlicher Unterschied zu bemerken, dafs es in Alaska, ebenfalls nach indianischer Sitte, öffentliche Gebäude, sogenannte Kagsen oder Kashim giebt, welche als Arbeitslokal für die Männer, für Ratsversammlungen, Vergnügungen, religiöse Feste und endlich für Schwitzbäder benutzt werden. In den östlichen Eskimoländern werden diese Gebäude teilweise durch eine Art grofse Schneehütten ersetzt, wogegen sie, wenn sie in Grönland überhaupt existiert haben, daselbst jedenfalls nur ausnahmsweise vorgekommen sind. Gleichzeitig nehmen aber die Wohnhäuser, welche bis hierher mehr oder weniger quadratisch oder rund gewesen, in Grönland eine Form an, die jede beliebige Erweiterung der Länge nach zuläfst. Die Länge wird nach der Zahl der Hausgenossen bestimmt, und bis zu einem gewissen Grade giebt diese Bauart einen Ersatz für die fehlenden öffentlichen Gebäude, indem Versammlungen in den Häusern gehalten werden können. Was speziell die festlichen Versammlungen für religiöse Zwecke, entweder zu einer bestimmten Jahreszeit oder auf sonstige Veranlassung betrifft, so sind diese hauptsächlich in Alaska vorherrschend, wo sie mit den bekannten Maskentänzen sowie mit Opfern und Verteilung von Gaben verbunden sind. Je weiter nach Osten, desto mehr verlieren diese Festlichkeiten an Bedeutung und zwar, wie es scheint, in demselben Mafse, als der Einflufs der Angakoks zunimmt. Die Maskentänze scheinen sich jenseits der Mackenzie zu verlieren, und jährliche Feste in Grönland sehr wenig gefeiert gewesen zu sein, während die Angakoks mehr und mehr die ganze Wirksamkeit der Vermittelung zwischen den Menschen und den unsichtbaren Mächten übernommen hatten.

Bei aller übrigen Ähnlichkeit der Eskimostämme unter sich

bleibt doch die Sprache, wie anderswo, so auch hier das allgemein
gültigste Zeichen der Nationalität. Nur die Aleuten bilden hier bis
zu einem gewissen Grade eine Ausnahme und müssen als ein abnormer
Seitenzweig aufgestellt werden. Anderseits berechtigt aber denn doch
auch auf eine einfache und entscheidende Weise eigentlich nur das
Band der Sprache zur Anknüpfung der sogenannten Binnenlandeskimos an das so gänzlich als Bewohner der Meeresküste ausgeprägte
arktische Volk. Das Eskimoische zeichnet sich bekanntlich, wie die
meisten amerikanischen Sprachen, durch den künstlichen Bau der
Wörter aus. Die Grundlage der langen, abgeleiteten Wörter sind
die sogenannten Stammwörter, welche deshalb für das Wörterbuch
von grofser Wichtigkeit sind. Ein loser Überschlag nach dem vorliegenden Material hat das Resultat geliefert, dafs die Zahl der
Stammwörter in den andern Dialekten des Eskimoischen, die sich
vom Westgrönländischen unterscheiden oder in dieser Beziehung
unsicher sind, im Labradorischen 15%, in den mittlern Regionen
20%, am Mackenzie 31%, und in Alaska 53% ausmachen. Aus
verschiedenen Ursachen kann man nun allerdings hieraus bei weitem
nicht schliefsen, dafs die Sprache im allgemeinen in den verschiedenen Gebieten Unterschiede darbietet, die diesen Zahlen
proportional wären. Im Gegenteil kann man wohl annehmen, dafs
Einwohner Ostgrönlands und Alaskas, wenn ihnen bei einem zufälligen
Zusammentreffen nur Zeit gelassen würde, sich recht gut gegenseitig
würden verständlich machen können. Aber in Verbindung mit andern
sprachlichen Eigentümlichkeiten deuten die genannten Unterschiede
doch darauf hin, dafs, abgesehen von einer noch viel ältern Trennung
von den Aleuten, erst die südlichen, dann die nördlichen Alaskastämme,
die Mackenzie- und die mittlern Stämme ausgeschieden wurden, und
endlich Zweige der letztern Labrador und Grönland bevölkert haben.

Gehen wir denn von diesen Betrachtungen der Eskimostämme
im allgemeinen zu den Eigentümlichkeiten der Ostgrönländer insbesondere und namentlich ihrem Unterschiede von den Westgrönländern über, indem wir als Regel uns letztere in dem Zustande
denken, in welchem Egede sie vorfand, als er sich unter ihnen
ansiedelte.

Was die Kajak- oder Fanggeräte überhaupt betrifft, so treffen
wir selbst auf diesem, übrigens vom Mackenzie an ja so konstanten
Gebiete, ein paar verhältnismäfsig nicht unwesentliche Abweichungen.
Erstlich ist an den Harpunspitzen ein Zapfen angebracht, um welchen
sie sich drehen können, so dafs sie, in den Körper des Tieres ein-
gedrungen, sich in die Quere stellen und dadurch ungewöhnlich feste
Widerhaken abgeben. Diese Vorrichtung ist auch bei den Walfisch-

fängern gebräuchlich und die Möglichkeit ist denn allerdings vorhanden, dafs die Erfindung aus angetriebenen Schiffstrümmern erlernt worden ist; allein dann bleibt es doch auffallend, dafs man sie nicht auch auf der Westküste aufgenommen hat. Die zweite Abweichung besteht darin, dafs die Fangblase verdoppelt, d. h. durch zwei zusammenhängende kleinere ersetzt worden ist. Wenn man bedenkt, dafs der Fänger so gut wie den ganzen Fang und die oft sehr schwierige Befestigung des getöteten Tieres mit der einen Hand ausführen mufs, indem die andre nicht das Ruder fahren lassen darf, so läfst es sich wohl einsehen, dafs die doppelte Blase mit ihrem festeren Stütz- und Haltepunkte mehrere Vorteile gewährt. Sie wird auch als notwendiger Bedarf, und ihr Mangel, oder die einfache Blase als Zeichen von Armut angesehen. Recht merkwürdig ist es aber, hier die durch Anwendung der Schiefswaffen auf der Westküste ganz verdrängten alten Gerätschaften wiederzufinden, die zum Fang im Frühjahre auf dem Eise angewendet werden. Dafs Bogen und Pfeil nach altem Muster nicht mehr gekannt sind, wird dem Verschwinden der Rentiere zugeschrieben; höchst auffallend ist es aber zu erfahren, dafs die Konstruktion der Armbrust den Eingeborenen bekannt ist. Sie wird zwar nur sehr wenig, wie es scheint nur zum Spiel oder höchstens zur Vogeljagd benutzt. Ihr Vorkommen hier ist aus kulturhistorischen Gründen ja so merkwürdig, dafs man jedenfalls geneigt sein mufs, sie von einem fremden Einflusse herzuleiten. Eine scheinbar ganz vereinzelte Tatsache ist der völlige Mangel irgend einer Art von Angel oder Fischhaken, indem die Fische nur gestochen oder mit Netzen aufgeschöpft werden. Für Lachse werden zwei dreizackartige Stecher gebraucht, der eine in Spalten auf dem Eise, der andre, in seichtem Wasser der Flüsse mit steinigem Grunde benutzt, ist mit einem im brittischen Columbien vorkommenden identisch.

Die von der Ostküste mitgebrachte ethnographische Sammlung giebt einen lebhaften Einblick in den Kulturzustand dieses kleinen Volksstammes. Wir müssen den Fleifs, die Fertigkeit und Erfindungsgabe, mit welcher die verschiedenen Gegenstände konstruiert, und die Materialien: Holz, Stein, Knochen, Metall und Fell bearbeitet sind, bewundern. Was aber ohne Zweifel die Aufmerksamkeit der meisten Beschauer zunächst fesselt, ist der Kunstsinn, welcher sich darin offenbart. In Reisebeschreibungen ist öfters des Fleifses Erwähnung geschehen, mit welchem die Alaskaeskimos Schnitzereien in Elfenbein und Knochen ausführen und ihre Waffen und Hausgeräte durch bildliche Darstellungen schmücken. Nach den Abbildungen und Beschreibungen ethnographischer Gegenstände aus den übrigen eskimoischen Ländern zu urteilen, verliert dieser Kunstfleifs sich aufserhalb Alaskas, und in Westgrönland scheint er fast nur auf Verzierungen der Kleider beschränkt gewesen zu sein. Umsomehr wundert es uns, in der Sammlung aus Ostgrönland den Kunstsinn gleichsam auf einmal wieder erweckt zu sehen, so dafs die Produkte desselben recht gut mit jenen aus Alaska verglichen werden können; nur ist die Art etwas verschieden. In Alaska bestehen die Verzierungen hauptsächlich aus eingeritzten Zeichnungen, welche Szenen ans dem Leben der Einwohner, sowie aus der Sagenwelt darstellen. In Angmagsalik dagegen treffen wir kleine, aus Knochen oder Walrofszahn geschnittene Reliefs, die mit knöchernen Nägeln an hölzerne Flächen geheftet sind. Diese kleinen Platten repräsentieren teils jeder für sich das Bildnis eines natürlichen oder phantastischen Gegenstandes, teils bilden sie, näher aneinander gerückt, scheinbar nur linienartige Ornamente. In jenen Bildern sehen wir dargestellt: zwei halbmystische Tiere, Tornarsuk und Erperketarp (?) nebst andern mystischen Figuren, die bekanntesten Seehundearten, Delphine, Narwal, Vögel, Fische, Bären, Männer und Kajakke. Trotz ihrer Kleinheit soll die Art der Seehunde für Kennerblicke deutlich genug ausgedrückt sein. Auf einem „Wurfbrett" (Unterlage der Harpune beim Werfen) enthält die 290 qcm grofse Rückseite 57 solcher Bilder, ein Becher hat 116 derselben auf 176 qcm, und eine kleine Schachtel, scheinbar nur als Spielzeug dienend, hat 96 Bilder auf 55 qcm. Diejenigen Ornamente, deren Form scheinbar nur aus der Phantasie entstanden ist, scheinen doch bei genauerer Untersuchung ihren Ursprung aus denselben Gegenständen, als denen der eben genannten Platten, namentlich Seehunden, zu verraten. Man findet nämlich Übergänge, an denen Kopf und Extremitäten nach und nach durch Abrundung verschwinden und einfache Ovale zurückbleiben.

 Aufser diesen Reliefs auf Holz zeugen vielfache andre Schnitzereien von gleichem Kunstsinne. Fast jede Gelegenheit ist benutzt worden, um dieselben am knöchernen Besatz der Kleider oder ledernen Gerätschaften anzubringen. Endlich gehören auch die merkwürdigen geographischen Bilder hierher, durch welche Teile der Küste nach Art der Landkarten dargestellt sind. Sie sind aus Holz geschnitten, indem auch die Erhöhungen des Landes in groben Zügen wiedergegeben sind. Das feste Land bildet Stücke für sich, die Inseln ebenfalls Stücke für sich, die aber durch einen Riemen mit einander verbunden sind, so dafs sie jedesmal bei der Benutzung, in passender Entfernung von der Küste hingelegt werden. Im „Compte rendu de la Société de Géographie" für 1886 No. 5

erschien ein Artikel, dessen Verfasser die Verfertigung dieser Bilder durch „Wilde ohne irgend eine Zivilisation" für so unwahrscheinlich ansah, dafs er die Vermutung aufstellte, dafs Personen von dem im Jahre 1833 verschwundenen Schiffe „Lilloise" die Küste erreicht haben könnten, und dafs also jene eigentümliche Kartographie französischen Ursprungs sei. Kapitän Holm selbst (Geografisk Tidsskrift) sowie auch H. Holst (Nationaltidende) haben deutlich genug bewiesen, wie unnötig und unwahrscheinlich diese Hypothese ist.

Der Fleifs und Geschmack, den die Angmagsalikker Näherinnen besonders in den Stickereien an den Tag legen, erregt unsre Bewunderung, wenn wir bedenken, dafs die Arbeit bis zur Ankunft unsrer Reisenden mit selbstgemachten Nadeln ausgeführt wurde. Diese Nadeln waren aus altem, von Schiffstrümmern herrührenden Eisen ausgehämmert und geschnitten, viereckig geschliffen und für das Nadelöhr aufs feinste durchbohrt.

Die mit dem Eigentumsbegriff so nahe in Verbindung stehende Ordnung der Winterwohnungen hat, selbst den Westgrönländern gegenüber, bei den Angmagsalikkern ihre Eigentümlichkeit. Man hat aus dem Beispiele der Ureinwohner Nordamerikas nachgewiesen, wie langsam der Begriff des individuellen Eigentums sich durch die verschiedenen Kulturstufen entwickelt, und wie ein gewisser Grad von Gemeinschaft unter der Form von „communism of large households" und „law of hospitality" nicht allein in den Klassen der „savagery", sondern auch des „barbarism" vorherrschend ist. Der Grund ist ja, dafs die Familien vereinzelt sich zu schwach fühlen, des Unterhalts und Schutzes für mögliche Fälle gesichert zu sein. Daher denn auch bei den Eskimos die Sitte, dafs die Familien, obgleich im Sommer mehr abgesondert nomadisierend, für den Winter in gröfseren oder kleineren Genossenschaften auf bestimmte Plätze sich zurückziehen. Es ist schon oben erwähnt, wie sich hierbei in Beziehung auf Gröfse der Häuser und das Vorhandensein öffentlicher Gebäude, zwischen den westlichern Eskimos und den Grönländern ein Unterschied kund thut. Nun zeichnen sich aber unter den letztern die Angmagsalikker besonders aus. In Westgrönland hat es nämlich am häufigsten mehr als ein Haus auf demselben Platze gegeben, während es im Osten die Regel zu sein scheint, dafs alle Bewohner eines Platzes auch ihr gemeinschaftliches Haus haben. Auf eine Weise ist also der „communism of large households" hier nachdrücklicher durchgeführt. Insofern aber das Gesetz der „hospitality" speziell durch die allgemeine amerikanische Sitte bezeichnet wird, dafs jedem in ein Haus eintretenden Fremden zuvörderst Speise geboten werden soll, finden wir dasselbe auf eine merkwürdig übereinstimmende Weise von alters her in den grönländischen Sagen im allgemeinen ausgesprochen.

In Angmagsalik repräsentiert aber jedes Haus zugleich einen Wohnplatz. Das gröfste zählte 58 Bewohner. Um uns von dem Zusammenleben in dem einzigen Raume, den jeder dieser Häuser darbietet, eine Vorstellung zu machen, wählen wir das von dem Reisenden genauer beschriebene neben ihrer eignen Winterwohnung zum Beispiel. Es hatte 38, auf 8 Familien verteilte Bewohner. Die Pritsche war 27 Fufs lang, 6 Fufs breit und durch niedrige Vorhänge in 8 Räume geteilt. Diese Abteilungen waren von ungleicher Breite, je nach dem Bedürfnisse der einzelnen Familien, aber durchschnittlich kamen also nur 3½ Fufs auf jede. Der übrige Flächenraum, also die 26 Fufs lange und 8½ Fufs breite Diele mufste doch auch noch Platz für eine Bank unter den Fenstern und für Erhöhungen abgeben, auf denen Wasserkübel und Speckschalen Platz hatten. Man bedenke nun, was alles in diesem, im ganzen 27 Fufs langen, 14½ Fufs breiten Raume, dessen gröfste Höhe 6½ Fufs betrug, ausgerichtet werden sollte! Hier sollen die Frauen für 38 Personen Essen kochen, Felle bereiten, Kleider nähen und Kinder warten, während die Männer an ihren Gerätschaften arbeiten. Nebenbei darf es ja auch nicht an Unterhaltung und Belustigung fehlen, ein Tanz wird aufgeführt, man trommelt und singt, man rühmt die Thaten der Vorfahren, und während der Mahlzeiten erzählen die Männer ihre letzten Jagderlebnisse und unterrichten die Jugend in den Regeln des Fanges. Endlich wird dann ab und zu ein Angakok engagiert, er erschüttert durch seine Geistermahnungen die Nerven seiner Zuhörer.

Man sieht also, dafs in der That mancherlei, sowohl Arbeit als Zeitvertreib in diesem engen Raume vor sich gehen soll, in welchem die Kälte und Dunkelheit der langen Winternächte so viele Menschen zusammengeführt hat. Und doch herrscht Ruhe und Ordnung, Wortstreit wird als ein Verbrechen angesehen, wenn er nicht in gesetzmäfsiger Form beim sogenannten Trommeltanze vorgebracht wird. Die Aufrechthaltung eines solchen Hausfriedens setzt offenbar zwei Bedingungen voraus: erstlich herkömmliche Regeln oder Gesetze, und zweitens Oberhäupter, welche die Befolgung derselben überwachen und zweifelhafte Fälle entscheiden. Dafs die erste Bedingung überhaupt auch auf primitiven Kulturstufen vorhanden ist, fängt man jetzt ja nachgerade an einzusehen. Die zweite wird von Schriftstellern über die ursprünglichen Grönländer nur schwach angedeutet, die gewöhnliche Anschauung ist ja, dafs volkkommene Gleichheit unter ihnen herrschte und von befehlen und gehorchen nicht die Rede sei. Unsre Reisenden sind aber auf das Entschiedenste von der Irrigkeit dieser Meinung überzeugt worden. In jedem Hause befindet sich ein Hausherr, der in der Benutzung und Verteilung des Raumes und gemeinschaftlichen Eigentums entscheidet und dem gehorcht wird. Der Hausherr wird durch eine, wie es scheint stillschweigende Übereinkunft gewählt, und wenn man früher geglaubt hat, dafs keine Befehle ausgeteilt würden, so ist dieses wohl eine Folge der gelinden Form, in welcher die Befehle formuliert, zum Teil wohl auch nur stillschweigend angedeutet werden.

Es wurden doch von den Reisenden Fälle erlebt, in denen der Hausherr auch nach europäischen Begriffen als befehlend auftrat. Dieses geschah erstlich beim Umziehen von den Zelten in die Winterwohnung, als die 8 Familien sich um den Platz auf der Pritsche einigen, die Lampen überall angezündet und die Fenster geschlossen werden sollten. Ein andres Mal wurde ein junger Mensch mitten im Winter zur Strafe aus dem Hause verwiesen und mufste selbst suchen, anderswo unter Dach zu kommen.

Möchten denn auch diese Beobachtungen dazu beitragen, die Irrigkeit der Meinung zu beweisen, als ob die sogenannten „wilden" Grönländer keine soziale Ordnung hätten!

Unsre Reisenden benutzten auch ihren Winteraufenthalt und die vorzügliche Hülfe, die sie in dem Katecheten Hans und dem Dolmetschen Johann Petersen besafsen, um ein bedeutendes Material zur Beurteilung der Sagen und des Dialektes der Angmagsalikker zu sammeln. Die Bearbeitung dieser Aufzeichnungen hat eben erst begonnen und so läfst sich nur von dem, was ein flüchtiger Durchblick hat zeigen können, hier ein geringes mitteilen.

Die Sagensammlung enthält 57 Nummern, von denen 6 jedoch Wiederholungen sind. Von den 51 sind 13 offenbar identisch mit Sagen andrer Eskimos, namentlich der Westgrönländer; in andern 13 erkennt man wiederum gewisse, ähnlich verbreitete Sagenelemente, d. h. Bruchstücke, die ab und zu, als in die verschiedensten Erzählungen eingeschaltet vorkommen. Dagegen sind 16 als früher unbekannt zu betrachten, und 7 Nummern enthalten teils nur Gesänge, teils mehr beschreibende Darstellungen. Es leidet keinen Zweifel, dafs die eskimoischen Sagen und besonders ein Vergleich der Sagen aus verschiedenen Gegenden auf indirekte Weise Aufschlüsse über die frühere Geschichte und namentlich über die Wanderungen des Volkes geben wird. Zu dem, was wir von früheren Jahren besafsen, hat Dr. Boas einen wesentlichen Beitrag vom Baffins-Lande gebracht. Recht merkwürdig wird unter andern

durch denselben die Mythe von der Entstehung der Meerestiere und
der Beherrscherin derselben, sowie die Fabel vom Hunde als Stammvater der Indianer und Europäer. Noch fehlen so gut wie ganz
Beiträge vom äufsersten Westen; sie werden aber jetzt gewifs nicht
lange mehr auf sich warten lassen, und dann trifft es ja sehr gelegen,
dafs eben noch jener vom äufsersten Osten erlangt worden ist.

Was endlich die Sprache betrifft, so ist die westgrönländische
jetzt bekanntlich als Schriftsprache entwickelt. Man hat dabei
nur sehr wenig den möglichen Unterschied derselben in verschiedenen
Gegenden berücksichtigt. Was die Ostküste betrifft, so ist diesem
Mangel jetzt hinlänglich abgeholfen. Nach den vorliegenden Proben
zu urteilen, scheint es vorläufig jedenfalls, als ob in Grönland ein
gröfserer Unterschied der Sprache zwischen Ost und West, als
zwischen Süd und Nord stattgefunden hat.

Wenn es nicht übereilt wäre, aus den vorliegenden Thatsachen
jetzt schon einen allgemeinen Schlufs zu ziehen, möchte ich mit
Kapitän Holm annehmen, dafs die Angmagsalikker Norden um
Grönland eingewandert sind, die Westgrönländer aber von der
Baffins-Bay aus den Weg nach Süden genommen haben, und dafs an
der Südspitze Grönlands eine Mischungsrasse sich gebildet hat. Die
im Vorhergehenden angedeuteten Verschiedenheiten scheinen mir
für eine solche Annahme genügend zu sein. Ich möchte nur noch
hinzufügen, dafs die Mischungsrasse aller Wahrscheinlichkeit nach
auch altskandinavische Elemente in sich schliefst, obgleich im Kulturzustande auch nicht die geringste Spur davon zu entdecken ist.

## Der Indianerstamm der Odjibways in Nordwest-Kanada.
### Von Charles N. Bell in Winnipeg, Manitoba.

Gebiet der Odjibways in Kanada westlich vom Oberen See. Näheres über den
Namen Odjibway. Swamples sind Wald-Indianer. Jäger und Fischer. Sorglosigkeit.
Die schlimme Winterszeit. Die Indianer in den Reserven. Kleidung. Schmuck.
Nahrung. Tauschhandel mit weifsen Händlern. Stellung der Frauen. Indianerfehden.
Verträge mit der kanadischen Regierung. Gute Leistung indianischer Arbeiter.
Gerechte Behandlung der Indianer seitens der kanadischen Regierung.

Die Odjibway-Indianer sind weit östlich vom Ufer des
Oberen Sees zerstreut; die nachfolgenden Mitteilungen beziehen sich
nur auf den Teil derselben, welcher auf kanadischem Territorium
westlich von dem genannten See haust. Kurz angegeben sind die
Grenzen die folgenden: vom Oberen See südlich die internationale
Linie zwischen den Vereinigten Staaten und Kanada bis zum Nord
Red River und diesen Strom hinab bis zu der Stelle, wo der Assini-

boineflufs sich mit ihm vereinigt; von da geht die Grenze in einer unregelmäfsigen Linie westlich vom Manitobasee zum grofsen Saskatchewanfluſs und diesen aufwärts bis zur Vereinigung seiner beiden Arme, dann östlich, indem sie sich einen halben Grad nördlich vom Flusse hält, bis zum Winnipegsee. Die Grenze schliefst den ganzen See ein, läuft vom Nordende längs des hohen Landes hin, welches die Wasserscheide der zur Hudsons-Bai und der zum Winnipegsee fliefsenden Gewässer bildet und wendet sich dann südöstlich zum Oberen See.

Zwischen dem Winnipeg- und dem Oberen See befindet sich ein von Seen, Flüssen und Wäldern durchsetztes Gebiet. Das Gestein ist laurentinisch, in seinem Boden wurden ausgedehnte Lager wertvoller Mineralien, als: Eisen-, Kupfer-, Gold-, Silber- und Bleierze entdeckt; ein bergmännischer Betrieb mit den günstigsten Ergebnissen ist im Gange. Die Ausbeute trefflichen Nadelholzes versorgt den Markt der westlichen Präriedistrikte. Ackerbauer lassen sich an den Ufern einiger dieser Flüsse nieder, die kanadische Pacificeisenbahn transportiert täglich mitten durch den Distrikt Personen und Güter. Dabei ist die Zivilisation so plötzlich gleichsam hereingebrochen, dafs wenige miles vom Schienenweg entfernt der Odjibway sich nach wie vor in seinem Birkenkanu tummelt. Westlich vom Red River und vom Winnipegsee erstrecken sich ausgedehnte fruchtbare Prärieländer, ihr Boden eignet sich zum Anbau von Weizen und andern Cerealien.

Die Odjibways heifsen auch Saulteans oder Chippewa, der Name Odjibway kommt wahrscheinlich von einem Wort in der Sprache des Stammes, das „aufgesammelt" (puckered up) bedeutet und Bezug hat auf die Gewässer des Oberen Sees, die sich bei Sault St. Marie River aufsammeln. Hier trafen die Franzosen den Stamm zuerst, daher der Name Saulteans. Chippewas oder Chippeway ist nur eine Korruption von Odjibway. Mit den Odjibways treten kleine Banden von Indianern auf, welche man Swampies oder Swampy Crees nennt, weil sie öfter in den Sümpfen und niedrigem Lande hausen, die sich beim Winnipegsee und weiter nordwärts von demselben erstrecken. Sie sind eine Abzweigung der Wood Crees, ihre Sprache ist ungefähr dieselbe, wie die der Odjibways, mit denen sie in völligem Frieden leben.

Man schätzt die Zahl der in dem oben angegebenen Gebiet wohnenden Odjibways auf 8500, die der Swampies auf 7500. Alle nachfolgenden Bemerkungen über Leben und Sitten der Odjibways gelten auch für die mit ihnen lebenden Swampies. In den letzten anderthalb Jahrhunderten drangen die ersteren westlich vom Oberen

See vor, während die Swampies das in Rede stehende Gebiet seit undenklichen Zeiten bewohnen. Beide Stämme gehören der grofsen Algonquinrasse an. Sie sind Waldindianer, leben ausschliefslich im Wald- und Seegebiet, selten wagten sie sich westwärts auf die grofse Ebene westlich vom Red River und südlich vom Saskatchewan, vor, um Büffel, so lange es solche noch gab, zu jagen. Ihre Nahrung besteht aus wilden Beeren, wildem Reis, Fischen, Wassergeflügel, Hühnern, Bären, Hirschen und andern Getier des Waldes. In Fallen fangen sie den Biber, mink, Fische verschiedener Art, den Marder, die Moschusratte, den Wolf, Fuchs, den skunk, Vielfrafs (Gulo luscus), Dachs, Luchs, die Otter und das Hermelin. Besonders sind verschiedene Hirscharten, das Elenn und der Rothirsch in Menge vorhanden. Der ganze Distrikt ist von einem Netz von Seen und Wasserzügen durchsetzt und diese Gewässer sind reich an einer Störart, Lachsforellen, Weifsfischen u. a. Verschiedene Entenarten, Gänse und Schwäne finden sich in dem Gebiet. Die Indianer haben teils Vorderladervogelflinten, teils bedienen sie sich noch der alten von der Hudsonsbaikompagnie eingeführten Steinschlofsflinten. Die meisten Pelztiere werden mit Hülfe stählerner Fallen gefangen. Die Indianer leben auf den Reserven in gutkonstruierten Blockhäusern, auf der Reise oder Jagd in den Wäldern nächtigen sie in ihren über Pfählen ausgespannten Wigwams aus Birkenrinde. In den Sommermonaten sieht man den Indianer in seinem leichten graziös gebauten Birkenrindekanu; im Überflufs denkt er nicht an die Bedürfnisse, welche der kommende Winter ihm bringen wird. Wie die meisten Naturvölker denken und sorgen auch die Indianer in keiner Weise für die Zukunft. Kaum, dafs sie etwas wilden Reis aufbewahren, um sich durch den Winter zu bringen, obwohl sie eine reiche Ernte davon einheimsen könnten.

Ist der schöne aber kurze Sommer vorüber, werden die Nächte kühl, färben sich und fallen die Blätter, so zieht sich der Indianer zu einer dürftigen Existenz in die Wälder zurück. Hier deckt im Winter hoher Schnee den Boden, getretene Pfade giebt es nicht und der Indianer nimmt, um vorwärts zu kommen und zu jagen, seine Zuflucht zum Schneeschuh. Manche haben thörichterweise die von ihnen erbeuteten Pelze dem Händler für Geld verkauft, sie leiden nun sehr unter dem Mangel warmer Kleidung und Decken. Zum Schlittenzug haben sie Hunde. Die Schlitten haben lange, dünne, flache, vorn aufgebogene Kuffen und bewegen sich, ohne tief einzusinken, leicht über und durch den Schnee. Ein „Flachschlitten" (flatsled) wird mit einem bis fünf Hunden bespannt. Das Geschirr wird den Hunden um den Hals gelegt und einer hinter den andern gespannt. Der indianische Hund dieser Gegenden ist ein wollähnlicher Bastardhund. Diese Hunde sind sehr gefräfsig und kauen unter Umständen selbst ihr Geschirr. Jeden tierischen Stoff verschlingen sie gierig. Zu jedem Indianerlager gehört eine Anzahl Hunde, die man im Sommer sich völlig selbst überläfst; sie nährer sich dann von Kaninchen und am Ufer der Seen erbeuteten Fischen.

Die Indianer, welche sich auf den von der Regierung ihnen angewiesenen Reserven niederliefsen, haben sich schnell an den Ackerbau gewöhnt, finden in diesem ihre Existenz und liegen nur gelegentlich der Jagd und Fischerei ob.

Die Kleidung der Indianer ist verschieden, je nachdem sie in den Reserven sefshaft und zivilisiert leben oder in der Jagd und Fischerei jahraus jahrein ihre Existenz suchen. Das Hauptkleid des Jägers ist im Sommer eine wollene Decke. Die Frauen tragen Tuchröcke, die bis unter die Kniee reichen, eine Art perlengestickter Gamaschen und einen Shawl oder Decke. Mokassins oder weiche aus Hirschfell zierlich gefertigte Schuhe umschliefsen die Füfse. Perlen, Federn, bunte Farben werden vielfach zur Ausschmückung benutzt. Das Küchengeschirr, in welchem sie sich Thee und sonstige Nahrung bereiten, besteht aus kupfernen Kesseln und Töpfen. Das Fleisch wird auch am Spiefs über hellem Feuer gebraten.

Die Indianer verhandeln die Ausbeute ihrer Jagd gegen Thee, Mehl, Zucker, Tabak und Kleiderstoffe, wollene Decken, Fallen und Munition; entweder werden sie zu dem Zweck von den Händlern aufgesucht oder die Indianer kommen selbst zu den Handelsposten, welche über das ganze Gebiet zerstreut sind. Vielweiberei ist bei den Indianern nichts seltenes, immer aber behandeln sie ihre Frauen gut. Die Beschäftigung der Männer besteht nach dem oben gesagten in Jagd und Fischerei, sie rauchen, spielen und schwatzen. Die Frauen kümmern sich um ihre Kinder, sägen Holz, holen Wasser, kochen, bedienen ihre Männer und folgen ihnen, wenn sie ausziehen, indem sie ihnen Lasten tragen oder die Kanus mit rudern helfen. Die Männer sehen im allgemeinen gut aus, sind schlank und kräftig, dabei thätig; manche haben durch das häufige Sitzen im Kanu an ihrer Haltung etwas verloren; die Frauen haben ein robustes Aussehen, doch durch das häufige Tragen von Lasten ist ihr Oberkörper etwas vorgebogen. Die Sitten der Frauen sind nicht die reinsten, obwohl Untreue der Frauen schwer bestraft wird. Männer wie Frauen sind eingefleischte Raucher, in den Tabak mischen sie Blätter der roten Weide.

Ein prahlerischer Zug ist allen nordamerikanischen Indianern eigen, so auch den Odjibways, einige von ihnen sind grofse Redner und besitzen einen ungewöhnlichen Scharfsinn. Bis beinahe in die neueste Zeit lagen sie in scharfer Fehde mit den Sioux im Süden und Westen und sie trieben sie weit westlich vom Oberen See in die grofsen Ebenen westlich vom Red River. Seitdem jedoch die Vereinigten Staaten-Regierung die Sioux in weitab gelegene Reserven gebannt hat, haben die Odjibways keine Ursache, sich ferner auf dem Kriegsfufs zu halten. Gleichwohl tragen noch viele ihrer alten Krieger lange Federn im Haar, um damit die Zahl der von ihnen skalpierten Feinde anzuzeigen. In den letzten zwei Jahrhunderten sind die Odjibways stetig westwärts vom Osten des Oberen Sees gewandert, sie trieben dabei die Sioux süd- und westwärts und nahmen im Westen und Norden die Stelle der Assiniboins ein, als diese Stämme in das Laud der Blackfoots, die grofsen Ebenen, zogen. Als zwischen der kanadischen Regierung und den Crees in Fort Pitt im Jahre 1876 Verträge geschlossen wurden, traf man dort noch Banden von Odjibways über 1000 miles weit westlich vom westlichsten Teile des Oberen Sees an. In jener Gegend, halb Wald, halb offene Ebene, vermischten sie sich vielfach mit den Crees. Die Sprache der Odjibways ähnelt sehr der der Crees, thatsächlich ist sie eine Art Patois des Algonquin.

Westlich vom Manitoba- und Winnipegoosis-See finden sich Odjibways und Swampies auf beiden Ufern des Saskatchewan bis zu der Vereinigung der beiden Arme, jedoch nicht weit landeinwärts. Niemals waren sie Jäger in den Ebenen, sie lebten nie von der Büffeljagd, hatten niemals Pferde. Der Büffel ist jetzt im kanadischen Gebiet ausgerottet; vor 12 Jahren sah ich noch Büffelherden bei zehntausenden von Köpfen weit nördlich von der internationalen Grenzlinie.

Alle diese Indianer haben ihre Rechte auf das Land an die kanadische Regierung unter folgenden Bedingungen abgetreten:

Seitens der Regierung jährliche Zahlung von fünf Dollars für jedes Individuum und gewisse jährliche Geschenke an Garn für Fischnetze und Munition; ferner Überweisung von 160 acres Land an jede Familie von fünf Personen, sowie Ackerbaugerät und Vieh, sobald sie bereit ist, sich zum Betrieb von Ackerbau anzusiedeln. Die Indianer erklärten sich damit einverstanden, alle ihre Rechte auf das Land abzutreten und sich in Reserven zurückzuziehen, sie behielten sich aber das Recht der Jagd und Fischerei in allen nicht von Ansiedlern besetzten Gebieten vor. Jeder Häuptling erhält 25 Dollars jährlich und es wurde die Lieferung einer Uniform zur Auszeichnung, alle drei Jahre, zugesagt. Bei dem Vertragsschlufs erhielt überdem jeder Häuptling eine britische Flagge und eine Silbermedaille.

Die Bedingungen der 1871 und 1873 mit den Odjibway geschlossenen Verträge wurden getreulich von beiden Parteien gehalten, auf einigen Reserven giebt es schon Schulen und landwirtschaftliche Lehrer unterweisen die Indianer in den Elementen praktischer Ackerbaukunde. Beamte haben den Anweisungen der Regierung zufolge sich um die Bedürfnisse der Indianer zu kümmern und dafür zu sorgen, dafs ihnen alle vertragsmäfsig ausbedungenen Lieferungen auch gehörig zu teil werden. Genaue Vorschriften und strenge Strafen bestehen hinsichtlich des Verkaufs berauschender Getränke an die Indianer. Viele derselben werden von Weifsen beschäftigt, sie arbeiten in Bergwerken oder als Holzschläger. Beim Bau der kanadischen Pacific-Eisenbahn wurden viele Indianer als Arbeiter verwendet; im allgemeinen war man mit ihren Leistungen sehr zufrieden. Nur eine kleine Bande am Saskatchewan nahm an der kürzlichen Rebellion der Mischlinge Teil.

Die wohlwollende Behandlung, welche die Indianer seitens der Hudsonsbaikompagnie erfuhren, ermöglichte es auch der kanadischen Regierung, sie in gleich wohlwollender gerechter Weise zu behandeln und man darf sagen, dafs die Weifsen, indem sie von den Jagdgründen Besitz nahmen, doch den bisherigen Eigentümern derselben jede billige und gerechte Entschädigung zu teil werden liefsen.

---

## Kleinere Mitteilungen.

§ **Aus der geographischen Gesellschaft in Bremen.** Wie in früheren Wintern, so sollen auch in diesem Winter im Kreise der Gesellschaft und ihrer Freunde populäre Vorträge aus dem Gebiete der Länder- und Völkerkunde gehalten werden.

Unter der Überschrift: Echinodermen des Beringsmeeres veröffentlicht Herr Professor Dr. H. Ludwig in Giefsen in den zoologischen Jahrbüchern die Ergebnisse seiner Untersuchung einer Anzahl Echinodermen, welche die Herren Dr. Arthur und Aurel Krause von der Plover-Bai und Lorenz-Bai, sowie mehreren bei der Tschuktschen-Halbinsel gelegenen kleinen Inseln mitbrachten. Wie aus der Abhandlung des Herrn Professor Ludwig hervorgeht, hat die Untersuchung ergeben, dafs die Echinodermenfauna des Beringsmeeres sich eng an die arktische Fauna anschliefst, wie solche besonders durch die Vega-Expedition erforscht und von A. Stuxberg näher geschildert worden ist. Unter den fünfzehn in der Abhandlung aufgeführten Arten befinden sich nicht weniger als neun, welche von der „Vega" als Bewohner des nördlichen Eismeeres nachgewiesen sind; von den sechs übrigen sind zwei bis jetzt nur von der Beringstrafse bekannt gewesen, die vier andern sind neu.

Den letzten bei der Gesellschaft eingegangenen Nachrichten zufolge, steht der Abschluſs der von Herrn Professor Kurtz in Cordoba übernommenen Bearbeitung des gröſseren Teils der von den Herren Dr. Krause mitgebrachten botanischen Sammlungen in nächster Zeit bevor.

Einem an ein Mitglied der Gesellschaft gerichteten Brief des Herrn Professor Seelstrang in Cordoba, Ehrenmitgliedes der Gesellschaft, ist zu entnehmen, daſs derselbe kürzlich zum zweiten Chef der brasilianisch-argentinischen Grenzkommission ernannt ist und sich im März k. J. nach den Misiones begeben wird. In nächster Zeit wird die erste Lieferung des Atlas von Argentinien, welchen Herr Professor Seelstrang im Auftrage der argentinischen Regierung herausgiebt, erscheinen.

— **Polarregionen.** In einer Abhandlung: Über die „Österbygd", hat der bekannte Grönlandsforscher K. J. V. Steenstrup in den Mitteilungen der Kommission für die dänischen Untersuchungen in Grönland geschildert, wie die Vorstellungen von der Lage der alten isländischen Kolonien und Grönland im Laufe der Jahrhunderte bis zur jüngst abgeschlossenen Expedition unter Kapitän Holm gewechselt haben. Er stützt seine Ausführungen auf eine genauere Untersuchung der, teils in Dänemark, teils in England und Schweden vorhandenen, diesen Gegenstand betreffenden Karten und Urkunden. Es sind 11 Karten, teils in den Text gedruckt, teils auf Tafeln beigegeben. Diese gründliche und interessante Arbeit zeigt auf eine höchst überraschende Weise, wie man noch über 200 Jahre nach dem Abbruche der Verbindung mit den alten Kolonien, im Mutterlande eine völlig richtige Vorstellung von der Lage derselben und dem Wege dorthin bewahrt hatte, und daſs erst später der Umschlag eintrat, der nach und nach zu den vergeblichen Versuchen führte, die „Österbygd" auf der Island gegenüber liegenden Küste anstatt westlich vom Kap Farewell zu suchen. Die Entstehung dieses Irrtums stammt nämlich aus der Mitte des 17ten Jahrhunderts. Der Verfasser zeigt uns, wie zuerst zufällige Umstände, besonders die Entdeckung der Frobisherstraſse dazu Veranlassung gaben, und später die Meinung, daſs noch Nachkommen der alten Kolonisten am Leben sein müſsten, die irrige Vorstellung vollends befestigte. Erst ums Jahr 1792 wurde ein ernster Zweifel gegen dieselbe erhoben, und auch dann sind noch gegen 100 Jahre verflossen, ehe die Untersuchungen Graahs und Holms endlich den alten Kolonien ihren Platz westlich vom Kap Farewell zurückgegeben hatten. Schon Erik der Rote muſs ja seinen Landsleuten eine so genaue Schilderung der Lage seiner im Jahre 986 gegründeten Kolonien gegeben haben, daſs sie allein danach den Weg dahin zu finden wuſsten. Dieses sieht man ja schon aus der Saga, nach welcher einige Jahre später Bjarne Herjulfsen seinen Vater dort aufsuchte, obgleich weder er noch irgend einer seiner Mannschaft jemals das grönländische Meer befahren hatte. Diese mündlichen Erklärungen haben denn wohl auch fortan den Grönlandsfahrern jener Zeiten genügende Anweisung gegeben. Die in den Sagas aufbewahrten Kursvorschriften wurden etwas nach dem Jahre 1500 vom Erzbischof Valkendorf gesammelt, da er den Plan hegte, Grönland wieder aufzusuchen und dem Bischofe von Drontheim zu unterstellen, welches indes nicht zur Ausführung kam. Auſserdem giebt auch noch der, wahrscheinlich ums Jahr 1400 verfaſste Bericht Iwan Baardsens, neben einer Beschreibung der Kolonien, eine Andeutung des Weges von Norwegen aus dorthin. Es muſs vor allem daran erinnert werden, daſs diese alten Kursvorschriften nicht darauf berechnet waren, den Weg unmittelbar bis zu den grönländischen Hafenplätzen, sondern nur die Stelle anzudeuten, wo man erst Land zu suchen habe, um darauf, der Küste folgend, die Wohnsitze aufzusuchen. Nun zeigt es sich aber, dafs sie alle mehr oder weniger deutlich darauf ausgehen, dafs man von Norwegen aus gerade nach Westen zu segeln, und sich in einer gewissen Entfernung (12 Meilen) südlich von Island zu halten, und nachdem man dann Grönland in Sicht bekommen, nach Südwest um die äufserste Spitze des Landes zu fahren habe. Höchst treffend ist es, dafs sieden geraden Weg nach Grönland, als von dem über Island nach Grönland verschieden beschreiben; im allgemeinen scheint nämlich Island als Mittelstation auf diesen Reisen eine gewisse Anziehungskraft gehabt zu haben. Die ältesten Kartenskizzen bestätigen die Angaben der Kursvorschriften, und hauptsächlich interessant für die ganze Frage ist die vom Verfasser hervorgehobene Instruktion, welche König Kristian IV. im Jahre 1607 für eine Expedition nach Grönland ausfertigte. Auch er giebt den Reisenden die Anweisung, erst die Südostspitze des Landes zu umfahren, und dann jenseits derselben, zwischen 60° und 61° n. B. den Eriksfjord aufzusuchen. Nicht lange nachher aber begann nun die Verwirrung einzutreten. Der tiefere Grund zu derselben war wohl die einmal eingewurzelte Meinung, dafs noch Nachkommen der alten Skandinaver im Lande leben müfsten, während man doch auf der Westküste nur Eskimos getroffen hatte. Die näheren Veranlassungen waren teils, dafs man auf den Karten Grönland durch eine Frobisherstrafse gewaltsam zerstückelte, teils die verworrenen Resultate der Reisen Dasells 1652-54. Endlich bildete eine vom Bischof Theodor Thorlacius im Jahre 1606 gezeichnete Karte den eigentlichen Wendepunkt, indem er nämlich auf dieser ausdrücklich die Osterbygd nach der Ostküste verlegte. Dennoch blieb ihr Platz so nahe der Südspitze des festen Landes, dafs an und für sich die Veränderung keine entscheidende geworden wäre, wenn nicht zugleich zwei grofse Inseln, und auf einer derselben das Kap Farewell vor dem Südende hingelegt wären. Die Frobisherstrafse der holländischen Karte hatte diese Inseln gebildet, die Kolonie lag jetzt östlich vom Kap Farewell und war damit von der Westküste vertrieben. Die Versuche auf der Ostküste zu landen mifslungen bekanntlich. Hypothesen traten an die Stelle lokaler Untersuchung und so sab man jetzt den Eriksfjord auf den Karten vom obengenannten Südende allmählich nach Norden verschoben. Denn auch die Phantasie der Holländer behielt hier je einen freien Spielraum, es knüpfte sich für sie kein andres Interesse an die Frage, als die offenen Stellen ihrer Karte mit bekannten Namen zu schmücken. Auf diese Weise erklärt es sich dann, dafs man die von Thorlacius als Osterbygd entworfene Fjordgruppe auf holländischen Karten Island gerade gegenüber angebracht findet. Nur einem sonderbaren Spiel des Zufalls mufs es zugeschrieben werden, dafs diese Schöpfung der Phantasie wirklich mit der vom Kapitän Holm entworfenen Karte derselben Gegend eine gewisse Ähnlichkeit zeigt. H. Rink.

Über die niederländische Expedition, welche unter Oberbefehl des Königl. Marineleutnants L. A. Lamie am 5. Juli 1882 auf dem gecharterten Dampfer „Varna" von Ymuiden in See ging, um die den Niederlanden im Kreis des Polar-Beobachtungswerks zugewiesene Station auf Dicksons Hafen, vor der Mündung des Jenissej, zu erreichen, jedoch nicht an ihr Ziel gelangte, vielmehr im Eis der Kara-See stecken blieb, ihr Schiff verlor, auf dem gleichfalls vom Eis eingeschlossenen dänischen Dampfer „Dymphna" überwinterte, im Sommer 1883 sich in Böten nach der Insel Waigatsch rettete und hier von den Dampfern „Louise" und „Nordenskiöld" aufgenommen und nach Norwegen gebracht wurde, hat der wissenschaftliche Chef der Expedition, Professor Dr. Moritz Snellen, Mitglied des Königlichen meteorologischen Instituts zu Utrecht, ein in gutem Sinne populäres, prächtig mit einer grofsen Anzahl Illustrationen ausgestattetes Werk verfafst, das über den Verlauf des ganzen von den lebhaftesten Sympathien der niederländischen Nation getragenen Unternehmens vor dem grofsen Publikum Rechenschaft giebt. Das in grofs Quart erschienene Werk enthält 23 Illustrationen, der 164 Seiten zählende Text ist in 7 Kapitel geteilt. Die Entstehung des Plans der Errichtung von Polarbeobachtungsstationen und die damit verfolgten Ziele, die Vorbereitungen für die Expedition, sodann und hauptsächlich der Verlauf der ganzen Reise in ihren verschiedenen Phasen, besonders die gefährliche Überwinterung in der Kara-See und der glücklich über und durch das Eis bewerkstelligte Rückzug zu den rettenden Schiffen bilden den Hauptinhalt der ansehenden Darstellung. Als Titelbild ist dem Werke die Photographie des Professors C. H. D. Buys Ballot, Direktors des Königlichen meteorologischen Instituts in Utrecht, vorangestellt.

§ Die auf zwei deutschen Geographentagen, in München und in Hamburg, vielseitig erörterte wissenschaftliche Bedeutung der Südpolarforschung legte kürzlich den zu Berlin versammelten deutschen Naturforschern ein Vortrag des Geheimen Admiralitätsrats und Direktors der Seewarte in Hamburg Dr. N e u m a y e r von neuem ans Herz, indem er übersichtlich darlegte, welche reiche Früchte für die physische Geographie, die erdmagnetische und besonders die Entwickelungsgeschichte unseres Planeten zu erwarten seien. Unterdes bereitet man in England ernsthaft die Ausführung einer Forschungsexpedition nach dem Südpol vor. Den ersten Anstofs gab für England ein Beschlufs der geographischen Gesellschaft in Sydney. Es folgten zustimmende Voten der Königlichen Gesellschaft und der schottischen geographischen Gesellschaft in Edinburg. Im Septemberheft des schottischen geographischen Magazins giebt John Murray von der Challenger-Expedition einen guten Überblick über die jetzige Kunde von den Südpolarregionen, indem er die wichtigsten dahin gesandten Expeditionen aufzählt und ihre Erfolge näher darlegt. Das Gutachten der Königlichen Gesellschaft präzisiert näher die mannigfaltigen Forschungsaufgaben, welche südlich vom 50° südl. Breite zu lösen sein würden und enthält eine Reihe von Andeutungen über die zweckmäfsigste Art der Ausführung des Unternehmens, welches zwei kräftige Dampfer erfordern würde. Eines dieser Schiffe müfste an der Südpolarküste überwintern. Die Kosten würden, wie Murray meint, am zweckmäfsigsten in der Weise zu beschaffen sein, dafs zunächst jede der englisch-australischen Kolonien 10 000 £ hergäbe, in welchem Falle man vom englischen Parlament die Summe von 150 000 £ bewilligt zu sehen hofft.

In Amerika plant man neue Entdeckungsreisen in die arktischen Regionen: W. G. Gilder, Korrespondent des „Herald" und Teilnehmer mehrerer amerikanischer Polarexpeditionen der letzten Jahre, will sich von einem Walfangschiffe nach Cumberland-Sund bringen lassen und von da weiter nach Norden vordringen. Ingenieur Peary will den Versuch Nordenskjölds, das eisbedeckte Innere Grönlands von Westen nach Osten zu durchwandern, erneuern; er gedenkt von der Westküste bei der Insel Disko auszugehen und hofft den von der deutschen Expedition 1870 an der Ostküste von Grönland entdeckten Franz-Josephs-Fjord zu erreichen. Gilder hat seine Reise bereits angetreten, er begab sich im September nach Winnipeg und von da nach dem nördlichen Ende des Sees, um, wie es scheint auf dem Nelsonflufs, die Hudsons-Bai zu erreichen.

Der Walfischfang in der Davisstrafse lieferte ungünstige Ergebnisse und gingen von der Dundeerflotte drei Schiffe verloren.

**Alaska.** Leutnant Fred. Schwatka hat eine zweite Expedition nach Alaska unternommen, diesmal im Auftrage der „Newyork Times". Das Ziel der Expedition waren, wie ein Artikel in der „Science" vom 25. Juni 1886 berichtet, die St. Elias-Alpen, jenes noch gänzlich unerforschte gewaltige Küstengebirge, welches sich vom Crofs-Sunde in nordwestlicher Richtung bis zur Halbinsel Alaska hinzieht und in seinen höchsten Erhebungen bis zu 6000 m emporragt. Es sollte der Versuch gemacht werden, einen oder den andern der von ewigem Schnee und von mächtigen Eisfeldern umhüllten Gipfel dieser Kette, womöglich den St. Eliasberg selbst, zu ersteigen; doch galt dies nicht als der eigentliche Zweck der Expedition, die vielmehr ganz allgemein die wissenschaftliche Erforschung des in jeder Beziehung noch jungfräulichen Gebietes anbahnen sollte. Begleiter Schwatkas war Prof. Libbey, der sich speziell mit den topographischen und hypsometrischen Arbeiten beschäftigt hat. Die Expedition brach bereits am 14. Juni d. J. mit dem Alaskadampfer „Ancon" von Port Townsend, Wash. Terr., auf. Summarisch wurden kürzlich die Ergebnisse der Expedition, welche wohlbehalten zurückkehrte, in der „Newyork Times" wie folgt gemeldet: Auf dem Wege nach dem St. Eliasberge setzte die Expedition über einen Flufs, dessen Dasein bisher unbekannt gewesen war. In einer Entfernung von acht miles von der Mündung ist er eine mile breit und seine Strömung fliefst mit einer Schnelligkeit von 10 miles in der Stunde. Dies ist, wie man glaubt, der gröfste Flufs, der sich in den Stillen Ozean ergiefst, und der Gletscherkot, den er mit sich herabbringt, färbt die Gewässer von Ley Bai auf Meilen in das Meer hinaus. Der Flufs ist nach Herrn George Jones in Newyork, einem der Urheber der Expedition, Jones River benannt worden. Nach Osten zu sahen die Forscher einen 20 miles breiten Gletscher, der sich auf 80 miles längs des Fufses der St. Elias-Alpen ausdehnte. Angenommen, dafs das Land darunter flach ist, ist dieser Gletscher etwa 1000 Fufs dick. Er wurde nach Professor Agassiz und ein andrer Gletscher im Westen nach Professor Guyot benannt. Nach dreitägigem Marsche gelangte die Expedition zu einem dritten Gletscher, dem sie den Namen des britischen Gelehrten Tyndall beilegte. Von diesem Punkt aus beschlofs sie, soweit wie möglich in das Herz dieser grofsartigen, öden Eisregion vorzudringen. Der beschlossene Plan bedingte einen ununterbrochenen 40stündigen Marsch. Der gröfste Teil der Vorräte wurde als hinderlich zurückgelassen und mit einem für ihren Unterhalt notwendigen Rest trat die mutige kleine Schar den letzten Abschnitt ihrer abenteuerlichen Reise an. Nach 20stündiger Arbeit erblickten sie die Südseite des grofsen Berges, zu welchem die Eiszone gehört, längs welcher sie gereist waren. Sie sahen Gletscher vor sich, die sich, zuweilen senkrecht, bis zu Höhen von 300 bis 8000 Fufs erhoben. Der bisher verhältnismäfsig gefahrlose Tyndall-Gletscher begann jetzt gefährlich zu werden. Grofse Risse, einige 30 Fufs breit, wurden häufig und die Eisgürtel zwischen ihnen waren so schmal, dafs es den Forschern vorkam, als ob sie auf einer Brücke von der Breite eines Hausdaches mit einem viele hundert Fufs tiefen Abgrunde zu jeder Seite gingen. Endlich hatte man eine Höhe von 7200 Fufs über der Meeresfläche erreicht. Da nahezu die ganze Reise oberhalb der Schneegrenze vor sich ging, reiht sich dieselbe den besten Ersteigungen an, die man kennt. Auf der erwähnten Höhe erklärte Herr Seton Karr, ein Engländer von alpiner Erfahrung, welcher der Expedition angehörte, dafs ein Weitermarsch unmöglich sei. Dichter Nebel, der vier Tage anhielt, trat ein und brachte die tapfere kleine Schar in eine höchst unbehagliche, nicht gefahrlose Lage. Als der Nebel sich legte, stiegen sie nach dem Punkte hinab, wo sie ihre Vorräte gelassen hatten. Leutnnnt Schwalka telegraphierte, er hoffe durch Erneuerung seiner Versuche, den Berg auf seiner Nord- und Ostseite zu besteigen, weitere Beiträge zur geographischen Wissenschaft zu liefern und vielleicht den Berg bis zu einer gröfsern Höhe zu ersteigen; aber wahrscheinlich wird der St. Eliasberg noch lange einen jungfräulichen Gipfel behalten. Aufserdem entdeckten die Reisenden drei Berggipfel von 8000 bis 12 000 Fufs Höhe, die nach Präsident Cleveland, Sekretär Whitney und Kapitän Nicholls benannt wurden.

§ Neu-Guinea. Der englische Naturforscher H. O. Forbes unternahm bekanntlich im vorigen Jahre eine Reise nach Neu-Guinea mit der Absicht, den englischen (südöstlichen) Teil der Insel zu durchforschen und namentlich das Owen-Stanley-Gebirge zu erreichen. Durch verschiedene Umstände aufgehalten, traf er erst Ende August in Port Moresby ein, zu einer Zeit, wo es wegen der bevorstehenden Regenzeit nicht möglich war, den Zug nach dem Gebirge noch zu unternehmen. Er errichtete eine Station in dem zwei Tagereisen landeinwärts belegenen Dorfe Sogeri und verbrachte hier den Winter bis April. Leider fehlten ihm zur Zeit die Mittel, um in der nunmehr beginnenden Reisezeit den Marsch ins Gebirge und von da bis zur Nordostküste, der Holnicote-Bai, zu unternehmen. Er kehrte im Mai nach Cooktown zurück und berichtete hier in einem Vortrag über seine bisherigen Erlebnisse und seinen Reiseplan. Die zur Ausführung desselben erforderlichen 2000 £ sollten auf Vorschlag des Spezialkommissars für Neu-Guinea von den englisch-australischen Kolonien bewilligt werden; ob dies geschehen und Forbes wieder nach Neu-Guinea zurückkehrte, darüber fehlen noch nähere Nachrichten. Über seinen Aufenthalt in Sogeri im Winter 1885/86 teilte Forbes in jenem Vortrag Näheres mit. Es wurden über 1000 Spezies Pflanzen gesammelt und dem bekannten australischen Botaniker Baron von Müller übermittelt. Er führte eine sorgfältige Triangulation der Gegend bis zum See Meroka aus und stellte täglich 6 Mal meteorologische Beobachtungen an. Die Eingeborenen fand er freundlich, harmlos und furchtsam; die von Forbes mitgebrachten Malayen akklimatisierten sich schnell und das anfänglich zwischen ihnen und den Eingeborenen auftauchende Mifstrauen schwand bald. Während des Aufenthalts Forbes im Innern brach unter den Eingeborenen eine ansteckende Krankheit aus, viele verliefsen ihre Hütten und liefsen, landeinwärts fliehend, ihre Familien zurück. Es gelang Forbes die Heilung eines Häuptlings; die Folge war, dafs alle Kranke zu der Niederlassung Forbes strömten, die nun einige Zeit einem Hospital glich. Da die Eingeborenen sich scheuten zur Küste zu gehen, von wo die Krankheit eingeschleppt war, herrschte in der Niederlassung von Forbes eine Zeitlang ein empfindlicher Mangel an Lebensmitteln.

Etwas ausführlicher äufsert sich Forbes in einem an die Londoner geographische Gesellschaft gerichteten, in der Oktober-Nummer der „Proceedings" veröffentlichten Brief. U. a. heifst es da: In Sogeri hatte ich freundliche Beziehungen mit den Stämmen des Innern angeknüpft und meine amboynesischen Begleiter veranlafst, die Sprache derselben zu erlernen. Mitte April trat ich mit Herrn Chalmers die Expedition nach dem Owen Stanley-Gebirge an, mit leider ungenügender Ausrüstung, weil es mir an Vorräten und Mitteln fehlte. Wir kamen in das Gebiet der kriegerischen Ehe- und Bereka-Stämme, mit denen wir uns bald befreundeten und sahen uns nun am Fufse des an schroffen Klippen und Abhängen reichen Gebirges. Die Eingeborenen konnten wegen ihrer abergläubischen Furcht vor dem Gebirge nicht bewogen werden, die Expedition zu begleiten. Die Gegend war menschenleer, Nahrungsmittel boten sich nicht. Das Gebirge bestand aus einer ununterbrochenen Kette von Abgründen und steilen Hängen, welche voll dichten Geröllrippe und pfadlos waren. Eine magnetische Störung macht unsre Kompasse unzuverlässig. Um vorwärts zu kommen hätten wir uns durch die Wildnis einen Weg bahnen und etappenweise unser Lager vorschieben müssen." Dennoch glaubt Forbes, dafs es ihm möglich gewesen wäre mit seinen 30 Leuten das Gebirge zu erklimmen, wenn er noch Mittel gehabt hätte sie zu bezahlen. Die Zeit, für welche sie sich verpflichtet hatten, lief am 1. Mai ab. So kehrte er Anfang Mai nach Port Moresby zurück. — Den letzten Nachrichten zufolge ist Forbes zum Kommissar für Südost-Neu-Guinea ernannt, mit dem Aufenthaltsort auf Dinner-Island (Diese Insel liegt nahe der durch die Milne-Bai geteilten Ostspitze der Hauptinsel Neu-Guinea und zwar südlich von derselben).

Über den Verlauf der unter Führung des Kapt. Everill von Australien aus den Fly-River aufwärts ins Innere von Neu-Guinea gesandten Expedition wurde bereits in Heft 2 dieser Zeitschrift S. 77 vorläufig berichtet und lassen wir hier noch einige weitere Mitteilungen folgen. Der Dampfer „Bonito" fuhr 320 km weit den Fly-River hinauf, bis zu einem Nebenflusse, der nach dem Präsidenten der australischen geographischen Gesellschaft Strickland-Flufs getauft wurde. Die Ufer waren fast überall mit dichtem Wald bedeckt. Der starkströmende Stricklandflufs wurde mit dem Dampfer noch 483 km und sodann eine Strecke mit dem Boot befahren, angeblich bis 5° 10' s. B. und 142° 10' ö. L. Gr. Hier erblickte man in der Ferne eine mit Schnee bedeckte hohe Bergspitze. Die Hitze im Innern war zwar nicht übermäfsig, wirkte aber entkräftend und erzeugte Fieber und Hitzanschläge. Die Eingeborenen zeigten sich unfreundlich und beschossen angeblich den Dampfer mit Speeren und Pfeilen. Als der Dampfer an einer Uferstelle vor Anker lag, führten Eingeborene am Strande Kriegstänze auf. Leider genügte dies der Expedition, um sie vom Dampfer aus zu beschiefsen und einige Eingeborene zu töten, ein vorschnelles Handeln, das späteren Expeditionen wahrlich nicht zum Vorteil gereichen wird; da verstand es doch Morresby anders. Am 23. November kehrte die Expedition nach Australien zurück. Hoffentlich werden genaue Berichte über die Ergebnisse dieser übrigens, wie wir bereits früher bemerkten, sehr kostspieligen Expedition veröffentlicht werden.

Aus Deutsch-Neu-Guinea (Kaiser Wilhelms-Land) ist zu berichten, dafs Kapitän Dallmann, welcher vor kurzem nach Deutschland zurückkehrte, am 4. und 5. April d. J. den von Dr. Finsch entdeckten Kaiserin Augustaflufs mit einer Dampfbarkasse auf einer Strecke von 40 miles stromaufwärts befuhr; einer Befahrung des Flusses mit Dampfern noch weiter landeinwärts scheint kein Hindernis entgegen zu stehen. Den durch Heft 11. 1886 der „Nachrichten der Neu-Guinea-Kompanie zu Berlin" veröffentlichten Bericht des Kapitän Dallmann lassen wir weiter unten folgen. Die wissenschaftliche Forschungsexpedition unter Dr. Schrader traf am 19. April in Finsch-Hafen ein. Sie unternahm zunächst kleinere Exkursionen, namentlich nach dem Korallenflufs oder Bumbi und nach der Langemak-Bucht. Dabei erwiesen sich die 10 Chinesen, welche man von Cooktown zum Trägerdienst mitgenommen hatte, für solchen wenig tauglich. Der erste gröfsere Vorstofs ins Innere sollte in der dritten Woche des Mai unternommen werden. Zwei neue Stationen am Constantin-Hafen und am Hatzfeldt-Hafen wurden errichtet. Die Malayen haben sich Dank einer geeigneten Behandlung allmählich zu brauchbaren Arbeitern in den Stationen herangebildet. Auch die Eingeborenen scheinen sich mehr und mehr zur Arbeit des Umhackens von Ackerland, Baumfällen, Steintragen u. s. w. zu bequemen; doch ist ihre Arbeit keine beständige, sie arbeiten, wenn sie ein Stück Ki (Bandeisen), Taschentücher oder Perlen (Schmuck der Frauen) haben wollen und setzen dann wieder eine Zeitlang aus. In dem Bericht des Vorstehers der auf der Insel Tschirimotsch in Hatzfeldt-Hafen errichteten Station über eine von ihm am Festland unternommene gröfsere Exkursion heifst es u. a.: „Der Tabak, der hier um Hatzfeldt-Hafen gebaut wird, hat einen ganz vorzüglichen Geruch; die Blätter sind dünn und dehnbar, bei rationeller Behandlung würde hier gebauter Tabak gewifs ein gutes Produkt für den europäischen Markt liefern." Wir drucken diese Stelle wörtlich ab. Wenn es gelänge, in Kaiser Wilhelms-Land die Tabakskultur in gröfserem Mafsstabe einzuführen und das Produkt sich in Deutschland neben den Java- und Sumatratabaken als konkurrenzfähig erwiese, so wäre die Zukunft der Kolonie als finanziell gesichert anzusehen. Die Tabaksernte von Sumatra hatte im Jahre 1884 einen Wert von 37,650,000 Gulden und diejenige von Java im selben Jahre einen solchen von 7,820,000 Gulden, und Deutschland ist zur Zeit der Hauptabnehmer dieses Produkts auf den holländischen Märkten.

Der zum obersten Vertreter der deutschen Neu-Guinea-Kompagnie in Kaiser Wilhelms-Land und Bismarck-Archipel mit dem Titel Landeshauptmann ernannte Kaiserliche Vizeadmiral a. D. Freiherr von Schleinitz ist am 10. Juni d. J. in Finsch-Hafen eingetroffen. — Auf einer Hamburger Schiffswerft ist gegenwärtig ein neuer Dampfer, der dritte für die Kompanie, im Bau. Die Tragfähigkeit ist 600 Ton und soll das Schiff im November geliefert werden. Eine Firma in Brake an der Weser hat die Lieferung einer gröfseren Anzahl Holzhäuser übernommen, welche im November nach den Stationen der Kompanie transportiert werden sollen; es sind 4 Wohn-, 4 Lagerhäuser, 1 Koch-, 1 Badehaus und kleinere Bauten.

Über die Fahrt des Kapitän Dallmann mit D. „Samoa" auf dem Kaiserin Augustaflufs, berichten die „Nachrichten" der Kompanie in Heft II. 1886, S. 67—69 wie folgt:

„Eine interessante und in ihren Folgen voraussichtlich wichtige Rekognoszierung ist Anfang April auf dem Kaiserin Augustaflufs (an der Ostseite des Kap della Torre) von Kapitän Dallmann, dem Stationsvorsteher Mentzel, Dr. Schellong und dem Stationsbeamten Hunstein ausgeführt worden.

Die Expedition kam am 4. April in die Mündung des Flusses, wo die „Samoa" in 6 Faden Tiefe (annähernd 3°51' s. Br. und 144°39' ö. L.) vor Anker ging. Die Eingeborenen kamen alsbald an Bord und brachten Waffen, Schmucksachen und hauptsächlich viele Fische (Aale) zum Verkauf. Am Vormittag des 5. April wurde mittels der mitgeführten Dampfbarkasse die etwa 4 Seemeilen breite Bucht sorgfältig ausgelotet und dann nachmittags in der Barkasse die Fahrt stromaufwärts, vom schönsten Wetter begünstigt, angetreten.

In der eigentlichen Mündung an der Südspitze der Bucht zeigte sich der Flufs etwa 1,5 Seemeilen breit und betrug die Stromschnelligkeit etwa 3½ Seemeilen per Stunde, eine Schnelligkeit, die auf das durch die Regenzeit bewirkte starke, auf 1,5 bis 2 m geschätzte Anschwellen des Flusses zurückzuführen war. Diese Schätzung fand einen Anhalt darin, dafs Kokospalmen und andre Bäume, die nur auf trocknem Lande keimen und gedeihen können, so tief im Wasser standen. Die starke Strömung in der Mitte des Flusses erschwerte die Fahrt und nötigte an den Ufern zu halten, wo auch in Entfernungen von 4—6 Fufs noch wenigstens 2 Faden Tiefe blieben.

Die Ufer des Flusses zeigten sich auf der der Strömung entgegengesetzten

Seite mit hohem Schilf besetzt, in welches das Wasser noch 50—300 m sich fortsetzte; erst dahinter begann mit der Waldlinie das feste Land; auch auf der Stromseite standen die Bäume des Urwaldes in 2—3 Faden tiefem Wasser und noch meilenweit hinein war Wasser zwischen den Waldbäumen sichtbar.

In der Hauptrichtung kommt der Fluſs von Südwest, macht jedoch, soweit die Beobachtung reicht, starke Biegungen nach West, Nord und Ost, so daſs sein Lauf, zumal in der Nähe der Küste, ein mehrfach gewundener ist.

Am ersten Tage dampfte die Barkasse etwa 6 Seemeilen aufwärts und wurde am Abend gegenüber einem kleinen Dorfe vor Anker gebracht, ohne daſs es wegen der starken Strömung möglich war, das letztere zu erreichen.

Am folgenden Tage (6. April) wurde vor Tagesanbruch aufgebrochen und die Fahrt flussaufwärts fortgesetzt, bis um Mittag etwa 35 Seemeilen zurückgelegt waren. Das Bild des Flusses war im wesentlichen unverändert; die Breite betrug eine Meile, oft etwas mehr, bisweilen weniger; die Strömung war die gleiche wie an der Mündung. Nur die Flora an den Ufern änderte sich mit dem weiteren Vordringen.

War anfangs die Areca nissa und Areca nibung — palmenartige Sumpfgewächse — und die weiſse Mangrove häufig in dem Gemisch von Fluſs- und Salzwasser, so wurden dieselben immer seltener und an ihre Stelle traten einzelne Kokospalmen, Kasuarinen, Brodfruchtbäume und namentlich viele Sagopalmen. Hohes Schilfgras bedeckte, strichweise abwechselnd mit dichtem Gebüsch und Urwald, die flachen, weit überschwemmten Ufer. Das ganze Fluſsgebiet, soweit das Auge reichte, war ebenes Land. Bedauerlicherweise war es bei dem hohen Wasserstande nicht möglich gewesen, einen Landungsplatz zu finden oder mit dem Boote das dichte Schilfgebüsch und den überschwemmten Urwald zu durchbrechen.

Gegen 1 Uhr mittags wurde endlich eine Ansiedlung von einigen Hütten am rechten Ufer des Flusses erreicht, die zweite, welche auf der Fahrt sichtbar geworden war, so daſs die Ufer des Flusses nur schwach bevölkert scheinen. Die Häuser standen in 2 Faden tiefem Wasser auf hohen Pfählen und waren in schlechtem Zustande. Zunächst war von Menschen nichts zu sehen; bald jedoch kamen acht groſse, schön geschnitzte und breite Kanus stromabwärts, alle mit Männern stark besetzt, welche viele Waffen — Speere, Pfeile und Bogen — mit sich führten. Anfangs waren dieselben scheu und paddelten möglichst schnell wieder zwischen die Urwaldbäume hinein; bald aber kamen sie zurück, gefolgt von kleineren Kanus mit Frauen und Kindern, die sich beim Herannahen der Barkasse gefürchtet hatten und nun durch das Anbieten von Glasperlen, rotem Zeug und dergleichen angelockt wurden. Es waren alle groſse kräftige Menschen, sehr laut in ihren Äuſserungen über die Ankömmlinge und in kurzer Zeit zutraulich, allerdings auch, wie Kapitän Dallmann bemerkt, diebisch. Ihre Kanus hatten keine Ausleger (outrigger), anscheinend um damit bei Hochwasser besser zwischen den Bäumen herumfahren zu können.

Da die Kohlen zur Neige gingen und die starke Strömung ein weiteres Vorwärtskommen ausschloſs, trat die Expedition am Nachmittag den Rückweg an. Von der Ansiedlung aus konnte man den Fluſs aufwärts noch etwa 5 Seemeilen übersehen, welche er ziemlich gerade in westsüdwestlicher Richtung durchläuft. Das Land erschien in dieser Richtung als unabsehbare Ebene und die Fluſsufer boten nahezu gleichen Anblick wie bisher. Hochland war auf der Fahrt und auch von der Ansiedlung aus nicht sichtbar geworden.

An Tieren waren während der Fahrt zwei Krokodile, zahlreiche weiſse Reiher, Tauben und andre Vertreter der reichen Vogelfauna bemerkt worden.

Sehr groß scheint der Fischreichtum, besonders von Aalen. Die Eingeborenen hatten mit ihren primitiven Fischspeeren deren viele gefangen und boten sie teils lebend, teils geräuchert, zum Tausche. Auf der Rückfahrt wurde die Flußmitte genommen und fortgesetzt gelotet. Bei der Ansiedlung fanden sich 6½ Faden Tiefe; abwärts wechselte die Tiefe von 7½ bis 11 Faden. Der Fluß ist von Ufer zu Ufer tief und soweit sich wahrnehmen ließ, ohne Sandbänke; kleine Inseln, welche das Hochwasser vom Schilfufer abgerissen hatte, trieben stromabwärts, dagegen zeigte sich wenig Treibholz. Die Mündung hat keine Barre, wohl aber seichte Sandbänke an beiden Seiten, mit einem Kanal dazwischen, in welchem 15 Faden Tiefe gefunden wurden.

Nach dem Ergebnis der Rekognoszierung scheint es, daß der Kaiserin Augustafluß auch bei normalem Wasserstande weit hinauf mit Dampfkraft befahrbar ist, so daß er einen wichtigen Zugangsweg in das Innere des Landes darstellt, von welchem die Errichtung von Inneren Stationen zunächst angänglich sein wird."

§ **Robert Flegel †.** Am 11. September d. J. starb in Brass an der Nigermündung Robert Flegel, der verdienstvolle Erforscher des Nigergebiets im noch nicht vollendeten 31. Lebensjahre. Welche Teilnahme diese neue Todesnachricht aus Afrika in der deutschen Heimat hervorrief, wie hoch man den Verlust schätzte, welchen die Wissenschaft durch dieses unerwartete Hinscheiden des ihrem Dienste voll Aufopferung ergebenen Mannes erleidet, das bewies die jüngst in Berlin stattgehabte Trauerversammlung. Flegel war, wie Schweinfurt, ein Deutsch-Russe. In Wilna von deutschen Eltern geboren, erlernte er in Riga den Buchhandel und bereitete sich sodann als Zögling der Handelsschule in München für den Kaufmannsstand vor. Im Dienste des Hamburger Handelshauses Gaiser ging er nach der Westküste von Afrika, nach Lagos. Nach dreijährigem Aufenthalt hier unternahm er als Mitglied einer englischen Expedition auf dem der Church Missionary Society gehörenden Dampfer „Henry Venn" Fahrten auf dem Niger, die ihn in bisher noch nicht bekannte Gebiete Adamauas führten. Flegel, dessen Reisen und Entdeckungen nunmehr die Aufmerksamkeit der wissenschaftlichen Welt auf sich gezogen hatten, kehrte für kurze Zeit nach Deutschland zurück und erlangte von der deutsch-afrikanischen Gesellschaft die Mittel zu neuen Unternehmungen, denen er sich in den Jahren 1881—83 unter großen Anstrengungen und bedeutenden Erfolgen widmete. Es waren die Reisen nach Nupe und Sokoto, nach Loko am Binuë und in das Gebiet zwischen dem letzteren Fluß und dem Schari. Im März 1884 nach Lagos zurückgekehrt, entschloß er sich, für kurze Zeit wieder Deutschland zu besuchen, wo inzwischen die Bewegung für deutsche Kolonien in Fluß gekommen war. Flegel war von dem Gedanken beseelt, deutsche Handelsstationen am Niger und besonders am Binuë zu errichten und dadurch eine Handelsverbindung mit dem reichen Innern, besonders Adamauas, zu eröffnen. Ihm wurde in der Heimat ein glänzender Empfang zu teil; die von ihm mitgebrachten zwei Haussahäuptlinge waren die Löwen des Tages; dagegen war die Aufnahme seines Projektes deutscher Handelskolonien am Niger seitens der deutschen kaufmännischen Welt eine kühle. Zwar gelang es einem Plan und einige Zeichnungen für eine deutsche Niger-Handelsgesellschaft zu stande zu bringen, leider wurde aber durch die Indiskretion eines deutschen Preßorgans die Sache vorzeitig an die Öffentlichkeit gebracht und die englische afrikanische Gesellschaft hatte um so mehr Muße, wirksame Vorkehrungen gegen die Pläne Flegels durch Besitznahme aller geeigneten Plätze am Niger und am Binuë zu treffen, als Flegel im Winter 1884—85 in Berlin ernstlich erkrankte und damit die Ausführung seines Projekts noch weiter verzögert wurde. Er genas glücklich wieder, ließ sich aber nicht die Zeit, seine bisherigen Reisen, wie er anfänglich beabsichtigte, in einem größeren Werke zu bearbeiten, vielmehr war sein Thatendrang auf neue Reisen gerichtet. Ausgerüstet mit Mitteln seitens der deutschen afrikanischen Gesellschaft, nahm er Ostern 1885 in Hamburg auf dem Geographentage von seinen zahlreichen Freunden Abschied, um von neuem mit zwei wissenschaftlichen Begleitern das Nigergebiet aufzusuchen. Noch immer hoffte er auch für Eröffnung deutschen Handels mit dem Niger thätig sein zu können; der deutsche Kolonialverein hatte einige Mittel zu dem Zweck zur Verfügung gestellt. Für den Sultan von Sokoto nahm Flegel wertvolle Geschenke Kaiser Wilhelms mit. Ein Unstern scheint über dieser letzten Unternehmung Flegels gewaltet zu haben: die beiden Begleiter erkrankten und mußten durch andre ersetzt werden und überall trat in der schroffsten Weise der Widerstand der National African Company entgegen, allerlei kleinere Unfälle kamen hinzu, doch lauteten die letzten vom Dezember 1885 vom Binuë datierten Briefe Flegels noch immer entschieden und vertrauensvoll. Das Nähere über Krankheit und Tod Flegels ist noch nicht gemeldet. Mitten aus einer großen und bedeutenden Wirksamkeit, deren Früchte zum teil erst noch von der Zukunft zu erwarten waren, hingerafft, reiht sich Flegel der langen Reihe edler deutscher Männer an, die für die Afrikaforschung ihr Leben gaben; unter ihnen wird er stets in erster Linie genannt werden! — Mit Flegel geht hoffentlich nicht auch der fruchtbare Gedanke, dem deutschen Ein- und Ausfuhrhandel in den Gegenden des oberen Niger und des Binuë ein neues Feld zu eröffnen, zu Grabe, wenn auch das von Flegel für die deutschen Handelsstationen in Aussicht genommene Gebiet kürzlich definitiv an England überlassen worden ist.

§ Das englische Nigergebiet. Vor wenigen Monaten wurde der National African Company in London eine Charter verliehen, wodurch dieselbe im ganzen Bereich des Niger- und Binuë-Gebiets unter näherer Bestimmung Namens der englischen Regierung Hoheitsrechte auszuüben befugt ist. Ursprünglich bestanden vier englische Gesellschaften am Niger, später bildete sich eine französische Handelsgesellschaft, welche indes vor einigen Jahren ihre sämtlichen Rechte und Besitzungen an die inzwischen zu einer, der oben genannten Kompanie, vereinigten Gesellschaft käuflich abgetreten hat. Durch eine Anfang August d. J. auf Vorschlag der Kaiserlich deutschen Regierung getroffenen Vereinbarung ist die Grenze zwischen dem deutschen Kamerungebiet und dem englischen Nigergebiet weiter ins Innere verlängert worden, der Art, daß auch das ganze Binuë-Gebiet bis östlich von Yola nunmehr unter britischer Hoheit steht. Die englische Regierung hat bei dieser Gelegenheit erklärt, daß die Handelsfreiheit und andre Vergünstigungen fremden Nationen gegenüber, wie solche von England durch die Erklärung vom 16. Mai 1885 zugesichert, auch auf diese neuen Gebiete erstreckt werden sollen. Wie freilich die genannte englische Gesellschaft in der Praxis die Handelsfreiheit versteht und durch ihre Agenten am Niger anlegen läßt, das haben die letzten Berichte Robert Flegels nur zu klar bewiesen.

F. Thomson, der bekanntlich im Frühjahr und Sommer vorigen Jahres vor der Rückkehr Flegels nach dem Niger, in diesem Stromgebiet namens der National African Company eine Reihe von Erwerbungen und Verträgen abgeschlossen hat, erstattete in einer Versammlung der geographischen Sektion der britischen Association für die Beförderung der Wissenschaften, welche ihre Jahreszusammenkunft im September zu Birmingham abhielt, einen ausführlichen Bericht über seine Reise den Niger aufwärts nach Rabba und von da bis nach Gando und Sokoto. Er schilderte das Niger-Delta, die etwa 140 miles lange mit flachen Ufern besetzte untere Flufsstrecke, sodann die Bergregion und machte nähere Mitteilungen über Land und Leute im Zentral-Sudan, wie sie sich ihm auf seiner Reise durch das Reich Sokoto dargestellt haben. Der Vortrag hatte offenbar die Tendenz, die Aufmerksamkeit der Vertreter des englischen Handels auf die nunmehr unter englische Oberhoheit gestellten Gebiete am Niger zu lenken. Der Zentral-Sudan, so führte er aus, verspreche von allen Teilen Afrikas die gröfste Entwickelung. Fruchtbar und reich an natürlichen Produkten erstrecke er sich auf ein grofses von zahlreichen gut bevölkerten Südlten durchsetztes Gebiet, in welchem kraft der Herrschaft dreier Sultane Friede, Recht und Ordnung bestehe. Die Bevölkerung sei in der Zivilisation fortgeschritten, habe zahlreiche Bedürfnisse und eine vielseitige Industrie. In dem Niger, dem Binué und andern Nebenflüssen bestehen ausgezeichnete von der See weit ins Innere reichende Verkehrsstrafsen. Vor allem gebe es schon einen entwickelten Binnenhandel, gute Handelsrouten, tüchtige Händler, welche die Bedürfnisse der verschiedenen Teile des grofsen Gebiets kennen, seien vorhanden, wie nicht minder eine Fülle menschlicher und tierischer Arbeitskräfte. Endlich zählt Thomson, wie es s. Z. auch schon Flegel in seinen Berichten that, die Fülle von Produkten des Landes auf: Gold, Silber, Blei, Antimon, Kupfer, Elfenbein, Gummi, Moschus, Häute, Indigo, Baumwolle, Shea-Butter, Palmöl, Erdnüsse, Kautschuk, Arzneipflanzen, Weizen, Reis, Zwiebeln, Südfrüchte u. a. Häute liefern die zahlreichen Viehherden in Fülle. Nachdem sich Thomson über das günstige Klima ausgesprochen, hebt er zum Schlufs hervor, dafs ein plötzlicher Aufschwung des Handels mit dem Zentral-Sudan weder zu wünschen noch zu erwarten sei, vielmehr werde auch hier ausdauernde geduldige Arbeit, verbunden mit Umsicht, langsam aber sicher zum Ziele führen.

Die englische Baptistenmission in Viktoria an der Ambas-Bai ist durch Kauf an die Baseler Missionsgesellschaft übergegangen und damit englischer Besitz im deutschen Kamerunlande weggefallen.

**Die Trockenlegung der Zuydersee.** Bekanntlich plant man in den Niederlanden schon seit einer Reihe von Jahren die Trockenlegung der Zuydersee. Den gegenwärtigen Stand dieses grofsen Unternehmens legt ein Korrespondent der „Weser-Zeitung" wie folgt dar: „Seit einer Reihe von Jahren ist eine Eindeichung des südlichen Teiles projektiert (Projekt 1877). Der Deich soll in der Richtung von Kampen über Urk nach Enkhuizen verlaufen und eine Länge von 43 km erfordern. Diesem Plane entgegen steht ein andres Projekt, welches von einem Mitgliede der zweiten Kammer der Generalstaaten, A. Buma, im Jahre 1883 angeregt wurde. Er schlägt vor, die ganze Zuydersee abzudämmen und trocken zu legen mittels Seedeiche zwischen den einzelnen Inseln von Texel bis Ameland, sowie von Texel resp. Ameland nach dem Festlande. An der letzteren Strecke, der Verbindung von Ameland mit dem Festlande, wird schon seit einigen Jahren gearbeitet. Mancherlei Störungen haben dies Unternehmen sehr gehindert, doch wird die Energie der Unternehmer sämtliche Schwierigkeiten überwinden. In der „Beschouwing over de afsluiting en het droogleggen der Zuydersee" hat A. Buma seine Ansichten über die Art und Weise der Ausführung, über die Ausführbarkeit des Projekts, sowie über den zu erwartenden Nutzen dargelegt. Durch den Abschlufs der Zuydersee von der Nordsee soll zuerst an dem Meerbusen ein Binnenmeer geschaffen werden. Das Binnenwasser, welches durch die Flüsse Vechta, Eems, Yssel, Linde und Tjonger einströmt, wird mittels Schleusen in die Nordsee abgelassen. Den Wasserstand wird man dann leicht auf Nullhöhe des Amsterdamer Pegels halten können, wodurch bedeutende Flächen der See, die jetzt bei Niedrigwasser frei kommen, trocken gelegt werden. Von der Mündung der Yssel soll durch Baggerung ein tiefer Kanal in direkter Linie nach einem Bassin hinter Texel ausgehoben werden. Die Yssel wird dann nahezu dasselbe Bett wiederbekommen, das sie vor Entstehung der Zuydersee gehabt hat. Die bei der Baggerung gewonnenen Erdmassen können gleich zur Herstellung eines Dammes am genannten Kanal entlang dienen. Derselbe braucht nicht höher zu sein als die gewöhnlichen binnenländischen Polderdeiche, da ja ein besonders hoher Wasserstand nach Abschlufs der Seegaten nicht zu befürchten ist. Das Wasser der andern Flüsse wird mittels Kanäle in das neue Ysselbett geleitet. Die Trockenlegung der Seefläche kann nun in einzelnen Parzellen von Gesellschaften oder auch im ganzen von dem Staat geschehen. Immerhin muls letzterer auch im ersten Falle die Oberaufsicht haben, damit das Ganze nach einem einheitlichen Plane ausgeführt wird. Was nun die Ausführbarkeit des Projekts anbetrifft, so verweist Buma zuerst auf das Projekt 1877, in welchem die Staatskommission für Abschliefsung und Trockenlegung des südlichen Teils der See (von Kampen nach Enkhuisen), die Ausführbarkeit als so sicher annimmt, dafs sie darüber kein weiteres Wort verliert. Und doch ist die Tiefe der Zuydersee gerade an dieser Stelle die gröfste, nämlich 3½ und 4 m, und wird der Deich auf seiner ganzen Strecke dem vollen Wellenschlag, besonders bei Nordwestwind, ausgesetzt sein. Die Länge desselben beträgt 43 km gegenüber 19 km des projektierten Deiches beim Abschlufs des ganzen Meerbusens. Freilich haben die Seegaten eine gröfsere Tiefe, dem gegenüber ist aber zu berücksichtigen, dafs die einzelnen Strecken viel kürzer sind, das Material zum Zuschütten auf den Inseln zu haben ist, dafs sie einzeln und schneller hergestellt werden können, also das Risiko, dafs während des Baues das Unternehmen durch Hochfluten in Gefahr gebracht werden kann, dabei bedeutend geringer ist. Zweitens erinnert er daran, dafs infolge mehrmaliger Anträge der Waterstaatsverwaltung in Noordholland auf Abschliefsung des Eierlandschen Gats zwischen Texel und Vlieland offizielle Berechnungen und Kostenanschläge gemacht worden sind, ohne auch mit einer Silbe die Ausführbarkeit zu bezweifeln. Ist nun die Schliefsung der Öffnung zwischen Texel und Vlieland möglich, so liegt kein Grund vor, die Möglichkeit des Abschlusses auch der andern Seegaten in Frage zu stellen. Der Nutzen, den die Ausführung des Projekts zur Folge hat, ist ein mannigfacher. Zunächst wird die Zuyderseegefahr, mit welchem Ausdruck man kurz den verderblichen Einflufs der Hochfluten der Zuydersee bezeichnet, für die umliegenden Provinzen und somit für ganz Niederland aufgehoben. Damit steht im Zusammenhange eine nagehenre Kostenersparnis am Unterhalt der sehr kostspieligen Seewehren um die ganze Zuydersee. Der Wasserstand wird ein normaler, für die Schiffahrt viel günstigerer, wie denn auch die Untiefen vor Harlingen und andern Seeplätzen durch stats schiffbare Kanäle ersetzt und alle Häfen an der Zuidersee eine vorteilhafte Verbindung mit der Nordsee erlangen werden, ohne dafs Ebbe und Flut ihren ungünstigen Einflufs ausüben können. Die abgeschlossene See wird statt Salzwasser Süfswasser bekommen, die umliegenden Provinzen können also in trocknen Sommern durch die Schleusen Wasser einlassen, ohne Sorge zu tragen, dafs ihr Besitz durch den verderblichen Einflufs des Sah-

— 257 —

wassers entwertet werde. Endlich wird, am Ziel der Arbeit angelangt, ein Grundgebiet von etwa 600000 ha gewonnen, gleich der Größe von zwei Provinzen. Rechnet man den Hektar zu 700 Gulden, so wird eine Fläche im Werte von 350 Millionen Gulden erworben sein, und wahrlich, solchem Ziel wird die Sehnsucht nach der „unblutigen Eroberung einer Provinz" stets wach erhalten, bis Mittel und Wege zur Realisierung des Projekts gefunden sind. Im August dieses Jahres hat sich in Amsterdam ein Verein konstituiert, die Zuiderzeevereeniging, unter Vorsitz des Herrn A. Buma. Der Zweck desselben ist, wie § 2 der Statuten angiebt, eine gründliche Untersuchung in technischer und finanzieller Hinsicht anstellen zu lassen, ob ein Abschluß der ganzen Zuydersee, der friesischen Watten und der Lauwerzasee wünschenswert und möglich ist, und im Falle der Bejahung, in welcher Weise und durch welche Mittel derselbe herbeizuführen ist. Soll der Verein seinen Zweck erreichen, so muß seine Sache Volkssache werden. Deshalb fordert er zum Beitritt auf gegen eine jährliche Zahlung von 5 Gulden. Es soll dann eine Kommission von Fachleuten berufen werden, die genaue Kostenanschläge entwerfen, auf Grund derer provinziale und örtliche Behörden, Korporationen und endlich die Regierung um Unterstützung des Unternehmens ersucht werden sollen."

---

§ **Alpenwirtschaft in Wallis.** Dem an andrer Stelle dieser Zeitschrift besprochenen trefflichen Werk von F. O. Wolf über: Wallis und Chamonix (Zürich, Orell Füssli & Co.) entnehmen wir folgende Schilderung der Alpenwirtschaft im Eifischthal: „Wir wollen die Anniviarden (Bewohner des Eifischthals) bei ihren alljährlichen Beschäftigungen etwas genauer verfolgen. Kaum gewahren sie im Frühjahr aus ihrem noch mit Schnee bedecktem Thale, daß die Weinberge von Siders schneefrei sind und die Erde aufgetaut, dann steigen sie, Ende Februar oder Anfang März, in Scharen hinab, eine Familie nach der andern und mit ihnen sogar der Pfarrer, Richter und die Ortsvorstände, die alsdann ihr Amt in Siders antühen. Bei diesem Auszuge trabt voran das schwer bepackte Maultier, das in keiner Familie fehlt. Es trägt alles zum Haushalt Notwendige und nebenbei die Kinder, welche noch nicht laufen und die Alten, welche nicht mehr gehen können. Seit neuester Zeit ist es nicht selten, daß man besonders von Vissoye weg einen leichten Wagen benützt. Sonst aber wird das Maultier vom Hausherrn selbst geführt oder, wenn es nicht schwer beladen, von ihm geritten. Darauf pflegt die Hausfrau zu folgen und hinter ihr die kleinen, mutigen, gut genährten und reinlich gehaltenen Kühe. Sie bilden den hervorragenden Teil des Zuges. Nach ihnen kommen die Kinder oder die übrigen Familienglieder und hinter diesen der kleinere Viehstand, Ziegen, Schafe und Kälber. Den Schluß aber macht ein kleines Schweinchen, gelockt von einem kleinen Mädchen oder einem alten Mütterchen. Sie verweilen die ganzen Fasten hindurch in ihren Dörfern bei Siders und bearbeiten ihre Weinberge. Unterdessen verspeisen die Kühe das Heu, welches auf den Wiesen des Dorfes in dem vorigen Sommer eingeerntet war. In der Woche vor Ostern aber kehren alle in die Hauptdörfer des Thales zurück. Unterdessen ist auch hier der Schnee geschmolzen. Die Wiesen werden gedüngt, ebenso die Felder. Der Dünger wird auf dem Rücken der Maultiere hinaufgetragen. Dann werden die Felder mit der Sommersaat bestellt. Es werden Kartoffeln und Großbohnen gepflanzt, sowie auch Gerste und Hanf gesäet. Das ist eine gar mühsame Arbeit! An dem steilen Gehänge kann kein Pflug angewandt, alle Felder müssen mit der Breithaue umgehackt werden, nachdem man zuvor die unterste

Erdlinie nach oben getragen hat. Nachdem diese Feldarbeiten verrichtet sind, geht es in die höher liegenden Mayens (Sommersitze) hinauf, um auch dort die Heuvorräte zu verzehren und die Wiesen zu reinigen und zu düngen. In dieser Region giebt es keine Äcker mehr, nur noch höchst selten kleine Hausgärten.

In diese Zeit fallen auch die Gemeindewerke, zu welchen jede Haushaltung eine oder mehrere Personen zu stellen hat. Es gilt, die schadhaft gewordenen Wege auszubessern, die Wasserleitungen zu reinigen und zu befestigen; für öffentliche Bauten braucht man Kalk, Steine, Dachplatten u. s. — dies alles besorgt der Einacher selbst und hat hierzu keine Baumeister, Ingenieure oder fremde Arbeiter nötig. Auch für seine übrigen Lebensbedürfnisse sorgt er meistens selbst; Handwerker in unserm Sinne giebt es nicht. Ein Jeder baut sich sein Haus, überall sind die Schneider auch Schuster und daneben auch Bergführer und Bauern, während der Hausfrau das Spinnen und Weben, das Verfertigen und Ausbessern der Kleider, das Waschen und Backen obliegt.

So kommt allmählich der Sommer heran. Der Roggen oder Weizen, den sie an höheren Stellen im Rhonethale gesäet haben, ist längst reif, und die Wiesen müssen gemäht werden. Dieses Mal aber bleiben die Kühe in den obern Mayens zurück oder fangen an, auf die Alp zu steigen. Gewöhnlich beginnt das „Alpen" am Tage vor St. Jean (am 23. Juni). Die Alpenweiden beginnen unmittelbar in oder über der Holzgrenze (1800 m) und ziehen sich meistens über staffelförmige Abhänge bis gegen 2600 m Höhe hinauf, wo der üppige Graswuchs allmählich erstirbt. Auf jeder Alp oder „Montagne" lebt während des Sommers eine Viehherde, bestehend aus Kühen, Rindern, Ziegen, Schafen und Schweinen. Ihr Weideplatz ist genau abgegrenzt und erstreckt sich fast immer vom Walde aufwärts nach der Vegetationsgrenze hin; dadurch wird auch bis zur Mitte des Sommers das allmähliche Aufsteigen und gegen Ende desselben das Herabrücken der Herde bedingt. Auf der untersten Staffel befindet sich das weiße steinerne Haus zur Aufbewahrung des Käses und der Butter: der Käsekeller oder „Cave", wie die Anniviarden sagen. In seiner Nähe ist der, mit einer Trockenmauer umgebene und mit Brettern eingedeckte Park für die Kühe und an diesen stoßen die Hütten der Hirten und Schweine. Höher hinauf findet man einen solchen eingefriedigten und bedeckten Park nicht mehr. Hier giebt es nur kleine, meistens steinerne Baracken, welche zur Bereitung des Käses und den Hirten zum Schutz dienen; die Kühe hingegen schlafen im Freien auf weichem Rasen. Das Reinigen des Parks geschieht noch ganz und gar nach Herkules Methode. Es wird ein Bach hineingeleitet, dieser führt den Mist hinaus und bewässert und düngt zugleich die zunächst liegenden Weiden.

Einige Tage nach dem Beziehen der Alpe kommt der Curé von Vissoye oder sein Vicaire, wandert von Alp zu Alp und giebt seinen Segen. Dafür gehört ihm die Milch, welche sämtliche Kühe am dritten Tage ihrer Sömmerung auf jeder Alp geben, und daraus wird ein fetter Käse gemacht. Am zweiten oder dritten Sonntag im Monat September trägt ihn der Maître der Alpe nach Vissoye. Vor der Kirche ist der Versammlungsplatz. Nachdem die Messe beendigt, treten sämtliche Alpen-Maîtres, 25 an der Zahl, in Reih und Glied, ein jeder seinen Käse auf der Schulter oder unterm Arm. Derjenige, welcher den größten besitzt (von der Alpe de Torrent, etwa 100 Pfund schwer) stellt sich an die Spitze, die übrigen folgen, je nach der Größe und Schwere ihres Käses. Der Kleinste, etwa 12 Pfund schwer, schließt den Zug. So aufgestellt treten sie durch die südliche Pforte in die Kirche und marschieren vor dem Altar vorbei; während dom erteilt der Curé den Segen. Alsdann gehen sie durch die nördliche Pforte aus der Kirche ins Pfarrhaus und entledigen sich hier ihrer Bürde im Keller des Curé. Darauf aber steigen sie hinauf in das getäfelte, blau angestrichene Gast- und Wohnzimmer des Curé, setzen sich an die schweren Nufsbaumtische, laben sich an dem feurigen Vin de Glacier und verspeisen mit ungeheurem Appetit das lang entbehrte Schaf-, Rind- und Schweinefleisch.

Während in Oberwallis meistens das weibliche Geschlecht die Alpenwirtschaft betreibt, sind es im Eifischthal und dem übrigen französischen Wallis nur Männer und junge Burschen, welche man zu sehen bekommt. Auf einer jeden etwas gröfseren Alp befinden sich hier acht Mann. Von diesen führt der ältere und zuverlässigste das Kommando. Er heifst „Maître", macht aus der frischgemolkenen Milch den fetten, sowie aus der abgerahmten den magern Käse, und hat die Aufsicht über das Butter- und Käsemagazin. Ihm zur Seite steht der „Patro", welcher die Butter und aus der Butter- und Käsemilch den „Zeirack" oder Zieger bereitet. Diesen beiden ist noch ein dritter, „L'Amiciy" zugesellt, dem das Reinigen der Gefäfse, das Holzfahren u. a. obliegt. Dann kommt dem Range nach eigentlich die zweite wichtige Persönlichkeit: der Kuhhirt, „Vigly", unterstützt von einem jungen Burschen, der „Pittovigly" heifst. Darauf folgen die drei übrigen: der Rinderhirt „Mosonnie", der Schafhirt „Bercier" und endlich der kleine „Major" oder Schweinehirt. Sie alle haben dem „Procureur de la Montagne" Rechenschaft von ihren Verrichtungen abzulegen und werden, wie dieser, auf ein Jahr von der Urgemeinde gewählt.

Am Tage vor St. Michael (28. September), bisweilen auch schon einige Tage früher, hört die Alpenwirtschaft auf, die Kühe kommen in die Nähe der Dörfer zu ihrem Eigentümer zurück, und dieser erhält, je nach der Quantität Milch seiner Kühe, Käse, Butter und Zieger.

## Geographische Litteratur.

### Europa.

F. O. Wolf. Wallis und Chamonix, I. Band mit 7 Karten und 120 Illustrationen von Weber, Ritz und Imfeld. Zürich, 1886, Orell Füssli & Co. Die vorliegende Arbeit des Professors F. O. Wolff, früheren Präsidenten der Schweizer naturforschenden Gesellschaft, ist ein vortreffliches Handbuch für Alpentouristen und Freunde der Alpenkunde. Auf wenigen einleitenden Seiten giebt uns der mit seinem Thema gründlich vertraute Verfasser ein Gesamtbild des Kantons Wallis, der, von zwei gewaltigen Gebirgszügen eingeschlossen, das obere Rhonebecken einnimmt. ⅖ der 94 Quadratmeilen messenden Fläche liegen unter Firn und Gletschern begraben und zählt Wallis kaum 100 000 Einwohner. Die verschiedensten Klimate sind im Lande Wallis, das sich von den milden Ufern des Lemansees bis hinauf zu den Quellschluchten der Rhone in der Nähe des Gotthardmassivs erstreckt, vertreten; während auf den höchsten Bergen ewiger Winter herrscht, reifen unten im heifsen Thalgrunde Wein und Mandeln. Die verschiedensten klimatischen Abstufungen kann man in Wallis in einem Tage durchwandern. Die reiche und mannigfaltige Vegetation ist das Ergebnis der eigentümlichen klimatologischen Verhältnisse. Besonders charakteristisch sind die schönen trocknen Herbste und milden Winter. Die Weinkultur zieht sich bis zur unglaublichen Höhe von 5100 Fufs (unweit Visperterminen) und der Roggenbau sogar, im Findelen ob Zermatt, bis zur Höhe von 6300 Fufs hinauf. Sehr reich ist die Alpenflora. Viehzucht, Acker- und Weinbau bilden die hauptsächlichsten Ernährungsquellen des Wallisers, dessen Land nun, nach vielen politischen Kämpfen und Erschütterungen, einen der französischen Kantone der Schweiz bildet. Von der Furka, dem höchsten fahrbaren Pass der Schweiz, und dem Rhonegletscher beginnend, führt uns der Verfasser nun in eine Reihe von Wanderbildern durch dieses herrliche Stück der Schweiz, durch die Thäler wie zu den höchsten Alpen und Berggipfeln, in die Dörfer, Weiler, Badeorte und Städtchen, überall dem Touristen seinen kundigen Rat erteilend und auch der Geschichte, der Sitten und Bräuche, der Poesie des Volkes nicht vergessend. Die in eine gröfsere Zahl Schilderungen von Touren zerfallenden Hauptabschnitte sind: von der Furka bis Brig. Brig und der Simplon. Die Visperthäler (Zermatt). Lötschen und Leukerbad. Die Thäler von Turtman und Eifisch. Den einzelnen Abschnitten sind orographische, topographische und naturhistorische Mitteilungen beigegeben. Um beispielsweise einzelnes hervorzuheben, so möchten wir auf die Schilderungen von Zermatt und der Monte-Rosa-Gruppe, des Rhonethals, der grofsartigen Rhonekorrektion, endlich der Bewässerungskanäle, welche die Walliser vom Fufs der Gletscher, an manchen Orten aus der Höhe von 8000 Fufs, bis hinab ins Thal zur Befeuchtung ihrer Felder, mitunter in der Länge von 8 bis 10 Stunden geführt haben, Werke, deren Anlage grofse Summen kostete und deren Unterhaltung und Pflege eine schwierige und gefährliche Aufgabe, hinweisen. Dem gehaltreichen Buche entsprechen die klaren Orientierungskarten und vor allem die trefflichen Illustrationen. Wärme, ja Begeisterung für sein Thema und völlige Beherrschung desselben, beides tritt uns beim Lesen des Buches entgegen und fesselt uns bis ans Ende. Eine allgemeine Übersichtskarte wird wohl dem 11. Bande beigegeben werden.

Europäische Wanderbilder No. 3: Montreux von A. Ceresole, Pfarrer in Vevey, und No. 103 und 104: Morten von Dr. F. Stock. Zürich, Orell Füfsli & Co. Beide durch Illustrationen und Karten reich und gut ausgestattete Schriftchen sind von durchaus kundigen Leuten verfafst, die Darstellung ist ansprechend und gewandt und es ist wohl nicht zu bezweifeln, dafs sie von den zahlreichen Schweizreisenden gern gekauft und gelesen werden, zudem der Preis aufserordentlich niedrig ist; das Heftchen über Montreux kostet z. B. nur 60 Pf.

Asien.

Studien über den Seeweg zwischen Europa und Westsibirien. Inaugurationsdissertation zur Erlangung der Doktorwürde der philosophischen Fakultät der Universität Bern, vorgelegt von Hans Friedrich Dalmer aus Laupen. Hamburg, L. Friedrichsen & Co. 1886. Der Verfasser dieser fleifsigen, gründlichen Arbeit giebt zunächst einen geschichtlichen Überblick der Nordostfahrten, soweit solche für den von ihm behandelten Gegenstand in Betracht kommen, er untersucht sodann die Bodengestalt, Tiefen, Temperaturen, Salzgehalt, Strömungen und Eisverhältnisse der in Betracht kommenden Meeresteile, insbesondere der Kara-See und wendet sich endlich zu den Bedingungen der Erschliefsung Westsibiriens auf dem Nordostwege. Gegenüber den unleugbaren Schwierigkeiten, welche die Beschiffung der Kara-See erfahrungsmäfsig hat, würden sich von der Regierung vorzunehmende wissenschaftliche und technische Arbeiten, als: meteorologische und hydrographische Beobachtungen von bestimmten zu errichtenden Stationen aus, Errichtung von Seezeichen, Anlage von Schutzhäfen, telegraphische Verbindung, vor allem Verwendung von Fahrzeugen, welche eigens für die Passage der Kara-See gebaut, als wirksam erweisen. Wie der Verfasser näher mit Zahlen begründet, könnte gegenüber der amerikanischen Konkurrenz im Getreideimport nach Europa eine südliche russisch-sibirische Überlandbahn wegen der hohen Transportkosten kaum konkurrenzfähig sein; ein andres wäre es, wenn, wie Sibiriakoff erstrebt, der Unterlauf des Obj mit der Petschora durch eine Bahn oder einen Kanal verbunden würde und das westsibirische Getreide von der Petschora ab mittels des billigen Seetransports nach Europa befördert werden könnte, wobei freilich noch eine Verbesserung der Verkehrsmittel auf den sibirischen Flüssen vorausgesetzt wird. Der Verfasser spricht sich zum Schlufs, in Übereinstimmung mit Petri, wie folgt aus: „Sibirien hat eine grofsartige Zukunft vor sich, — mit dieser Zukunft verknüpft ist das wohl denkbare Bestehen einer regelmäfsigen Verbindung zur See und zu Land mit Europa. Bei der gegenwärtig schlimmen Lage Sibiriens in wirtschaftlicher und administrativer Beziehung dürfte jedoch die Anknüpfung einer derartigen Verbindung auf Hindernisse stofsen, welche in der Regel von den Forschern, angesichts der grofsartigen Reichtümer des Landes, unberücksichtigt gelassen werden. Der sibirischen Bevölkerung würde es an Spannkraft mangeln, um den stetigen Forderungen des nimmersatten Europas entgegenzukommen, und die sibirischen Verhältnisse hätten nicht die Anziehungskraft, um eine genügende Menge produktiver Kräfte anzulocken. Vorerst mufs Leben aus Europa kommen, erst dann wird der Verkehr zwischen Europa und Sibirien eine den Schwierigkeiten entsprechende Lebenskraft gewinnen."

## Afrika.

§ H. H. Johnston, the Kilima-Njaro Expedition, with 6 maps and over 80 illustrations by the author. London, Kegan Paul, Trench & Co. 1886. (Autorisierte deutsche Ausgabe in der Übersetzung von W. v. Freeden, erschienen bei F. A. Brockhaus in Leipzig.) Die verhältnismäfsig geringen Mittel (1000 £), welche die Expedition von H. H. Johnston erforderte, haben zu reichen Ergebnissen geführt, Dank glücklichen Umständen und den persönlichen Eigenschaften des Reisenden, der stets die ihm zur Lösung übertragenen Aufgaben naturwissenschaftlicher Forschung im Auge hatte und sie bis an das Ende treu verfolgte. Der eigentliche Reisebericht nimmt 321 Seiten, der wissenschaftliche Teil 214 Seiten ein; beigegeben ist ein Kapitel über die kommerziellen Aussichten, welche Ost-Äquatorial-Afrika eröffnet. Der Verlauf der Reise und ihre geographischen Ergebnisse sind bekannt. Mitte April 1884 traf Johnston in Zanzibar ein, organisierte dort mit Hülfe des bekannten englischen Generalkonsuls John Kirk seine Karawane und segelte nach Mombas; der Marsch ging von hier ziemlich gerade nach Westen zur Landschaft Teita und zum östlichen Fufs des Kilima-Ndjaro-Gebirges. In der Nähe des berühmten Schneeberges, dessen Alpenwelt Johnston erforschen wollte, angekommen, mufste der Reisende den Weisungen Kirks gemäfs zunächst wegen seiner Niederlassung am Berge mit Mandara, dem Fürsten von Moschi, verhandeln. In der Höhe von 1500 m ü. M. gründete Johnston seine sehr günstig gelegene Bergstation. Unter allerlei Fährnissen und Schwierigkeiten, die ihm hauptsächlich Mandara bereitete, führte er seine Forschungen und Wanderungen eine Reihe von Monaten hindurch aus. Der erste Anstieg zu dem aus zwei Schneegipfeln, dem Kibo und dem Kimawensi, bestehenden Zentralmassiv wurde durch einen drohenden Angriff der Wakiboscho unterbrochen, die schliefslich nur aus abergläubischer Furcht vor dem zur Höhenmessung aufgestellten Theodolithen zurückwichen; die zweite Besteigung führte Johnston zunächst zum Fufs des kleineren der beiden Spitzen, zu dem Kimawensi, dessen Erklettern wegen eines herrschenden Orkans nicht möglich war; die Spitze ist bald mit Schneemassen bedeckt, bald nahezu völlig schneefrei. Den Kibo erklomm er bis zur Höhe von 4973 m und blieb somit, da die ganze Höhe auf 5730 m angenommen wird, nur reichlich 750 m unter dem

Gipfel. (Baron v. d. Decken erreichte 1862 die Höhe von 3200 m, der Missionar New 1871 4420 m und Thomson 1873 2730 m). Seinen Rückweg zur Küste nahm Johnston über den Jipe-See, durch die Landschaften Ugueno, Pare, den fruchtbaren Distrikt von Gonja, die Hügel- und Thallandschaften von Usambara, endlich längs des Rufuflusses und die letzte Strecke im Kanu auf diesem Flusse bis zur Mündung bei Pangani. Als charakteristisch für die ganze von ihm durchwanderte Gegend des östlichen äquatorialen Afrika hebt Johnston die vereinzelt sich erhebenden meist vulkanischen Bergmassen, die geräumigen Hochflächen und das Fehlen von Sumpfgegenden hervor. Die Regenmenge ist reichlich und gleichmäfsig verteilt, doch giebt es nur einen schiffbaren Strom, den Tana. Die Hochlande sind waldreich. Die Ebenen und Hochflächen werden von den kriegerischen Massai, die Berge von den ackerbautreibenden, als besonders kulturfähig bezeichneten Bantus bewohnt; die Massai, bisher die Geifsel des östlichen äquatorialen Afrika, Viehzüchter und Räuber, werden durch Handel und Ackerbau allmählich der Kultur gewonnen werden, wenn dies auch nicht mit gleicher Sicherheit behauptet werden kann, wie bei den Bantus, die, fleifsig, nachahmungssüchtig und fragbegierig, sich instinktiv zum weifsen Manne hingezogen fühlen. Der Wildreichtum des Landes, neuerer Zeit durch Thomson auf seinen Reisen durch Massailand nachgewiesen, wird auch von Johnston näher geschildert. Büffel, Rhinozeros, Flufspferde, Giraffen, Antilopen, Strauße sind zahlreich, besonders aber Elefanten, letztere hausen namentlich in den Wäldern am Kilima-Ndjaro und steigen bis zur Höhe von 4000 m am Gebirge auf. Ebenso reich ist die Pflanzenwelt, deren verschiedene Entwickelung das mannigfaltige Klima, namentlich der gröfsere oder geringere Niederschlag bedingt. Die trocknen, fast unbewohnten Ebenen sind, soweit nicht perennierende Gewächse eine bessere Vegetation schaffen, mit dürrem gelben Grase und verkrüppelten Bäumen bewachsen. Die in Nebel gehüllten hohen Schneeberge schaffen ihrer Umgebung weithin ein feuchtes Klima, welches stets einen frischen Pflanzenteppich erhält und prächtige Wälder ernährt. Von hohem Interesse sind die Bemerkungen Johnstons über die je nach der Höhe von den Tropangewächsen bis zur Flechte wechselnde Vegetation des Killima-Ndjaro-Gebirges. Was das Klima betrifft, so hat Johnston in den sechs Monaten der trocknen Zeit, welche er im Lande zubrachte, die Temperatur ganz erträglich, ja stellenweise angenehm gefunden. In den Regenmonaten soll die Temperatur nur wenig höher steigen. In der Nähe der Küste beginnen die Regen im Oktober, setzen von Dezember bis März aus und kommen in aller Heftigkeit während April und Mai wieder. Die wirklich trockne, oft völlig regenlose Zeit ist vom Juni bis Oktober. — Eisen und wie es scheint auch Kupfer wird in ziemlicher Menge im Lande gefunden. Salpetersaures Natron bedeckt weite Ebenen im Süden, Westen und Norden des Kilima-Ndjaro. Gute Bausteine finden sich in vielen Teilen des Landes, Kalkstein tritt öfter auf. — Der letzte Abschnitt des inhaltsreichen Werkes: die kommerziellen Aussichten des östlichen Äquatorial-Afrika, wird wie in England, so auch in Deutschland mit besonderem Interesse gelesen werden, da die besprochenen Gegenden gröfsenteils zum Gebiet der Deutsch-Ostafrikanischen Gesellschaft gehören.

§ **Madagaskar und die Inseln Seychellen, Aldabra, Komoren und Maskarenen** von Prof. Dr. B. Hartmann, mit 23 Vollbildern und 26 in den Text gedruckten Abbildungen. Leipzig und Prag, G. Freytag und F. Tempsky, 1886. (57. Band. „Das Wissen der Gegenwart, Deutsche Universal-Bibliothek für Gebildete.) Das 150 Seiten zählende Werkchen enthält zunächst auf Grund der neueren Reiseberichte von Grandidier, Mullens, Sibree, Hildebrandt u. a. eine allgemeine Schilderung der Bodenverhältnisse und Produkte von Madagaskar, wobei der durch zahlreiche Abbildungen illustrierte Abschnitt über die der Insel eigentümliche Pflanzen- und Tierwelt besonders ausführlich gehalten ist. Dem folgt eine Darstellung des Howa-Reichs und weiter eine solche der bis jetzt von diesem noch mehr oder weniger unabhängigen Stämme, der Sakalawas, über die wir freilich bis jetzt noch nicht viel wissen. Von den ostafrikanischen Inseln wird besonders Mauritius ausführlich behandelt.

### Australien und Polynesien.

Die **Marschall-Inseln** in Erd- und Völkerkunde, Handel und Mission. Mit einem Anhang: Die Gilbert-Inseln von Carl Hager. Leipzig, G. Lingke, 1886. Die kleine Schrift enthält eine fleißige Zusammenstellung thatsächlicher Mitteilungen über Entdeckung und Erforschung, Klima, Pflanzen und Tierwelt, Volk, Mission und Handel dieser Inseln, welche durch die dort blühenden deutschen Handelsniederlassungen ein näheres Interesse für größere Kreise im Vaterlande gewonnen haben. Das beigegebene Kärtchen veranschaulicht Lage und Größe der Inseln.

### Oceanographie.

Der **Ozean**. Eine Einführung in die allgemeine Meereskunde von Dr. Otto Krümmel, Professor der Geographie an der Universität Kiel. Mit 77 in den Text gedruckten Abbildungen. Leipzig und Prag, G. Freytag und F. Tempsky. 1886. (52. Band des „Wissens der Gegenwart".) Das 242 Seiten zählende Buch ist ein gutes, klar und faßlich geschriebenes Kompendium unseres hydrographischen Wissens. Verfasser gliedert den reichen Stoff, welchen schon jetzt dieser Zweig der physischen Erdkunde, obwohl einer der jüngsten, bietet, in vier Kapitel: 1. die Meeresflächen und ihre Gliederung, 2. die Meerestiefen (Meeresniveau, Tiefseelotungen, Bodenrelief der Meeresbecken, Bodensedimente), 3. Meerwasser (allgemeine Eigenschaften, Wärmeverteilung, Eisverhältnisse), 4. Bewegungen des Meeres (Meereswellen, Gezeiten und Meeresströmungen). Die eingedruckten Holzschnitte unterstützen in wirksamer Weise den Text.

### Karten.

Karte von **Zentral-Ostafrika**, nach authentischen Quellen und unter Benutzung des Materials der Deutsch-Ostafrikanischen Gesellschaft entworfen und gezeichnet von Dr. Paul Engelhardt und J. von Wensierski. Mafsstab 1:3,000,000. Berlin, Engelhardtsche Landkartenhandlung 1886. Den sachlichen Erläuterungen, welche die Verleger zu der Karte gegeben haben, entnehmen wir folgendes:

„Diese Karte umfaßt dasjenige Gebiet Zentral-Ostafrikas, welches durch den 2° 22" nördl. und den 10° 20" südl. Br., sowie vom 26° 20" und 46° östl. Länge von Greenwich begrenzt wird, und begreift also in sich das gesamte große Seengebiet und in der Hauptsache diejenigen Territorien der Deutsch-Ostafrikanischen Gesellschaft, welche die Gegenwart so stark beschäftigen und von dem Gesamtbesitz dieser weltbedeutenden Kompanie die wertvollsten und zukunftsreichsten sind. Obgleich diese Karte aus dem umfangreichen Quellenmaterial über diese Regionen neu konstruiert und dabei die nach den Berichten der Offiziere der Deutsch-Ostafrikanischen Gesellschaft trotz ihres hohen Ansehens in vielen Fällen nicht immer als zuverlässig anerkannte Ravensteinsche Karte: Map of Eastern Afrika 1:1,000,000 teilweise, sowie die Carte d'Afrique von R. de Lannoy de Bissy 1:2,000,000 mehrfach benutzt worden, auch die Bearbeitung derselben der ungleichartigen Ergebnisse dieser von gebildeten Reisenden und Forschern bereisten Gebiete mit mannigfachen Schwierigkeiten verbunden war, so konnte ich mich nicht entschliefsen, dieselbe als Spezialkarte zu bezeichnen, da zu einer Karte als solcher, trotz der enormen wissenschaftlichen Fortschritte, welche die jüngste Zeit auf erdkundlichem Gebiete in diesem täglich heller werdenden Kontinente gemacht, doch noch gewaltig viel fehlt, um diesen Titel zu rechtfertigen. Zwar hat die Karte einen Mafsstab von 1: 3,000,000, den gröfsten, der bei Darstellung dieses afrikanischen Länderkomplexes in Deutschland bislang zur Anwendung gekommen, aber doch konnte das nach den allgemeinen Begriffen geringfügige, für den Eingeweihteren jedoch schon recht bedeutende topographische Material über jene Gegenden darin nur generell in möglichst eingehender Weise zum Ausdruck gelangen. Ganz besonderes Gewicht hat der Autor auf die Topographie des deutschen Kolonialbesitzes gelegt und zu derselben das Material der Herrin desselben, der Deutsch-Ostafrikanischen Gesellschaft, soweit es ihm nach den Berichten ihrer Offiziere zu Gebote stand, zur Eintragung in die Karte benutzt."

Die Karte unterscheidet in Farben den Besitz und die einzelnen Landschaften der Deutsch-Ostafrikanischen Gesellschaft, das Sultanat Zanzibar und das portugiesische Gebiet, das jetzt von Mitgliedern des deutschen Kolonialvereins gekaufte, von den Gebrüdern Denhardt im April 1885 erworbene Witugebiet und das Gebiet von Paul Reichard; sie bezeichnet die Stationen der Gesellschaft wie die Missionsstationen und endlich sind die Routen der sechs von der Gesellschaft ausgesandten Erwerbungsexpeditionen eingetragen. Die kleine Schrift auf der Karte läfst leider hinsichtlich der Deutlichkeit zu wünschen.

Eduard Gaeblers Eisenbahnroutenkarte des deutschen Reichs zur Übersicht sämtlicher Eisenbahnen, der wichtigsten Strafsenverbindungen und Dampferlinien. Mafsstab 1:1,750,000. Die in recht deutlicher Schrift sauber ausgeführte Karte unterscheidet die Staaten des deutschen Reichs, die Orte nach vier Klassen der Einwohnerzahl, Haupt- und Nebenrouten der fertigen Eisenbahnen, im Bau begriffene Strecken, Hauptstrafsen und Kanäle.

Eduard Gaeblers Verkehrskarte des deutschen Reichs. In gleichem Mafsstabe ausgeführt, jedoch verschieden koloriert und mit Gebirgszeichnung. Beide Karten sind im Verlag von Karl F. Pfau in Leipzig erschienen und zeichnen sich durch billigen Preis aus.

---

Es gingen der Redaktion ferner zu und sollen in einem der nächsten Hefte besprochen werden:

Die Ergebnisse der Untersuchungsfahrten S. M. Kanonenboot „Drache" in der Nordsee im Sommer 1881, 1882 und 1884. Veröffentlicht von dem Hydrographischen Amt in Berlin. 1886. E. S. Mittlersche Hofbuchhandlung.

Ein zweites Reisejahr in Süd-Afrika von Dr. Wangemann, Missionsdirektor. Mit 1 Karte von Süd-Afrika. Berlin 1886. Verlag des Missionshauses, im Buchhandel J. A. Wohlgemuths Verlag.

Die ethnologischen Verhältnisse des österreichischen Küstenlandes von Karl Freiherrn von Czoernig. Triest 1885. F. H. Schimpff.

Über den Einflufs der Gebirge auf das Klima von Mitteldeutschland von Dr. R. Assmann. Stuttgart 1886. J. Engelhorn.

Heft 4. Band IX.

## Deutsche
## Geographische Blätter.

Herausgegeben von der

### Geographischen Gesellschaft in Bremen

durch Dr. M. Lindeman.

Diese Zeitschrift erscheint vierteljährlich.
Abonnements-Preis 8 Mark jährlich.

BREMEN.
Kommissions-Verlag von G. A. v. Halem.
1886.

# Inhalt.

1. Die brasilianische Provinz Matto Grosso, nach der Schilderung von Dr. J. Severiano da Fonseca. Von Dr. H. von Ihering .......... 2
   (Fonsecas Reisen. Topographie. Die Indianer. Die wirtschaftlichen Verhältnisse. Sanitäre Verhältnisse. Klima.)
2. Ethnologische Beiträge:
   4. Zaubereiprozesse und Gottesurteile in Afrika. Von Dr. Alb. Herm. Post 8
      (Zauberei und Zauberpriester. Die Ordalien.)
3. Vom Niger-Bénoëgebiet und seinen Handelsverhältnissen. Von Ernst Hartert ............................................... 320
   (Der Handel in den Küstengegenden. Die englische Gesellschaft. Der Handel am oberen Niger und am Bénoë. Verkehrsmittel in den Hausaländern. Notwendigkeit wissenschaftlicher Forschung.)
4. Der Ausbruch des Ätna vom Mai 1886 ............................ 331
5. Die Ergebnisse der Untersuchungsfahrten des deutschen Kriegsschiffes „Drache" in der Nordsee. (Sommer 1881, 1882 und 1884.) Von Professor Dr. O. Krümmel in Kiel ............................ 335
6. Vorläufige Mitteilung über die wissenschaftlichen Ergebnisse der deutschen Polarstationen ....................................... 341
7. Kleinere Mitteilungen:
   a. Aus der geographischen Gesellschaft in Bremen ................. 346
      (Vorträge. Ausstellung. Personalien.)
   b. Polarregionen ............................................... 347
      (Norwegische und Schottische Eismeerfischerei. Fischereikreuzer im antarktischen Meere. Peary's und Molgaards Schlittenreise auf dem grönländischen Inlandseise.)
   c. Aus Neu-Guinea ............................................. 348
      (Zweite Fahrt auf dem Kaiserin-Augusta-Fluß. Dampfer „Ysabel", Kapt. Dallmann, nach Neu-Guinea. Gold am Hüon-Golf.)
   d. Von der Insel Réunion ...................................... 349
      (Dr. Konrad Kellers Reisen.)
   e. Die Insel Barbados ......................................... 353
   f. Britisch Guiana ............................................. 354
   g. Die nordfriesischen Inseln .................................. 356
   h. Aus Sibirien ................................................ 358
   i. Dr. G. Adolph Fischer † .................................... 358
   k. Die Berri-Berri-Krankheit ................................... 360
   l. Dampferlinien zwischen Europa und dem Kongo ................. 360
8. Geographische Litteratur ........................................ 361
   (Allgemeines: Lippert, Kulturgeschichte. Zaffauk, die Erdrinde. — Europa: Kirchhoff, Länderkunde, Teil I: Europa. Egli, die Schweiz. Czoernig, das österreichische Küstenland. Gaeblers Taschenatlas des Deutschen Reichs. Neumann und Partsch, Griechenland. Schlesinger, Böhmens Nationalitäten. Weber, Ortslexikon der Schweiz. — Afrika: Wangemann, Südafrika. — Amerika: Schultz, das La Plata-Gebiet. — Schulgeographie: Kirchhoff, Schulgeographie. Boetcher, der geographische Unterricht. Diercke und Gaebler, Schulatlas.)

# Deutsche Geographische Blätter.

Herausgegeben von der
Geographischen Gesellschaft in Bremen.

Beiträge und sonstige Sendungen an die Redaktion werden unter der Adresse:
Dr. M. Lindeman, Bremen, Mendestrasse 8, erbeten.

Der Abdruck der Original-Aufsätze, sowie die Nachbildung von Karten und Illustrationen dieser Zeitschrift ist nur nach Verständigung mit der Redaktion gestattet.

## Die brasilianische Provinz Matto Grosso,
nach der Schilderung von Dr. J. Severiano da Fonseca.
Von Dr. H. von Ihering.

*Einleitendes über Fonsecas Reisen und Reisewerk. Lage und Grenzen der Provinz. Areal. Bevölkerung. Die Indianer. Topographie. Mangel an Wegen. Überschwemmungen. Vegetation. Salzige Seen. Flüsse. Produkte. Wälderverwüstung. Flussdampfschiffahrt. Viehzucht. Sanitäre Verhältnisse und Klima.*

Der Zweck der folgenden Zeilen ist es, die Aufmerksamkeit weiterer Kreise auf das wichtigste Werk zu lenken, welches in neuerer Zeit über Matto Grosso veröffentlicht wurde, über die zweitgrößte Provinz des Kaiserreiches Brasilien, welche trotz ihrer reichen natürlichen Hilfsquellen bisher in Produktion und Verkehr allen andern nachsteht und auch geographisch zu den wenigst bekannten zu zählen ist.

Im Jahre 1875 schickte die brasilianische Regierung auf dem kleinen Kriegsdampfer „Madeira" eine Kommission von Ingenieuren und Offizieren nach Matto Grosso unter Leitung des Generals Baron de Maracajú, welcher die Aufgabe gesetzt war, die Grenzen gegen Bolivien endgültig festzustellen und durch Grenzmarken zu bestimmen. Zu dieser von 1875—1878 thätigen Kommission gehörte als Arzt derselben Dr. João Severiano da Fonseca, welcher später in einem zweibändigen Werke: Viagem ao redor do Brazil (Reise rund um Brasilien) Rio de Janeiro 1881 Typographia de Pinheiro & Cie, Rua Sete Setembro No. 157, seine Erlebnisse und Erfahrungen niederlegte. Dem Werke ist eine Karte der brasilianisch-bolivianischen Grenze beigegeben, und ferner ist es mit zahlreichen Holzschnitten, Planen u. a. ausgestattet. Jene sind zum Teil gelungene und charakteristische Landschafts- und Vegetationsbilder, zum Teil freilich sind sie so mißlungen, daß sie dem Verleger nicht eben zur Ehre gereichen. Da dieses i portugiesischer Sprache veröffentlichte Werk nur einem beschränkten Leserkreise zugänglich und verständlich sein dürfte, so glaubte ich auf die wichtigeren Resultate und Schilderungen aufmerksam machen zu sollen. Es ist jedenfalls kein richtiges Verhältnis, wenn man jeder von Europäern unternommenen Reise in Brasilien allseitige Beachtung schenkt, und von den zahlreichen wichtigen Beiträgen, die gerade auf geographischem Gebiete die brasilianische Litteratur und Forschung aufzuweisen hat, keine Notiz nimmt. Und doch sollten die Geographen allmählich dahin gelangen oder wenigstens danach streben, die sensationelle flüchtige „Forschungsreise" etwas mehr in den Hintergrund treten zu lassen zu gunsten gründlicher Forschungsarbeit, wie sie nur die Station, der langjährige Aufenthalt, die liebevolle Vertiefung in das enger begrenzte Forschungsgebiet gewähren können. So bedarf denn auch wohl der Wunsch, Severiano da Fonsecas gediegene Leistung wenigstens teilweise in Übersetzung und Auszug den deutschen Geographen bekannt zu machen, keiner Rechtfertigung, eher wohl wäre das angebracht, mit Rücksicht auf nötig gewordene Auswahl und knappe Beschränkung.

Zwar ist ein grofser Teil des Werkes Detailangaben über Reiseerfahrungen, geschichtliche Daten u. a. gewidmet, deren ausführliche Mitteilung füglich unterbleiben konnte, daneben finden sich aber auch zahlreiche Schilderungen und Beobachtungen, die nur deshalb unberücksichtigt blieben, weil sie nicht in den Rahmen dieser kleinen Arbeit passen. Von besonderem Werte ist namentlich das reiche von Severiano da Fonseca gesammelte linguistische Material. Besonders sei hier aufmerksam gemacht auf die Vokabularien der Sprachen der folgenden Indianerstämme: Lavanas, Ouiniquinaus, Chiquitauos, Garayos, Palmellas, Daures, Cayoabás, Itonamas.

Ferner sei hingewiesen auf die Vol. I. p. 327 gegebene Abbildung des Letreiro (Inschriftensteines) do Gabyba, auf welchem sich Sonne und Sterne, Füfse oder Tatzen von Tigern (Unzen) u. a. eingegraben finden. Meisterhaft ist die Schilderung der bekannten Höhle „Gruta do Inferno" (Höllengrotte) bei Coimbra.

Da die Arbeiten der Kommission sich nur im Grenzgebiete mit Bolivien bewegten, so ist es zumal diese sumpfreiche Tiefebene und ihre Umgebung, deren Kenntnis durch dieses Werk gefördert wird. Während die Hinreise von Rio aus den La Plata stromaufwärts geschah, reiste Severiano da Fonseca später den Guaporé und Madeira abwärts über Belem nach Rio zurück. Diese Reise über die an Stromschnellen und Fällen so reiche Marmoré-Madeiraregion in schwachen Fahrzeugen ist eine sehr gefährliche und mühsame. Von

St. Antonio an wurde der Madeira mit dem Dampfer befahren. Wer diese Reisen auf dem Guaporé, Madeira oder Paraguay in Aussicht nimmt, wird Fonsecas Werk sehr nützlich finden und kaum entbehren mögen. Für die geographische Litteratur aber liegt der Hauptwert des Werkes in der genaueren Schilderung eines bisher nur oberflächlich bekannten Gebietes von Matto Grosso und Bolivien. Es schien mir deshalb auch am zweckmäfsigsten, mich an dieser Stelle auf die Darstellung des Gesamtbildes von Matto Grosso zu beschränken, wie es im einleitenden Teile vom Verfasser entworfen wird, und das ich stellenweise durch hinzunehmen einzelner Partien aus dem speziellen Teile ergänzte.

Gröfstenteils ist die Darstellung wörtlich dem Texte entnommen, natürlich aber ist die Übersetzung eine ziemlich freie, wiewohl sachlich dem Inhalte des Originales völlig entsprechend. Etwaige ergänzende Bemerkungen von mir sind in Klammern eingefügt.

Matto Grosso gehört im allgemeinen nicht zu denjenigen Teilen Brasiliens, denen die nächste Zukunft einen Aufschwung in Aussicht stellen könnte. Anziehend wirken namentlich der Mineral- und Erzreichtum des Landes, seine reichen ungehobenen Schätze von Gold und Diamanten. Doch hat der Verfasser ohne Zweifel recht, wenn er im Interesse der stetigen Entwickelung Matto Grossos weniger diesen Reichtümern eine Beachtung wünscht, welche doch nur zu vorübergehender Blüte der betreffenden Regionen führt, als vielmehr auf die zur Viehzucht ungemein geeigneten immensen Campos des Hochlandes die Aufmerksamkeit lenkt. Nach dieser Richtung hin verdient jedenfalls Matto Grosso die Berücksichtigung seitens des europäischen Kapitales ebensosehr wie Paraguay, beides Länder, welche zumal bei den gegenwärtigen Kommunikationsbedingungen weniger für Ackerbau und mittellose Auswanderer in Betracht kommen als für gröfseres Kapital und rationellen Estanziabetrieb. In dieser Richtung möchte das weiterhin Bemerkte besonders zu beachten sein. Selbst Landschenkungen sind dort nicht ausgeschlossen. Erst kürzlich bemerkte hierüber im Senat in der Sitzung vom 11. August Staatsrat Silveira Martins: „An den Grenzen von Matto Grosso z. B. verteilt man Ländereien umsonst, und diejenigen, welche in so entfernte Gegenden brasilianische Nationalität und Sprache mit sich nehmen, leisten dem Kaiserreiche einen vortrefflichen Dienst." Solche Landschenkungen sind, soweit noch Staatsländereien existieren, überall in Brasilien 10 Leguas landeinwärts von der Grenze zulässig. In Matto Grosso existieren aber auch zahlreiche Fazendas nacionaes oder Staatsdomänen, welche ganz besonders zur Viehzucht geeignet, vermutlich zu günstigen Bedingungen käuflich könnten erworben werden.

Lassen wir nach diesen orientierenden Bemerkungen nun die Schilderung Severiano da Fonsecas folgen. Ich habe dabei im wesentlichen alles das als bekannt vorausgesetzt, was in der älteren Litteratur nachgesehen werden kann und auch in dem Handbuche von Wappaeus mitgeteilt ist.

Die Provinz Matto Grosso liegt zwischen 7° 25' s. Br. (in der Mündung des Paranatinga oder Tres barras) und 24° 3' 31" s. Br. an der fünften Cascade des Salto das sete quedas („sieben Fälle") und zwischen den Meridianen 6° 42', gegenüber der Nordspitze der Insel Bananal im Araguaya, und 22° 13' 15" an der Insel Confluencia, welche beim Zusammenflufs des Rio Marmoré und des Rio Beni gebildet wird.

Die weiteren ausführlichen Aufzählungen der *Grenslinien* seien hier übergangen, bis auf diejenige mit Bolivien. Dieselbe geht von der Mündung des Rio Apa den Paraguay entlang bis zu der Bahia negra genannten Lagoa, durch deren Mitte die Grenze mit Bolivien hinzieht, welche dann in südnördlicher Richtung durch die Lagoas Caceres, Mandioré, Gahiba grande und Uberaba nach dem Südende der Corixa grande do destacamento und von hier weiter, durch das uti possidetis das Territorium der Aldea S. Mathias rettend, zum Vereinigungsfalle der corixa S. Mathias und Peiñado hinzieht und dann über den Boa Vista und den Quatro͡irmãos Berg zum Hauptflusse des Rio Verde geht, um von da ab diesem und dem Rio Guaporé und Rio Marmoré bis zur Mündung des Rio Beni zu folgen.

Die Grenze gegen die Provinz Goyaz ist seit 1750 eine noch immer offene Frage. Die Angelegenheit wurde endlich vor das Parlament gezogen, aber auch da hingehalten. Am 20. Juli 1884 entschied sich die Kommission zu gunsten der Feststellungen von Dr. Marcos de Noronha, dem ersten Gouverneur von Goyaz, vom 12. Januar 1750, aber das Parlament selbst traf keine Entscheidung, scheint im Gegenteil hinsichtlich der Wahlkollegienabgrenzung die Ansprüche von Matto Grosso zu respektieren, zu der jene Gebiete zur Zeit effektiv gehören. Und doch ist die Provinz Matto Grosso viel zu grofs und zu arm, um eine Verwaltung so weit entlegener Teile übernehmen zu können. In gleicher Weise mufsten gewisse Teile der Madeiraregion, welche Matto Grosso nicht verwaltet und der weiten Entfernung und des Mangels von Wegen halber auch nicht verwalten kann, zur Provinz Amazonas geschlagen werden,

für welche diese Verwaltung natürlich und leicht ist, ja, von welcher
selbe bereits thatsächlich durchgeführt wird.

Das *Areal* der Provinz Matto Grosso ist nicht sicher bekannt.
Der Senator Candido Mendes berechnete es auf 50,173 Quadratleguas
(die Legua = 6,6 km), indem er die Ausdehnung der Provinz
von Norden nach Süden zu 332 Leguas ansetzte. Die Taxierung
von d'Alincourt zu 310 Leguas für die Breite der Provinz scheint
treffender als jene von C. Mendes (265). Bellegarde und Conrad
geben den Flächeninhalt auf 51,000 Quadratleguas an, was der
Wahrheit ziemlich nahe kommen dürfte.

Die *Bevölkerung* dieser riesigen Provinz ist eine sehr geringe.
Sie beträgt, was den zivilisierten Teil derselben anbelangt, etwa
50,000 Seelen, welche noch dazu fast ganz und gar auf einige wenige
Ortschaften konzentriert sind. Des Genaueren verteilt sich diese
Bevölkerung, in welcher aber 3500 Sklaven mit inbegriffen sind, in
folgender Weise:

| | | |
|---|---|---|
| Cuyabá | 23,500 | Einwohner |
| Matto Grosso | 740 | " |
| Poconé | 2,060 | " |
| Corumbá | 11,600 | " |
| Miranda | 5,400 | " |
| St. Anna do Paranahyba | 3,300 | " |
| S. Luiz de Caceres | 3,400 | " |
| Summa | 50,000 | Einwohner. |

Zu diesem zivilisierten Teile der Bevölkerung kann man auch
die in Dörfer (Aldeas) angesiedelten halbzivilisierten *Indianer* hinzu-
rechnen. Die Zahl dieser in mehr oder minder ausgesprochener
Berührung mit der Zivilisation stehenden Indianer beläuft sich auf
8—9000, die sich folgendermafsen nach Stämmen verteilen:

| | |
|---|---|
| Cadiuéos und Beaquéos, Reste der gefürchteten kriegerischen Nation der Guaycurús | 1,600 |
| Guanás, Kiniquinaos, Terenas und Layanas | 2,200 |
| Bororós | 600 |
| Cayapós | 400 |
| Apiacás | 2 600 |
| Xamococos | 100 |
| Garayos | 800 |
| Palmellas | 400 |

Dazu kommen noch die Guatos, ein nahezu ausgestorbener Stamm,
dessen Wohnsitze sich längs des Paraguay und S. Lorenzo erstrecken,
der allein an den Lagoas Gahyba und Uberaba vier Malocas (Dörfer)

hat und deshalb die Zahl von 500 Seelen weit überschreiten muís welche ihm unlängst die Generaldirektion der Indianer der Provinz zuschrieb. Im ganzen existieren in Matto Grosso sieben Indianerdirektionen, welche dem Generaldirektor unterstellt sind und denen hauptsächlich die Fürsorge für die bereits gezählmten Indianer obliegt.

Die Zahl der wilden Indianer wird von dem Baron von Melgaço auf 24 000—25 000 geschätzt, von denen 18 Stämme bekannt sind, nämlich: Aráras und Caripúnas am oberen Marmoré; Jacarés, Cenabós, Pecuhás und Cautariós am unteren Marmoré; Mequénes, Parecis, Maimbarés und Cabixis am Guaporé; Barbados, Dorurés da campanha und Bororós cabaçals zwischen Guaporé und Paraguay; Coroás im Quellgebiet des Cuyabá am S. Lourenço; Bacaubyris und Cayabis in jenem des Saranatinga; Nhombicuáres zwischen den Flüssen do Peixe und Arinos, und Cayuás (cayguas in Paraguay) in den Wäldern der Gebirgszüge von Anhambahy und Maracajú.

Wenn man erwägt, dafs schon die halbwilden Indianer von Matto Grosso sich so abgesondert halten, dafs man nicht einmal von den am Paraguay und S. Lourenço wohnhaften Guatés die Anzahl kennt, obwohl sie an der befahrensten Strafse des Landes angesiedelt sind, so kann man die Schwierigkeit würdigen lernen, die Zahl jener Wilden zu schätzen, welche nicht nur an den wenigen befahrenen Strömen hausen, sondern vor allem jener, die den Störungen entfliehen, welche die Zivilisation ihren Sitten und Gebräuchen bringt und sich in jene endlosen unwegsamen Waldungen zurückgezogen haben, die bis auf den heutigen Tag nie der Fuís eines andern Menschen betreten als jener des Autochtonen, ihres wahren und bis heute auch thatsächlich einzigen Herren.

Die Zählung der Bewohner der Provinz ergab 1862 die Zahl von 37,538, worin die Bewohner der Distrikte von Corumbá und Albuquerque nicht mit einbegriffen waren. Im Jahre 1863 schätzte Leverges die Bevölkerung auf 35,000 Freie, 6000 Sklaven und 24,000 Indianer. Eine bedeutende Verminderung erlitt die Bevölkerung 1867. Hieran war zum Teil der Krieg Schuld, mehr aber noch die Blatternepidemie, welche in den Ortschaften verheerend wütete und sogar die Wilden dezimierte, so dafs der Gesamtverlust der Bevölkerung auf 12—15,000 Seelen taxiert wurde.

Eine neue Ära für die Provinz begann 1872. Nach dem Abzuge resp. der Verdrängung der Paraguayer reorganisierten sich Corumbá, Albuquerque, Nioac, Coxim, Miranda und Fourados. Als der Krieg beendet war, richtete sich ein Einwandererstrom nach der Provinz mit den Truppen, welche zu ihrer Besetzung anlangten, mit den Abenteurern, welche ihnen folgten und einigen Tausenden

Paraguayern, welche ihr Leben den Soldaten dankten und nur von ihnen unterhalten wurden, welche ihnen sich anschlossen und mit ihnen das karge Brot teilten. Allein von Mai bis Juli 1876 landete im Hafen von Corumbá ein Bevölkerungszuwachs von mehr als 5000 Seelen. In dieser Zeit waren die Arbeiten am Arsenal von Ladario in vollem Gange, bei welchen Hunderte von Arbeitern Verwendung fanden. Ihre Tagelöhne und der Sold der Truppen von Corumbá, welche in je einem Regimente und Bataillon Artillerie und Infanterie bestanden, trugen dazu bei, dafs der Handel blühte und die Städte sich günstig entwickelten. Mit der Verminderung der Arbeiterzahl und dem Rückzuge der Truppen verminderte sich eben so schnell wie sie gewachsen, die Bevölkerung und der Wohlstand von Corumbá.

Wir werfen nun einen Blick auf die *Topographie* der Provinz. Der gröfste Teil derselben gehört zu jenem ungeheuren Hochplateau, welches das Zentrum Südamerikas einnimmt, und welches in diesem Werke als „araxá" bezeichnet ist. Der andre Teil im Westen und zumal im Süden der Provinz oft niedrig und sumpfig, zur Zone der „Pantanaes" gehörig. Diese Gegenden erreichen nicht eine Höhe von mehr als 150 m über dem Meeresspiegel. Auf der Hochebene, von den Quellen des Guaporé, Paraguay und Tapajoz bis zu denen des Araguaya und der westlichen Arme des Paraná ist die mittlere Erhebung 500 m. Dagegen steigt die Höhe auf 1000 m an einigen Punkten jenes Kammes, welcher die Wasserscheide der beiden gröfsten Ströme der Welt, des Amazonas und La Plata darstellt und die Provinz quer von Nordwest nach Südost durchzieht, von den Stromschnellen des Madeira bis zu den Gestaden des Paraná. Dies, nach der Darstellung von Melgaço, wogegen Castelnau (Exp. T. V p. 157) die Quellen des Paraguay über 305 m über dem Meeresspiegel, liegen lafst, Cuyabá über 55 m u. s. w. Man weifs jedoch wie wenig Beachtung die Versicherungen dieses Reisenden verdienen, jedesmal sobald sie sich von den Beobachtungen seiner intelligenten Begleiter Dr. Wedell und d'Osery entfernen. In seinem Buche República del Paraguay giebt Du Graty nach den Studien des Kapitän Page von dem nordamerikanischen Kanonenboot „Waterwich" die Höhe einiger Punkte von Argentinien und Paraguay. Danach liegt Buenos-Aires 50 Fufs über dem Ozean, Rosario 100, La Paz 160, Bella Vista 200, Corrientes 248, Assumpção 307, Forte de Coimbra 389, Corumbá 396 u. s. w., was ein Stromgefälle von 8,3 Zoll auf die Legua ergiebt. Für Cuyabá, welches dem Flusse nach gerechnet 720 Leguas vom Ozean entfernt liegt, ergiebt das eine Höhe von etwa 500 Fufs oder 152 m über dem Ozean, wobei noch die Voraussetzung zu Grunde liegt, dafs das Gefäll des Flusses das gleiche bleibe wie im Paraguay, was aber nicht der Fall ist. Die Mitglieder der bolivianischen Grenzkommission von 1878 geben für Corumbá die Höhe zu 400 Fufs an in der Höhe der Stadt (288 Fufs am Hafen), 1841 Fufs für den Morro (Berg) da Boa Vista, 1366 Fufs für den Morro dos quatro Irmãos. Zu beachten ist ferner, dafs Castelnau Tabatinga zu 97,5 m fand, während Spix und Martius 195,8 m mafsen. Diese deutschen Gelehrten geben die Höhe von Obidos zu 137,4 m, während der französische Reisende mit La Condamine sagt, dafs diese Stadt sich kaum 10 Fufs über die Höhe von Belem erhebe, von wo sie doch 575 Meilen (milhas) entfernt liegt!

Ebenso aufserordentlich wie die Niveaudifferenz zwischen der Hochebene und den sumpfigen Niederungen ist, welche dasselbe nach Süden und Westen umgeben, so leicht ist die Feststellung derselben, weil die erstere steil aus dieser Tiefebene sich erhebt, als hohe abschüssige Serra. Im Gegensatze hierzu setzt sich das Hochland nach der andern Seite hin in weite, mehr oder minder wellige Ebenen fort, aus denen sich nur in weiten Abständen einzelne niedere Höhenzüge erheben. Die ganze Anordnung des brasilianischen Hochplateaus ist sehr bemerkenswert. Schon nahe am atlantischen Ozean präsentiert die Serra do Mar in treppenförmigen Abfällen ihre steilen Höhenzüge, welche eine Höhe von mehr als 1000 m erreichen, woran sich nach Westen mehr oder minder einförmige Campos anschliefsen, aber nicht um an den Gestaden des Paraná zu erlöschen, sondern um sich von neuem in dem Hochplateau von Matto Grosso zu erheben, stellenweise auf 1000 m. Diese Hochebenen stellen sich bisweilen als schöne Campos dar, grün und wellig wie jene von Rio Grande do Sul, und in deren Teppich die Dikotyledonen als kriechende Gewächse niedrig bleiben, im Wachstum kaum die Gräser und Cyperaceen überragend. So sind die Campos, über welche man zu den Kordilleren von Maracajú und Anhambahy emporsteigt; ein andermal trifft man Einöden, auch wellig aber trocken und sandig, wahre Wüsteneien, mit Untergrund von Sandstein, Thon oder Lehm (piçarra), die verwittert und weich sind wie der Sand. So die Campos dos Parecis und diejenigen, welche Taunay in dem Feldzuge von 1865 überschritt und in Scenas de Viagem p. 42 beschrieb.

In solchem lockeren Erdreiche sinken die Tiere bei jedem Schritte ein, den sie machen, und sie finden keinerlei Nahrung auf dem sterilen Boden. Der Baumwuchs ist spärlich, die Waldungen sind niedrig und krüppelig, es sind carrascos oder cerradões. Hier fällt der Unterhalt dem Menschen ebenso schwer wie die Passage. Ein andermal trifft man dürre Ländereien, von Flüssen durchschnitten, oder Moore, aus denen zahlreiche Bäche und Flüsse austreten, die entweder nach Norden fliefsen, ihr Bett in den Sand oder Lehm des Untergrundes aushöhlend oder in grofsartigen Wasserfällen über hohe schroffe Abfälle zu den Flufsläufen des Unterlandes nach Süden sich wenden. Wo Wasser nicht fehlt, überraschen ausgedehnte mächtige Wälder, wobei jedweder Untergrund ihnen dient, wenn die Wurzeln nur hinreichend mit Wasser getränkt werden. Man trifft solchen Wald auch auf Sand, bisweilen auf rein weifsem Sande, und dann ist dieser Wald licht, jenem der Parkanlagen bei grofsen Städten ähnlich, von ihnen aber durch den Mangel an Symmetrie und geometrischer Regelmäfsigkeit unterschieden, sowie die grofse Ausdehnung von Dutzenden, wo nicht Hunderten von Leguas. In solchen lichten Waldungen kann man ungehindert zu Pferd oder Wagen und geschützt vor den Sonnenstrahlen reisen. Wo der Boden fruchtbarer ist, wird der Wald schwerer und höher, von Schlingpflanzen reichlich umspannt und durchflochten, welche den Eintritt hindern.

Dabei sind es nicht immer Leguas, bisweilen nur Schritte, welche diesen Boden von aufsergewöhnlicher Fruchtbarkeit von jenem sterilen trennen, auf dem eine rachitische Vegetation, in weiten Zwischenräumen verstreut einen traurigen Kontrast bildet und auf welchem das einzige Erfreuliche, das der Reisende antreffen kann, der pau d'agua oder Wasserbaum ist, ein mäfsig hoher Baum, welcher in seinen hohlen Zweigen fast immer Wasser enthält, selbst dann noch, wenn die Dürre bereits lange gewahrt hat. In solchen Gegenden, deren Vegetation gröfstenteils auf Leguminosen, Myrtaceen und Combretaceen besteht, erreichen auch die höheren Bäume, fast immer jaboticabeiras und sapótas, nur die Höhe von 4 m.

Dieser dürftige Boden ruht auf krystallinischem Gestein, zumeist Gneis, welcher durch seinen Metallreichtum bemerkenswert ist. An manchen Stellen erhebt sich der Fels in steilen Kegeln von kapriziöser Form, bald Türme, bald Mausoleen u. a. nachahmend, bald einzeln, bald in Gruppen. Diese häufig an der einen Seite senkrecht abgestutzten Kegel sind in der Provinz als trombas oder mit dem Indianernamen itambé's bekannt. Ein Teil derselben besteht aus härtestem Diorit, der an den Steilseiten frei zu Tage tritt, indessen der sanfter abfallende Teil noch mit Erde überdeckt ist.

Bemerkenswert ist der Gegensatz zwischen dieser Region und jener der Anden, in welcher letzteren die in Brasilien fehlende Thätigkeit vulkanischer Kräfte sich bis in unsre Zeit erhalten hat. Trotzdem fehlt es nicht an einzelnen Behauptungen, welche auch für das brasilianische Hochplateau die Fortexistenz von Vulkanen angeben. So versichern die Cayapós, dafs in der Serra Sellada ein

Berg existiere, welcher Rauch und Feuer mit schrecklichem Getöse auswerfe, so dafs noch niemand sich dahin gewagt habe, und die gleiche Angabe existiert für die Serra von Napileque in der Nähe des Apa. Erdbeben gehören in Matto Grosso zu den seltensten Erscheinungen, man erinnert sich an drei oder vier, die aber so geringfügig waren, dafs sie zum Teil kaum bemerkt wurden. Die vom Hochlande herabkommenden Flüsse bilden zahlreiche Fälle, bald in einzelnen hohen Kaskaden, bald in Absätzen. Einige stofsen in ihrem Verlaufe auf dem Hochlande auf unterminiertes Terrain, in das sie sich einwühlen, um dann eine mehr oder minder grofse Strecke weit unter einer Kruste von Gneis oder in einem Gewölbe von Kalktuff weiter zu verlaufen, als sogenannte sumidouros. In ähnlicher Weise kommen manche Quellen aus Höhlen; so namentlich diejenige der Corixa grande do destacamento. Dieselbe bricht aus dem Innern eines isolierten Berges hervor, welcher zur Serra de Dorborema gehört, einem Ausläufer der Serra do Aguapehy, und verläfst den Berg in drei Kanälen, deren Öffnungen an der Basis des Berges liegen und schmal und hoch wie Thore sind. Kaum erschienen, verschwindet der Bach im Boden, um 4—5 m weiter wieder hervorzubrechen. An den Felsenthoren hört man den eigentümlichen Lärm der Wässer, welche innerhalb der Höhle über Abfälle hinabstürzen.

In der Serra de S. Vincenta, auch Alto de Serra genannt, fanden Dr. Alexander und die Astronomen 1789 Höhen von mehr als 1000 m. Im Verlaufe der Serra dos Parecis, dem Guaporé entlang, variiert die Höhe von 3—700 m über dem Boden. In dieser Gegend ist der Winter kalt und streng, Fröste sind häufig und verursachen selbst den Baumwollenstauden Schaden. Man berichtet auch von Leuten, die durch Frost umkamen, nicht nur hier, sondern auch auf den Plateaus von Guimarães und Camapuam, wo die Kälte noch empfindlicher wird. Letztere liegen 12 Leguas östlich von Cuyabá, 580 m höher oder etwa 800 m über dem Meere.

Die genauere Kenntnis des Hochlandes, soweit es bekannt, dankt man nächst den älteren goldsuchenden Abenteurern, in erster Linie der Grenzkommission von 1781 und der folgenden Jahre, welche aus den Ingenieuren *Ricardo Franco* de Almeida Serra und J. J. Ferreira und den Astronomen *F. J. de Lacerda* und A. Pires da Silva Pontes zusammengesetzt war. Ihnen folgte später der bahianer Naturforscher Dr. Alexander Rodriguez Ferreira, der brasilianische Humboldt, wie ihn F. Dénis, de Osculati u. a. nannten, dessen zahlreiche wertvolle Arbeiten aber zerstreut und grofsenteils wohl verloren sind. Nach ihnen hat die Geschichte der Erforschung von

Matto Grosso nur noch zwei hervorragende Männer zu verzeichnen, Luiz d'Alincourt und Aug. Leverger, Baron von Melgaço.

Jenseits des Abfalles des Hochlandes und der westlichen Grenze der Provinz erhebt sich erst viele Dutzende von Leguas weiter nach Westen das Terrain aufs neue, aber nicht als Hochplateau, sondern langsam und allmählich gegen die Anden hin ansteigend und in sie übergehend. Der ganze Zwischenraum ist so eben und niedrig, dafs die Flüsse durch ihren geringen Fall bemerkenswert sind. Kräftige Bäche werden, sobald der Finfs. in welchen sie sich ergiefsen, aus irgend einem Grunde etwas rascher fliefst, durch Repression gestaut, so dafs man kaum noch etwas von Strömung an ihnen bemerkt.

Zur Zeit des Hochwassers, welche mit dem Abschmelzen der Schneedecke der Anden zusammenfällt, schwellen die Flüsse und Bäche an und werden zu riesigen machtvollen Strömen, sie treten aus ihren Ufern aus und verwandeln die angrenzenden Campos in einen wahren Süfswasserozean mit einem Umkreise von Hunderten von Leguas, welcher in zahllose weite Golfe und Buchten ausläuft und mit Inseln durchsäet ist, wahren und falschen, von denen erstere aus den sparsamen Anhöhen und Wohnsitzen bestehen, diese durch die Spitzen der unter Wasser gesetzten Wälder gebildet werden. Man kann als Grenze für dieses riesige Überschwemmungsgebiet annehmen die Serra von Abuná im Norden, das Hochland im Osten und den 20. Meridian im Westen von St. Cruz de la Sierra, Pucara, Padilha, Salina und Oran, da wo die Quellflüsse des Guaporé, Pilcomayo und Bermejo hervortreten. Nach Süden dehnt es sich aus bis über die Gebirgszüge von Tucuman und Catamarca und die Sümpfe von Santiago und Cordova bis zu den so wenig erforschten Pampas von Patagonien.

In diesen Regionen sind nur selten im Jahre längere Reisen möglich. Fast nur von September bis Dezember findet man das Terrain wegsam, dann aber auch meistens glatt und frei von jeglichen Hindernissen wie die beste Strafse. Man hat dann aber unter dem entgegengesetzten Extreme zu leiden. Nur nach langen Zwischenräumen treten einzelne Wasserläufe auf, die einige Kilometer lang, nur wenige Meter breit, Flüssen gleichen, welche keine Quelle, keine Strömung und keine Mündung haben. Sie entstammen den höher gelegenen Ländereien und sind in dieser Gegend als corixas (sprich Korichas) oder coriches bekannt. So verhalten sich auch zahlreiche Flüsse von Bolivien und Argentinien, wie der Dulce, Primero, Segundo u. a. oder der Bateles in der Provinz Corrientes, mächtig und reifsend in der Regenzeit, stagnierend oder völlig ausgetrocknet in der andern Jahreszeit. In die Reihe dieser periodischen Flüsse gehören in Brasilien der Jaguaribe, Araeacú, Parnahaby, Choró u. a. in Ceará und Piauhy, der Turvo in Goyaz u. a. mehr, sämtlich dem Hochplateau entstammend.

Est ist begreiflich, dafs in einem so niederen und so ausgedehnten Terrain alle Bemühungen zum *Wegebau* als erfolglos unterblieben. Was man gegenwärtig als Verbindungsstrafsen zwischen den einzelnen Ortschaften bezeichnet, sind nichts weiter als geläufige Richtungen, die Direktive, welche jeder kennt und einschlägt, die aber zum grofsen Teile nicht durch die leiseste Spur angedeutet, nicht das geringste Anzeichen eines Verkehres wahrnehmen lassen. Man kennt eben nur die Richtung, in welcher der Weg verlaufen mufs. Wenn die zum Reisen geeignete Jahreszeit gekommen, ist das Terrain ohne alle Hindernisse und wunderbar eben. Der Boden besteht in der Regel aus einer Mischung von Kiesel und Thon, wozu sich oft auch noch Kalk gesellt. Wird der Weg benutzt zur Zeit, in welcher der Boden noch nafs ist, so bilden sich leicht Pfützen und Löcher, welche den Verkehr erschweren und den Reisenden zur Verzweiflung bringen. Trocknet der Boden später aus, so erhalten sich die tiefen Eindrücke, welche die Hufe der Tiere in ihm zurückliefsen, indem der weiche Grund allmählich zu einer steinharten Masse eintrocknet. Die Unebenheiten und Löcher in dem harten Strafsengrunde schädigen die Reit- und Lasttiere aufserordentlich.

Sobald die Wintersaison wieder beginnt, treten rasch wieder die Überschwemmungen auf und in derselben Richtung, in der man kurz zuvor zu Pferde oder zu Fufs reiste, bedient man sich des Bootes (canoa). Auch im Becken des Paraguay kreuzt man von den Quellen des Taquary in der Richtung nach S. Lourenço, Corumbá, Poconé und S. Luiz de Caceres, wenn die Überschwemmung Kamp und Wald unter Wasser gesetzt und jenen ungeheuren See gebildet hat, der seit langem unter dem Namen der periodischen Seen von Xarayés bekannt ist.

Ebenso fanden im Gran Chaco Azara, van Eyfel u. a. den Pilcomayo in einen Ozean von süfsem Wasser verwandelt. In gleicher Weise verkehren im Thale des Marmoré die bolivianischen Ortschaften von S. Miguel, Conceição, Trindade, Exaltação, S. Joaqnim, Magdalena, Reyes u. a. unter sich; sie sind darin glücklicher als die Ortschaften im Süden, St. Anna, S. Raymundo, S. João, St. Thereza und St. Coração, welche zwar in gewissen Jahreszeiten zu Boot nach der Stadt Matto Grosso gelangen können, in andern aber aufser Zusammenhang damit bleiben, indem zur Flufsreise der Wasserstand nicht hinreicht, während derselbe für einen Verkehr auf Strafsen noch zu hoch ist. Zur Zeit der Überschwemmung erhebt sich der

Wasserstand um 20—30 Palmos (1 palmo = 0,22 m) über das gewöhnliche Niveau. In Corumbá hat der Paraguay schon eine Höhe von 11 m erreicht, in Cuyabá 10 m und ebenso hoch wird auch der Guaporé am Forte do principe da Beira.

Karten des vorigen Jahrhunderts lassen die periodischen Xarayés-überschwemmungen von S. Pedro de El-rey (Poconé, unter 16° 16') über fast den ganzen Lauf des S. Lourenço und Taquary bis südlich von Fecho de Morros (21° S.) sich ausbreiten. Anderseits tritt der Paraguay zwischen den Bergen, welche ihn von Jaurú an längs des rechten Ufers begleiten, hindurch, um mit den westlich davon gelegenen Seen, den Bahias de Uberaba, Gahibas, Mandioré, Caceres und Negra in Verbindung zu treten, und mit diesen ohnehin schon grofsen Wasserflächen vereinen sich dann bei der Überschwemmung die Wassermassen des Paraguay. Und diese enormen Fluten dehnen sich immer weiter aus, die Wälder bedeckend, die Berge in Inseln verwandelnd und nach Süden sich bis zu den Bergen von Salta in Argentinien mit dem Pilcomayo Bermejo, Salado und allen dazwischen gelegenen Flüssen und Seen vereinend, wie auch mit der weiten Lagoa Iberá, welche sich bald mit 15 Legua Breite präsentiert, wie sie l'archappe antraf, bald mit 50 Leguas, wie sie Azara sah. Und all diese Wassermengen bilden einen wahren Ozean.

Besonders interessant war für uns der Besuch der Lagoa Mandioré oder Men, einer prachtvollen Bucht von 5 Leguas Länge und 1½ Leguas Breite, welche von einem Kranze lachender Wiesen und hoher Berge umgeben wird. Fast in der Mitte der Lagoa erhebt sich nahe an seinem westlichen Ufer eine Insel, aus einer kleinen Bergkuppe aus Sandstein bestehend, welche buchstäblich weifs ist von den Entleerungen des Biguá (carbo brasilianus), der hier zu Tausenden lebt. Man nennt sie Ilha do velho. Wie die andern grofsen Seen des Paraguay bietet sie innerhalb weniger Monate die gröfsten Niveaudifferenzen. Die Bewohner der Gegend versicherten uns, dafs zur Zeit der Überschwemmung jeder starke Wind Wellen erzeuge, wie auf dem Meere, während in der trocknen Jahreszeit der Wind hier Staubwolken aufwühlt. Wir haben keinen Grund hieran zu zweifeln; denn obwohl das Wasser seit mehr als einem Monate im sinken war, konnte doch unser Dampfer, ein Kanonenboot von 7 Fufs Tiefgang, das Wasser nach allen Richtungen hin durchschneiden und nahe am Ufer anlegen. Dies war am 20. Juli. Als wir im nächsten Jahre im September hierher zurückkehrten, konnte unser kleinstes Boot nicht bis zur Mitte der Lagoa vordringen, deren Ufer in grofser Ausdehnung trocken lagen.

Am Ufer dieser Lagoa sah ich zum ersten Mal eine kriechende Palme von mehr als 200 m Länge, deren dünner Stamm von über 1 cm Dicke sich den Unebenheiten des Bodens gewunden anschmiegte, und dessen Internodien fast 2 m auseinander stehen. Sie heifst Urumbamba, ist vielleicht Calamus procumbens. Diese Ufer sind voll von Schwärmen von Enten, Reihern, Störchen und andern Wasservögeln, aber auch Waldhühner und Fasanen (jacú-Arten) erscheinen in grofsen Mengen und laden zur Jagd ein. Gegen die Ufer hin dehnt sich ein dicht verwachsener Rasen von Wasserpflanzen aus („camelotes", womit zumal Pontederien gemeint sind), der so dicht und geschlossen ist, dafs er selbst dem Gewicht ziemlich schwerer Tiere widersteht. In bunter Abwechselung sieht man da hohe Cyperaceen, sowie Nympheen, deren dicke Stengel und lange Wurzeln über grofse Strecken hin sich ausdehnen, durchflochten mit tausend Bändern zahlloser Pontederien, Alysmaceen, Najadeen und Hydrochorideen. Sie alle überbietet und überragt die Victoria regia, deren riesige runde Blätter wie enorme Theebretter auf dem Wasser ruhend, einen Durchmesser von 1½ m oder mehr haben und deren fufsbreite schöne Blüten nicht minder bewundernswert sind. Sie sind beim aufbrechen weifs mit rötlichem Zentrum, am nächsten Tage rosafarben, nach 6—8 Tagen, wenn sie verblüt sind, dunkel violettrot. Die Blätter, deren Nerven zum Teil armsdick werden, tragen Stacheln. Wir trafen sie Ende August in Blüte.

In diesen Rasen von Wasserpflanzen kann man nur vordringen, wenn man mit Messer und Axt sich einen Kanal öffnet. In der Lagoa Mandioré passierte es uns, dafs wir mit dem Dampfer durch eine solche Wiese hindurchfahren wollten, aber nur einige hundert Meter weit eindringen konnten, bis alle Kraft der Maschine nicht mehr hinreichend war, den Widerstand der seilartigen falschen Wurzeln dieser Wasserpflanzen zu überwinden, welche damals mit Blüten übersäet waren, die einen lieblichen Gegensatz bildeten zu dem in ihrer Mitte festgebannten Dampfschiffe.

Nach Dr. Wedell hat der Chaco an der bolivianischen Grenze eine Höhe von über 160 m, und schon zuvor hatte Haenke für die Niederungen von St. Cruz, Chiquitos und Mojos diese geringe Erhebung konstatiert. Dafs ein Teil des südamerikanischen Kontinentes sich in nicht sehr entlegener Zeit aus dem Meere erhoben, ist ein durch die Geologie unbestreitbar festgestelltes Faktum. Leider jedoch ist im ganzen Gebiete von Matto Grosso noch keinerlei Anhaltspunkt zur Beurteilung der betreffenden Periode gewonnen, noch nichts von Fossilien gefunden.

Ein weiterer Beweis dafür sind die *salzigen Seen*, die Flüsse und Lagoas mit brackischem Wasser und die salz- oder salpeterführenden Savannen, in denen das Meeressalz mit schwefelsauren Magnesien und kohlensaurem Natron auf der Oberfläche zu Tage tritt, nicht nur in den Niederungen, sondern auch auf den Höhen, nicht nur in trocknem Terrain, sondern auch in feuchtem an den Ufern der Ströme. Salzig sind auch die Ufer des Paraguay, an denen grofse „salinas" bekannt sind nahe am Olympo, im Chaco, bei Lamharé, bei Assumpção und deren Salz 92 % reines Chlornatrium enthält. In den argentinischen Provinzen Entrerios und Corrientes und in der Republica oriental (Uruguay) ist die Milch der Kühe übermäfsig salzig infolge des Salzgehaltes der Campos. In Matto Grosso sind die sogenannten barreiros, d. h. salzhaltige Länderelen, von den Tieren sehr gesucht und Lieblingsplätze der Jäger für den Anstand auf Tapire, sehr verbreitet. Die Salinas sind ebenso häufig auf dem Hochlande wie in den überschwemmten Ebenen; sie sind zahlreich von Jaurú bis zu den Quellen des Paragahú, wenn nicht darüber hinaus, und nach Süden bis zu dem sumpfigen Campos von Uberaba. Am bemerkenswertesten sind die Salinas von Casalvasco Mercés, Almeida und Jaurú, alle in einer schmalen Zone zwischen dem 15° und 16° südl. Br. Aus der ersteren gewann aus zwei Alqueires Lauge F. Camargo 1783 bei einem flüchtigen Versuche zwei Teller Salz und aus letzterer bereitete 1790 F. L. Diniz viele Alqueiras (alqueira, bras. Hohlmafs = 36,s Liter). Jene der Margem formosa, 14 Leguas Südwest von Cuyabá, gaben so vieles und so gutes Salz, dafs Luiz Pinto sie von Abgaben befreite. Die Kalkhöhlen in der Umgebung von S. Luiz de Caceres, in welchen nach der Menge dort angetroffener Camocis zu schliefsen, die Bororós ihre Nekropolis hatten, sind so reich an Salz, dafs noch 1849 nicht weniger als 100 Arrobas (1 arroba = 15 kg) davon in ihnen gewonnen und den Paraguay hinabgeschickt wurden. Auf der Höhe des Araxá existieren an den Ufern des Xacuruhina so reiche Salinas, dafs sie nach Ric. Franco hinreichend wären, um die Provinz zu versorgen. Selbst von den Quellen des Paraguay sagt Southey, sie seien, wenn auch krystallklar, doch scharf und salzig und bedecken die Umgebung mit einer dicken Kruste, was den Wurzeln der Bäume das Ansehen von Felsen verleihe. Das Gleiche wiederholt sich in der Zone zwischen Taquary und Apa, wo der gröfste Teil der Bäche brackisches Wasser führt.

So ist es wahrscheinlich, dafs dieses enorme Becken zwischen den Anden und dem Hochplateau von Matto Grosso ein Denudationsthal ist, gebildet durch die Gewässer, welche hier existierten und deren Ausflüsse das Erdreich hinweg schwemmten. Die ehemaligen mittelländischen Meere standen unter einander in Zusammenhang und Reste dieser Verbindungskanäle haben D'Orbigny und Wedell (Exp. VI. p. 109) au mehreren Stellen in Bolivia nachgewiesen. Welcher Entwicklung gingen diese Gegenden entgegen, wenn jenes Mittelmeer noch heute bestände! Auch so aber gehört Matto Grosso zu den reichst bewässerten Gebieten der Erde. Sind ihm doch noch geblieben: der Tapajoz und Xingú im Norden, der Araguaya und Tocantins im Osten, der Guaporé, Marmoré und Madeira im Westen, alle dem Könige der Ströme zueilend, und der Paraná und Paraguay im Süden. Man hat vorgeschlagen, die Region zwischen Tapajoz, Xingú und Amazonas in Zukunft Tapajonia zu nennen, Xingutania jene zwischen Xingú, Amazonas und Tocantins und Tapiraquia jene zwischen Arinos und Araguaya. Es sind das reine Luxusnamen, und wäre es dann nötig, doch auch für die bekannteren Regionen entsprechende Bezeichnungen einzuführen, nämlich für das Gebiet zwischen Guaporé, Madeira und Arinos, sowie für das Thal des Paraguay, und müfste dann etwa jenes Parecinia, dieses Paraguania heifsen, wenn dazu ein Bedürfnis vorläge. Die Idee stammt von Agres de Casal, welcher zuerst die Capitania von Matto Grosso einteilte in Cuyabá, Juruhena, Arinos, Tapiraquia, Bororonia und Camapuania, eine Einteilung, welcher dann Candido Mendes noch Cayaponia hinzufügte.

Die ausführliche Schilderung der *Flüsse* von Matto Grosso, welcher das umfangreiche zweite Kapitel der Einleitung gewidmet ist, läfst sich hier nicht reproduzieren. Daher folgende Bemerkungen: Den Paraguay kann man per Dampfer bis Herculanea, Cuyabá, Diamantino und Registro do Jaurú hinauffahren, und im Boot bis zu den äufsersten Quellen des S. Lourenço von Piquiry, bis zum Hafen der alten Fazenda de Camapuam, bis Nival und zu den Quellen des Cuyabá. Sein Verlauf beträgt etwa 2500 km. Der Guaporé und Marmoré sind frei in einer Ausdehnung von 1700 km. Der Madeira, von der durch Stromschnellen gesperrten Strecke am Marmoré in einem Verlaufe von 388 km ab frei, bietet wie der Paraguay von Gahyba abwärts, tiefgehenden Schiffen freien Verkehr für den ganzen weiteren Verlauf bis zur Mündung in den Amazonas in einer Ausdehnung von 1200 km.

Von Interesse ist die historische Entwickelung der Schiffahrt auf dem Araguaya. 1850 wurde Leopoldina gegründet, an der Einmündungsstelle des Santa Maria und bald darauf Januaria, in der Mitte zwischen der Ilha do Bananal und S. João das duas barras. Zwischen beiden Orten wurde 1868 eine Dampferverbindung etabliert durch den Präsidenten Conto de Mogalhães, welcher 1864 den Araguaya in Begleitung des Ingenieurs E. Vallée in einer Strecke von mehr als 2000 km stromabwärts befahren hatte. Dieser energische Mann liefs 1868 als Präsident von Matto Grosso den kleinen Dampfer „Araguaya" zu Lande über eine Strecke von mehr als 600 km schlechtesten Terrains von Cuyabá bis Leopoldina transportieren. So etablierte Magalhães effektiv die Dampfschiffahrt auf dem Araguaya zwischen Leopoldina und Januaria in einer Strecke von nahezu 1000 km, anfangs nur mit dem genannten Dampfer, zu welchem später zwei weitere, der „Mineiro" und der Schlepper „Colombo" hinzukamen.

Ein tragisches Schicksal hatte der Entdecker der Schiffbarkeit des Guaporé, Munoel Felix de Lima, welcher als erster einen Weg zwischen den Hauptstädten von Matto Grosso und Pará auffand. Im Jahre 1742 fuhr Lima mit wenigen Gefährten und drei Sklaven den Guaporé hinab, passierte glücklich die furchtbaren Stromschnellen des Marmoré und Madeira und durchzog unbehelligt die Jagdgründe unzähliger wilder Indianerstämme. Als er glücklich in Belem anlangte, wurde er zum Lohne für die ausgehaltenen Strapazen und die wichtige Entdeckung, welche er gemacht, ins Gefängnis geworfen, wegen Übertretung des Minengesetzes, welches die Reise in die kastilianischen Gebiete verbot. Man konfiszierte ihm und seinen Genossen ihre Habe und schickte ihn mit einigen derselben nach Lissabon. Nach längerer Haft liefs man sie schliefslich frei, wo sie dann jeglicher Mittel entblöfst, den täglichen Unterhalt sich erbetteln mufsten. In diesen guten alten Kolonialzeiten, in denen die Regierung die Entdecker neuer Regionen und Wege verhaftete, behielt der Staat sich das alleinige Recht vor, zu bestimmen, wohin und auf welchem Wege man irgend wohin reisen dürfe. Trotzdem verkannte die portugiesische Regierung nicht den Wert der Entdeckungen Limas und erliefs im November 1752 eine Bestimmung, die freilich erst zwei Jahre später nach Matto Grosso gelangte, wonach der Handel nach Pará auf dem Wege über den Guaporé und Madeira freigegeben wurde, in jeder andern Richtung aber verboten blieb. Seit der Zeit wurde diese Marmoré-Madeiraverbindung oft benutzt, so auch von den Ingenieuren Gebrüder Keller und 1877 von einem Teile der bolivianisch-brasilianischen Grenzkommission, welcher auch der Arzt der Kommission, Dr. Severiano da Fonseca, der Verfasser dieses Werkes angehörte. Diese Reise ist daher auch in dem speziellen Teile des Werkes genauer geschildert.

Zunächst begleiten wir den Verfasser auf folgender Rundschau über die *Produkte* von Matto Grosso. Es ist wohl kaum zu sagen, welche unter den Provinzen des Kaiserreiches die reichste sei an

natürlichen Hülfsmitteln, sicher aber gehört Matto Grosso zu den
begünstigtsten, wenn sie nicht den ersten Rang einnimmt. Im Herzen
des südamerikanischen Kontinents gelegen, das Quellgebiet der
gröfsten Ströme der Welt, überraschte Matto Grosso schon die ersten
Besucher durch den Reichtum an offen zu Tage tretenden Mineralien.
Der ganze westliche Abfall des Parecis zeigte überall, wo eine Quelle
erschien, den überraschten Augen der Abenteurer Schätze. Die
Anziehungskraft des Goldes liefs zahllose Gebäude, Ortschaften,
Fabriken u. a. an den Bächen und Flüssen entstehen. In dem
Quellgebiet des Candeias und Jamary explorierten die Jesuiten von
Madeira goldhaltiges Terrain, aus dem sie grofse Schätze erlangt
haben sollen. An vielen Stellen wurden auch Diamanten gefunden.
Die goldhaltigen Ländereien des oberen Paraguay von Diamantino,
Coxim u. a. wurden dem Minenbetrieb entzogen durch Regierungs-
verbot, weil sich in ihnen grofse Mengen jener wertvollen Steine
vorfanden. Zahlreiche Flüsse und Bäche tragen den Namen von
Gold oder Diamanten.

Auch die Entstehungsgeschichte der Stadt Cuyabá weist hierauf
hin. Miguel Subtil sammelte am ersten Tage eine halbe Arroba
Gold und sein Gefährte 400 Oktaven in diesen Minen, welche binnen
einem Monate 400 Arrobas (à 15 Kilo) lieferten. Auch heute noch
kann man ohne Mühe und Arbeit Gold in den Strafsen und Höfen
finden, zumal nach Regen. Als 1875 das 5. Bataillon an der Prainha
lagerte, machten sich die Soldaten ihre Herde, indem sie leichte
Gruben aushoben. Als dann ein starker Regen kam, wusch er die
Asche aus und liefs Gold zurück, das schon nicht als Flitterwerk,
sondern als kleine Barren zu bezeichnen war. Ich sah einige derselben
von 4—6 Oktaven Gewicht, doch gab es auch gröfsere.

Diamanten hat man in reichen Lagern im Diamantino, Burytisal
u. a. Quellflüssen oder Bächen des Paraguay, aber auch an vielen
anderen Orten gefunden. Während aber von den Goldminen der
Staat eine Abgabe von einem Fünftel beanspruchte, reservierte er
sich das Recht der Ausbeutung der Diamantminen ganz und gar,
und verbot deren Ausbeutung unter Androhung der schwersten
Strafen. Auf diese Weise mufsten sehr viele reiche Goldminen
verlassen werden, weil sich auch Diamanten in ihnen vorfanden. So
wurden die Minen von Diamantino den Goldsuchern verboten, als
1748 bei der Vermessung Diamanten gefunden wurden und erst
1805 wurde dieses Verbot zurückgezogen. Jene Regionen sind so
reich, dafs vor wenigen Jahren J. P. Antunes dort sich in wenigen
Tagen ein Vermögen von 200 Contos (etwa ℳ 360 000) machte.

Burytisal, unterhalb des Diamantino, ist heute ein verlassener

Ort, wie fast alle älteren Ansiedelungen der Provinz, die Ziegeldächer weisen aber noch auf die ehemalige Bedeutung hin. Die wenigen Bewohner verbringen ihre Tage in träger Sorglosigkeit, nur dann arbeitend, wenn die Not sie zwingt. Diese Arbeit besteht in der Suche nach Diamanten, welche sie vom Grunde des Flusses heraufholen. Zu diesem Zwecke gehen immer zwei Genossen mit einem baquité. Dies ist ein Korb, den die Indianerinnen umgehängt tragen; er wird an einer Schnur befestigt, welche der eine der beiden Gefährten festhält, wogegen der andre mit dem Korbe untertaucht und ihn mit Sand und Kies füllt, worauf ihn der andre zurückzieht und ausleert. Nachdem dieses Verfahren ein halb Dutzend Mal wiederholt ist, waschen sie den Sand aus und das Ergebnis ist immer hinreichend, um ihnen zu gestatten, eine oder zwei Wochen mit Trinken und Violaspielen in Jubel zu verbringen. Für die Aufforderung zu dieser Fischerei gebrauchen sie den Ausdruck biguar von bigua, einem Taucher (Carbo brasilianus), welcher untertaucht, um kleine Fische zu fangen.

Eisen ist überall in Matto Grosso auch in der Nähe der grofsen Flufsstrafsen so gemein, dafs es mit gröfster Leichtigkeit exploriert werden kann. An den meisten Stellen erscheint es als Oligist, dem reichsten der Eisenminerale. Die Analyse desjenigen von den Bergen Jacadigo und Piraputangas, zwischen Corumbá und Albuquerque ergab 69 %, den höchsten bisher erreichten Satz. Man trifft es nicht nur im krystallinischen Zustande, zumal in Form des Brasilien eigentümlichen und daselbst entdeckten Oktander, sondern auch in Konkretionen und in erdiger Form. Ebenso stöfst man darauf in sumpfigen Gegenden, als Limonat. In der Lagoa Uberaba, auf der Insel, welche Brasilien und Bolivien zusammengehört, und auf welcher die Kommission 1876 die Grenzmarken setzte, ist Eisen in solchen Mengen vorhanden, dafs die Bussolen unbrauchbar waren und die Arbeiter aus den Kieseln nicht in gewohnter Weise beim Abkochen Dreifüfse zusammenstellen konnten, weil die Hitze die Steine zersprengte, dafs die Splitter unter lautem Krachen weit umhergeschleudert wurden.

Kupferminen giebt es in Matto Grosso am Jaurú und Araguaya, ebenso wird Silber gefunden, wie auch Platin und Palladium. Ferner hat man Achate, Kalksteine, Marmor, Gyps und Kaolin angetroffen.

Überreich ist Matto Grosso an allen Arten nutzbarer Vegetabilien. Alle Exportartikel des Kaiserreiches gedeihen hier, einschliefslich des Kaffees. Man könnte sagen, dafs es in Brasilien keinen ganz undankbaren Boden giebt. Selbst die Sümpfe des Paraguay könnten zu einer Quelle des Wohlstandes werden, wenn man den Reis dort kultivierte, welcher dort spontan wächst, und dessen Ertrag einen Teil der Nahrung der indolenten wilden und halbwilden Stämme bildet, welche an den Ufern der Ströme und Seen leben. Auch Baumwolle giebt ohne alle Pflege reichen Ertrag.

Das Zuckerrohr leistet Wunder, wie sie die Plantagen des Nordens nie aufwiesen, indem die beschnittenen Stöcke 10—20 Jahre lang immer von neuem wieder stark zuckerhaltige Triebe nachwachsen lassen, von den 30—40 Jahren Dauer, welche ihnen manche Pflanzer geben, ganz zu geschweigen. Man hat guten Grund zur Annahme, dafs diese Pflanze in der Provinz einheimisch sei. Es wird versichert, dafs bald nach Begründung von Cuyabá man Zuckerrohr in der Ansiedelungen der Indianer am S. Lourenço (1728) getroffen hat. Seit 1768 wird Zucker in der Provinz produziert. Tabak und Mandiok gedeihen vortrefflich, ebenso cará, inhame und batatas. Der Mate, der caa-mi, der Guarany, ist verbreitet in den fruchtbarsten Distrikten von Miranda, Nival.

Die Ipecacuanha ist fast nur in Matto Grosso einheimisch. Ihr bevorzugter Standort sind die Ländereien an den Bächen im Westen der Provinz, zumal den Quellflüssen des Guaporé und des Paraguay bis zum Jaurú. An den Ufern dieses Flusses und des Cabaçal wird der gröfste Teil der Ipecacuanha gesammelt, welche auf den Weltmarkt gelangt. Die Laubwälder, welche diese Flüsse begleiten, heifsen mattas da poaya (Poayawälder), weil in ihrem schützenden Schatten diese wertvolle Medizinalpflanze ganz besonders üppig gedeiht. Als weitere offizinelle Pflanzen jener Gegend sind zu erwähnen Vanille, China, Japecanga und Sassaparilha, Jalapa, Jaborandy, Drachenblut, Copaiva, Bicuiba und andre Ölpflanzen, ferner Angico, páo-santu, Caroba, cainca, jatobá und viele andre. Die Vanille umschlingt starke Bäume und besonders Palmen, zumal in den Uferwaldungen des Guaporé, Marmoré und Madeira. China und Barbatimão, timbó de arvore und die Mangaba, so angenehm durch das Aroma ihrer Frucht, wie nützlich durch ihren Gummi, trifft man in niederen Terrains mit thonigem Boden. Von der China existieren mehrere Arten, alle brauchbar, aber nicht von der besten Qualität. Am häufigsten sind die roten Arten varicosa und nitida, sowie Chinchona lancifolia und microphila. Häufig sind an den Flufsufern auch Sassaparilha, Cacao, cravo (Nelken) und Gummibäume, Seringueiras und Tocary, von denen letztere sich hoch über die Gipfel der übrigen Bäume erheben, der Landschaft einen besonderen Charakterzug verleihend.

Zum Unglück für Matto Grosso wird sein riesiges Territorium, das noch so wenig erforscht ist, auch wenig ausgebeutet, besonders wegen der Stromschnellen der Flüsse, aber man weifs, dafs in vom oberen Madeira alljährlich eine Summe von 5—6 Contos d. R. (à etwa 1800 ℳ.) dem Provinzialrentamte von Amazonas zugebt, welche Provinz thatsächlich dieses Gebiet von Matto Grosso verwaltet. Es läfst sich denken, dafs bei so reicher Vegetation die Waldungen von Matto Grosso mit dem Besten gesegnet sind, was Brasilien an Nutzhölzern besitzt. Unter der grofsen Menge derselben seien nur genannt: Jacarandá, Vinhatico, Guatambú, Guarabú, Páo santo (Guayaco), Arocira, Cedro, Anjico, Páo d'arco u. a. und im Nordosten das Brasilholz. Am Ufer des Paraguay freilich sieht man infolge der unsinnigen Waldverwüstung der Holzfäller kaum noch eine oder die andre Jacarandá, Vinhatico u. a., welche im wesentlichen verschwunden sind, um als Heizmaterial für die Dampfer zu dienen, welche den Flufs befahren, ein wertvolles Material, dessen Seltenheit man jetzt besonders in der Blütenzeit von Juli bis September erkennt, wo diese Bäume das dunkle Grün des Waldes mit enormen Blütensträufsen zieren, die prachtvoll in weifs, gelb, rot oder violett strahlen. Wenn die durch gleiche Blütenpracht ausgezeichneten Ipés, sowie peuwas (= Cabriuvas? v. Jh.) noch häufiger sind, so liegt das nicht daran, weil sie minder gutes Brennholz abgeben, sondern weil sie die Axt stumpf machen und den Arm des Holzhauers ermüden.

Bei dieser Gelegenheit kann ich meine Verwunderung darüber nicht unterdrücken, dafs die Provinz so gleichgültig diesen verheerenden mafslosen Waldverwüstungen zuschaut. So viel ich weifs, wiewohl ich dessen nicht sicher bin, sind die wertvollen Nutzhölzer, die madeiras de lei (Gesetz) Eigentum der Nation, ja einige derselben darf niemand, auch nicht auf eignem Grund und Boden, fällen, ohne dazu eine besondere Konzession erbeten zu haben, in der Zahl und Beschaffenheit der Stämme, welche er umhauen will, genau angegeben sein mufs. Das Zirkular des Marineministeriums vom 5. Februar 1858 verbietet folgende Baumsorten zu fällen: peroba, sacupira, pequiá, jaguaré, cedro-batata oder angelim do Pará, peroba branca, potamujú, itanba do Pará u. a., und wenn von vielen andern geschätzten und zum Teil wertvolleren Holzarten darin nicht die Rede ist, unterblieb das wahrscheinlich nur, weil es bereits durch ein andres Gesetz geschah.

Es ist kaum zu glauben, dafs obwohl die Dampfschiffahrt der Provinz schon so lange besteht, die betreffenden Kompanien noch keine Steinkohlendepots haben und keinerlei Vorkehrung dazu treffen. So brennen sie die wertvollsten Holzarten weg und wenn diese erschöpft sein werden, wird man zu den minderwertigen greifen, bis schliefslich die Not sie doch zur Steinkohle greifen läfst. Hier aber heifst es: eher spät als niemals. Rette man jetzt wenigstens diese

feinen Hölzer, die dann später als Fracht mit denselben Dampfern
stromab gehen können, welche jetzt mit Jacarandá, Cedro u. a.
ihre Kessel heizen. Die Dampfschiffahrt, sowie sie jetzt betrieben
wird, schadet der Provinz mehr als sie ihr nützt. Die Kompanie
verfügt nur über drei kleine, fast jeder Bequemlichkeit bare Dampfer,
von denen einer, der „Coxipó" nicht einmal Kajüten hat. Und diese
werden noch bei niederem Wasserstande durch Böte ersetzt, welche
den Rest der Reise von Santo Antonio bis Cuyabá zurücklegen.
Dabei ist aber diese Gesellschaft seit langen Jahren in weitgehendem
Mafse subventioniert. Es liegt keinerlei Grund vor zu dulden, dafs
diese Gesellschaft unter solchen Umständen noch weiter die natürlichen Hilfsquellen der Provinz erschöpfe.

Trotz so günstiger Vorbedingungen läfst sich leider nicht ver-
kennen, dafs in wirtschaftlicher Hinsicht Matto Grosso stationär
bleibt, ja eher rückwärts geht. Von ihren Produkten ist nichts auf
dem Weltmarkte bekannt als seine Ipecacuanha, einige als Geschenke
versandte Tigerhäute und einige Vanilleschoten, die zwar von guter
Qualität, aber so schlecht präpariert sind, dafs sie wenig geschätzt
sein können. Diese Misère in der Produktion von Matto Grosso
trat nirgends deutlicher zu Tage als auf der Ausstellung in Phila-
delphia. Selbst die durch gröfste Schwierigkeiten im Transporte
zurückgehaltene Provinz Goyaz stellte gute Lederarbeiten, vortrefflichen Tabak, Spitzen, Hängematten, Droguen und wertvolle
Mineralien aus.

In Matto Grosso kennen die gröfseren Grundbesitzer keine
andre Quelle des Reichtums als die *Viehzucht*. Das Rind wurde
in der Provinz 1730 eingeführt, hatte sich aber schon nach zehn
Jahren ebenso stark vermehrt wie in den Campos des Südens.
Diese Viehzucht ist deshalb so bequem, weil sie dem Besitzer keine
andre Arbeit verursacht, als das Vieh auf seine weiten Campos
und angrenzenden Ländereien loszulassen. Man weifs weder für
Futter zu sorgen, wenn dieses mangelt, noch für Wasser, wenn es
an Stellen zur Tränke fehlt, obwohl es an vielen Stellen leicht
wäre dafür zu sorgen, dafs durch Kanalisation das Vieh auch zur
Zeit der Dürre Wasser hätte; statt dessen verlaufen sich die Heerden
in die Wälder oder nach barreiros und können nur mit Mühe und
nur teilweise wieder aufgefunden und zurücktransportiert werden.

Vor einigen Jahren freilich existierte im Delta des Taquany eine
Fazenda, welche ein Musteretablissement für die ganze Provinz zu
werden versprach. Ihr Besitzer, jung, intelligent und unternehmend,
that alles zu ihrer Hebung. Neben gut bepflanzten Campos existierten
weite Luzernefelder und das Vieh brauchte nicht meilenweit nach

Wasser zu laufen, da Brunnen und Kanäle es dieser Mühe entheben. Mit Stolz sah der junge Mann seinen Viehstand gedeihen, wie auch seine Gärten, Obstpflanzungen u. a. und er stand im Begriff, die alte Lehmhütte durch ein solides komfortabeles Haus zu ersetzen. Da setzte das Messer des Meuchelmörders dem Leben dieses schaffensfreudigen Mannes ein Ziel, welcher seiner Provinz sehr fehlen wird, für die er ein Sporn und eine Garantie des Fortschrittes hätte werden müssen. Mit dem Tode des Baronete, im Juni 1876, verfiel auch die Fazenda Palmeira und sank rasch auf das Niveau der übrigen hinab. Gegenwärtig exportiert Matto Grosso nicht einmal Häute mehr. Es gab Zeiten, in denen für jede Ochsenhaut 7 Milreis und mehr erlöst wurde. Kurzsichtige Gewinnsucht, welche nur an das heute, nicht auch an das morgen denkt, bewirkte die Vereinsamung der Campos, deren Viehstand schon von den Paraguayern war verwüstet worden. Selbst trächtige Kühe tötete man, nur um der Haut willen -- und es waren Fazendeiros, welche so handelten! Natürlich blieb nicht aus was kommen mufste. Die Fazenden verarmten, auf einigen wurde der Viehstand gänzlich ausgerottet. Der jährliche Konsum der Provinz beläuft sich, von Dörrfleisch abgesehen, auf 15 bis 16,000 Stück Rindvieh. Der Handel mit Schlachtvieh nach Rio de Janeiro und Minas hat fast ganz aufgehört, von einigen gröfseren Viehzüchtern abgesehen, welche etwa alle zwei Jahre 5 bis 6000 Stück Rindvieh exportieren.

Der Staat hat eine gröfsere Anzahl von Fazenden, fast alle in den besten Lagen der Provinz und schon zur Zeit der Kolonialherrschaft ausgewählt. Dieselben haben vortreffliche Campos mit gutem Wasser und reiche Waldungen. So z. B. besitzen diejenigen von Casalvasco und Salinas die schönsten Wiesen, die ich gesehen habe, weit und völlig eben. In früheren Zeiten versorgten diese Domänen fast halb Brasilien mit Schlachtvieh, von Bahia bis San Paulo. Heute sind sie verlassen; das Vieh hat sich in die Wälder verlaufen oder nach den Estanzien, welche die Bolivianer nahe an der Grenze etablierten, und deren Campos eine besondere Anziehungskraft auf das Vieh ausüben, weil sie regelmäfsig gebrannt werden, um den grofsen nachwachsenden Trieben Raum zu schaffen, oder endlich auf die Estanzien der Provinz selbst, deren Besitzer wie selbstverständlich jedes Stück Vieh, das sie ohne Marke antreffen, als ihr Eigentum ansehen.

Welche enorme Verluste hat Matto Grosso erlitten seit dem Eingehen des Betriebes dieser Domänen, und wie leicht liefse sich das wieder ändern¹)! Die Nachlässigkeit auf den Domänen geht noch über jene auf den Estanzien der Privatpersonen hinaus und dient ohne Zweifel auch letzteren als Beispiel!

Als letzter Abschnitt des allgemeinen Teiles schliefst sich endlich eine Schilderung der *sanitären Verhältnisse* und des Klimas von Matto Grosso an, deren wesentlichster Inhalt im folgenden noch mitgeteilt sei.

Wenn das Klima von Matto Grosso vielfach als ungesund und ungastlich geschildert wird, so ist das wohl nicht ganz zutreffend. Aus zwei grofsen Gebieten, dem Hochlande und der Tiefebene bestehend, hat die Provinz je nach Lage und Bodenbeschaffenheit in den verschiedenen Gegenden ganz verschiedenartige Gesundheitsbedingungen. Die trockne Luft, die im Verhältnis zur Tiefebene etwas niedrigere Temperatur und reines gesundes Wasser machen das Klima des Hochlandes zu einem schon nicht einfach gesunden, sondern überaus gesunden, indem endemische Krankheiten fast gänzlich unbekannt sind und Epidemien selten auftreten. Da nun aber diese Hochlandsregion etwa ⅔ des ganzen Territoriums der Provinz einnimmt, so darf man das Klima von Matto Grosso nicht nach jenen des letzten Drittel, d. h. der sumpfigen oft überschwemmten Tiefebene beurteilen, indem eine dichte, schwere von Fieberkeimen geschwängerte Luft freilich keine günstigen Bedingungen schafft. Wenn dies gleichwohl so häufig geschah, so liegt die Erklärung nahe. Liegen doch die Ortschaften gröfstenteils in dieser Region, wie auch in ihr sich die Hauptstrafsen des Landes, die schiffbaren Flüsse, befinden.

Dafs in solchen feuchten heifsen Sumpfniederungen auch die Neigung zu Sumpffiebern vorherrscht ist begreiflich, aber keine Besonderheit von Matto Grosso, sondern kehrt unter gleichen Bedingungen fast in der ganzen Welt wieder. Man braucht nur an den Nil und den Ganges und den Mississippi zu denken, ja selbst die Rhone, Maas, Seine und der Rhein waren früher ungesund, ehe

---

¹) Der Erwerb solcher oder andrer zur Viehzucht in grofsem Mafsstabe geeigneter Güter bildet, wie mir scheint, neben dem Mineralreichtume des Landes das einzige, was nach Matto Grosso europäisches Kapital und Unternehmungslust locken könnte. Nur von solcher Einwanderung würde man eine Besserung und den Anstofs zum wirtschaftlichen Aufschwunge erhoffen können, für den meiner Ansicht nach S. da Fonseca verfehlterweise an die Regierung appelliert. Man sieht wie in Paraguay europäisches Kapital zum Viehzuchtsbetriebe an und die Folgen werden nicht ausbleiben!

der Mensch korrigierend eingegriffen. Wie viel mehr erst an den Strömen der heifsen Zone, wo eine überreiche Wasserflora weite Strecken der Ströme bedeckt und stellenweise das Wasser völlig unter einem Teppich von Grün verbirgt, wo Myriaden von Fischen und Amphibien, die während der Überschwemmung eindrangen, in der Zeit der Dürre und Stagnation verkommen und verfaulen, und selbst die Rasen von trocken gelegten Wasserpflanzen vermodernd die Luft verpesten. So ist ein perennierender Herd von miasmatischen Fiebern und Ansteckungen gegeben, zumal wenn im Sommer die übermafsige Hitze alle diese Prozesse begünstigt und beschleunigt.

Ohne Zweifel kann in diesen Regionen der Mensch nicht gesund bleiben, wenn er sie nicht einigermafsen den Bedürfnissen seines Wohnortes angemessen umgestaltet, was freilich nur da zu erreichen ist, wo er nicht in einzelnen weit entfernten Gruppen, sondern in Masse auftritt. Es rächt sich schwer, wenn er auch unter solchen Umständen nichts unternimmt zur Verbesserung der sanitären Verhältnisse. Wenn die ehemalige Hauptstadt der Generalkapitäne, das blühende Villa Bella heute zu der verkommenden Stadt Matto Grosso herabgesunken ist und der pestbringenden Umgebung erliegt, so geschicht das nur, weil die Bewohner niemals der Verbesserung des Bodens die Anstrengungen widmeten, die sie bei seiner Umkehr in der Goldsuche aufwendeten. Im Gegenteil schufen sie beim Durchwühlen des Erdreiches neue Pfützen und Kotlachen, thaten nichts, um der Überschwemmung Halt zu bieten oder stehendem Wasser Abflufs zu schaffen.

Kein Wunder daher, dafs diese Stadt einen so schlechten Ruf geniefst, der noch immer schlimmer sich gestaltet angesichts der Lebensweise, der schlechten Ernährung und den Mifsbräuchen aller Art, welchen sich die Bewohner hingeben. Hierhin gehören die häufigen Bäder während der ärgsten Sonnenhitze, in oft schlammigem heifsem Wasser, und ohne alle Rücksichten auf ihren jeweiligen Zustand, z. B. nach den Mahlzeiten oder abgearbeitet und in Schweifs. Derartige Mifsbräuche sind allen verständigen Leuten aufgefallen, welche die Provinz bereisten, und schon 1797 von dem gelehrten Naturforscher Dr. Alexandro Rodriguez Ferreira in seiner kleinen Schrift „enfermidades endemicas da capitania de Matto Grosso" getadelt worden, einem Forscher, dessen Autorität man besonders hochstellen mufs, nicht nur wegen seiner Erfahrung und guten Beobachtungsgabe, sondern auch weil er der erste und vielleicht einzige war, der über dieses Thema schrieb.

Es wäre offenbar absurd das Klima verantwortlich zu machen für Krankheiten, welche der Mensch provoziert und welche überall

auftreten werden, wo die Bewohner in ihrer Lebensweise keinerlei
Rücksicht nehmen auf die Besonderheiten des Klimas. Diese
Erwägungen machen auch im Gegenteil geneigt zu der Annahme,
dafs die Malaria hier viel milder auftritt, als man erwarten dürfte.
Die wenigen Bewohner, die man in weiten Abständen den Flüssen
entlang auf den höheren Uferpartien wohnen findet, tragen zwar
grofsenteils Spuren, wo nicht klare Anzeichen von Malarialeiden,
aber gleichwohl sind die fast ausschliefslich vorkommenden Tertianas
von sporadischem Charakter, trotz der zu solchen Erkrankungen
disponierenden Unregelmäfsigkeiten in der Lebensweise. Wenn selbst
in den Städten die Subsistenzmittel oft knapp sind, wie viel mehr
bei diesen Bewohnern, welche der Jagd und Fischerei fast ausschliefslich ihre Nahrung verdanken, die nur durch den wilden Reis
ergänzt wird, welchen die Sümpfe freiwillig und reichlich erzeugen,
sowie bisweilen durch Farinha, Mais und Bohnen, aber nicht einmal
stets Salz. Hierzu liefern dann noch die Wälder, besonders im
Sommer, eine reiche Auswahl wilden Obstes. Dieses Volk verbringt
fast den ganzen Tag über auf dem Wasser, mehr aus Gewohnheit
wie aus Bedürfnis fischend, den versengenden Strahlen der Sonne
preisgegeben, deren Glut sie sich durch häufige Bäder zu entziehen
trachten. Unter solchen Umständen mufs man sich weniger über
das Auftreten als über die geringe Heftigkeit der Malariaerkrankungen
wundern.

Natürlich sind es die Fremden resp. Neuangekommenen, welche
dem Intermittens den gröfsten Tribut entrichten. Trotzdem haben
wir dutzende von Malen diese Regionen durchkreuzt, in ihr Wochen
und Monate geweilt, ohne wesentlich dadurch behelligt worden zu
sein. Unsre regelmäfsige und kräftige Ernährung, unsre Gewohnheit, das Trinkwasser nicht aus Flüssen oder Sümpfen, sondern
aus kleinen Bächen oder Brunnen zu schöpfen, die beständige
Thätigkeit, der Genufs von Kaffee und Spirituosen, das Baden während
der kühlen Tageszeit, besonders in der Morgendämmerung — das
alles scheinen verständige und zweckmäfsige Mittel gewesen zu sein,
um uns vor miasmatischer Ansteckung zu bewahren. Und dabei
verbrachte man doch, sobald es der Dienst mit sich brachte, oft
lange Zeit im Wasser und weilte unter den Strahlen einer glühenden
Sonne 6, 8 und mehr Stunden auf dem Wasser, wie z. B. im Mandioré,
als wir die festgefahrenen Dampfbarkassen frei machten, oder zu
Boot in der Region der Stromschnellen des Madeira, wo die Bemannung der Fahrzeuge grofsenteils im Wasser arbeiten mufste,
um diese an schlechten Stellen vor dem Aufstofsen zu bewahren.
Wenn irgend ein Fieberangriff oder irgend ein Unwohlsein, das man

auf Malaria beziehen konnte, sich zeigte, so genügte zur Beseitigung regelmäfsig eine kleine Dosis Chinin, eine Tasse Kaffee oder ein Schluck Branntwein. Und unsre Begleitmannschaft war nicht etwa klein. Als wir den Guaporé hinabfuhren, waren wir einige 90 Personen, und auf den Märschen in den Waldungen an der Grenze von Bolivien waren es ihrer mit Soldaten, Arbeitern, Aufsehern, Knechten und den dieselben begleitenden Weibern nicht weniger als 200.

In diesen Gegenden ist die Ernährung der Bevölkerung nicht nur eine schlechte und ungenügende, sondern auch zu unregelmäfsige. Oft fehlt das Salz und manche Leute ziehen selbst eine Verdauungsstörung dem Verdrufs vor, einen reichen Ertrag der Jagd oder Fischerei nicht bewältigen zu können. So essen sie, wenn sie etwas haben, und wenn reichliche Nahrung da ist, oft unmäfsig. Da sie wissen, dafs Spirituosen bis zu einem gewissen Grade den schädlichen Einflüssen des Klimas entgegenwirken, so trachten sie nach diesen, aus dem Gebrauche aber wird Mifsbrauch und mit solchen Exzessen ruinieren sie den geschwächten Körper immer mehr.

Besonders ungesund ist die Luft in den Waldungen der niederen sumpfigen Gegenden, in welche die Sonne nicht trocknend eindringt und die Hitze deshalb doch nicht geringer ist. In den berühmten Ipecacuanhawäldern (mattas da poaya) an den Ufern des Jaurú, Cabaçal, Sipotuba und andrer Quellflüsse des Paraguay verweilen die Droguensammler nur kurze Zeit, weil sie zu rasch erkranken, trotzdem diese Wälder nicht alle überschwemmt werden. Die Ausdünstungen des Bodens in Verbindung mit jenen der Brechwurzeln ziehen jenen, die sich zum ersten Male der Arbeit widmen, Magenbeschwerden zu, ähnlich denjenigen, die das Tabakrauchen anfangs erzeugt. Es ist da eine Spezialneurose, mit Kopfweh, Erbrechen, Dyspepsie, wozu sich oft periodische Fieber und sonstige Beschwerden gesellen, welche an Ergitismus oder Bleivergiftung erinnernd, als eine besondere Form der Vergiftung anzusehen ist und zwar durch Ematin, weshalb ich sie in einer kleinen, der K. Akademie der Medizin vorgelegten Abhandlung, als Emetismus oder mal cephelico bezeichnet habe.

Es ist wohl unnötig, besonders darauf hinzuweisen, dafs diese Symptome nicht immer sich steigern, sondern gewöhnlich sich in dem Mafse verringern, als das Individuum sich an die neuen Lebensbedingungen gewöhnt, auch hierin dem Raucher gleichend, der ebenfalls nur im Anfange unter den Symptomen der Nikotinvergiftung leidet. Von den Phlegmasien des Sumpftypus können in den Tiefebenen der Provinz als vorherrschend angesehen werden Unterleibsleiden und Erkrankungen der Lymphgefäfse, und zwar in jeder

·Jahreszeit, wogegen Krankheiten des Respirationsapparates und rheumatische Affektionen im Sommer vorherrschen. Hieran tragen zumeist plötzliche Witterungswechsel die Schuld, wenn auf eine Hitze von 30—34° C. unvermittelt eine Temperaturerniedrigung von 20° und darüber erfolgt. Die Bronchiten, Pneumonien und Pleuriten sind dann um so gefährlicher, als sie die Leute gänzlich überraschend mit dem unerwarteten Eintritte der Kälte befallen. Tuberkulose dagegen ist nicht häufig genug, um unter den vorherrschenden Krankheiten der Provinz aufgeführt zu werden. Leberkrankheiten, Nierenleiden, Dysenterien u. a. und Syphilis sind zu allen Jahreszeiten die Krankheiten, welche dem klinischen Studium am regelmäfsigsten entgegentreten.

Häufig nehmen die „phlegmasias palustres" einen bösartigen Typus an und gehen in Typhoide über. Ich mufs hier nochmals auf das zitierte Werk des bahianer Naturforschers vom Jahre 1797 zurückkommen, da es einiges enthält, was man in jener Zeit nicht erwartet hätte, nämlich über den vomito preto („schwarzes Erbrechen" im gelben Fieber? v. Ihr.) und über Thermoskopie bei fieberhaften Erkrankungen. Unter den Heilmitteln bespricht er eine aus dem Magen einer Eidechse (lugarto) Senemby gewonnene Arznei, welcher die Empiriker besondere Kraft zuschreiben. Über Messung der Blutwärme sagt er: „Ein unfehlbares Mittel, um das Fieber zu erkennen, ist die Anwendung des Thermometers am menschlichen Körper, in den man es auf wenig mehr als eine Viertelstunde einführt. Sicher ist, dafs der Puls in den Fiebern immer 75 Schläge in der Minute übersteigt, wenn die Temperatur über 80° F. steigt." So gehört Dr. Alexander Rodriguez Ferreira zu den ersten, welche die Bedeutung der Temperaturmessung beim Studium der Fieber klar erkannten. Wenn auch schon 1720 Boerhave die Idee der medizinischen Thermoskopie erörterte, so war es doch Currie, der sie (1801) praktisch für das Studium der Fieber verwertete und erst 1837 wurde das Thermometer durch Bouillaud in die Krankensäle eingeführt. Das Verdienst des gelehrten bahianer Naturforschers ist um so höher anzuschlagen, als er nicht einmal Arzt von Profession war.

Von exanthematischen Krankheiten waren Masern (sarampão) und Röteln (roseola) die einzigen, welche man lange Zeit hindurch in der Provinz kannte. Erstere grassierten mehrmals mit grofser Heftigkeit. Nach Dr. Alexander erschienen sie zum ersten Male im September 1789 in Villa Bella, und zwar so heftig, dafs sie 201 Personen töteten (154 Männer und 47 Frauen) in einer Bevölkerung von 2733 Seelen. Im folgenden Jahre trat die Epidemie von neuem auf und erlagen ihr 169 Personen, darunter 59 Weiber. Die dritte Epidemie folgte 1813 u. s. w. Es ist bemerkenswert, dafs das portugiesische Wort sarampo aus dem quichua-Worte qualampa zu stammen scheint.

Die Blattern waren in Matto Grosso unbekannt bis zum Jahre 1867. Zwar waren schon öfters Blatternkranke nach der Provinz gekommen, ohne jedoch Ansteckungen zur Folge gehabt zu haben. In jenem Jahre aber entwickelte sich eine Epidemie in Corumbá und verbreitete sich rasch nach Cuyabá und den andern Orten, mit Ausnahme nur von S. Luiz de Caceres, wo eine strenge Quarantäne durchgeführt wurde. Flüchtlinge verbreiteten die Krankheit weit; nicht nur zu den halbzivilisierten Indinnern kam sie, selbst zu den wilden, aufser allem Kontakt mit der Kultur stehenden. Es ist das eine höchst merkwürdige, wohl zu beachtende Thatsache, dafs diese Verbreitung der Epidemien weit über die Grenzen des Kulturund Verkehrseinflusses hinausgeht. Schon bei der Masernepidemie von 1789 sah man diese Krankheit die Haustiere, Vögel wie Säugetiere, mit derselben Intensität töten, wie man auf den Campos und in den Wäldern die Wirkung der Epidemie erkannte an der grofsen Menge Leichname von Rehen, Tapiren, Tigern, Krokodilen, Tujutujús und Reihern. Die gleiche aufserordentliche Thatsache beobachtete man 1867 in bezug auf die Blattern. (An der Richtigkeit dieser Angaben zweifle ich um so weniger, als ich selbst ähnliches beobachtete, wie z. B. die Erkrankung eines im Hause gehaltenen Affen, cebus fatuellus, anläfslich der Masernerkraukung der Kinder. Das sonst so mutwillige Tier safs mehrere Tage still und traurig mit geschwollenem Gesichte in seinem Winkel, ohne Nahrung zu sich zu nehmen. v. Ihr.)

Fast alle Reisenden berichten über eine in Matto Grosso vorkommende Entero-proctitis, welche zu allgemeiner Dyskresie führt und zu einer aufserordentlichen Erschlaffung des Sphinkter. Man nennt sie maculo oder corrupção (Verderbnis), in den La Platastaaten aber el bicho. Sie soll auch in Dänemark bekannt sein. (? v. Ihr.) *Castelnau* bespricht sie ausführlich, mir selbst kam kein Fall davon zu Gesicht. Als Symptome werden genannt: venöse Stauung in der Rectalschleimhaut, Diarrhöen, Fieber, Somnolenz. Die charakteristische Dilatation des Sphincter ani steigt bisweilen auf 8—10 cm des Durchmessers. Gewöhnlich erscheint die Krankheit im Gefolge intermittierender oder bösartiger Fieber. Man giebt innerlich Genciana, China u. a., aufserlich Klystiere von Ipecacuanha, China u. a., sowie vom Infusum der deshalb\*) auch Herva do bicho genannten Acatoya. Ferner verwendet man aus Charpie gerollte Suppositorien, welche in Pfeffer, Calomel, Schnupftabak u. a. gerollt werden. Der Maculo befällt vorzugsweise Neger und Indianer, zumal schmutzige. In den übrigen Teilen Brasiliens war die Krankheit nur zur Zeit des Negerhandels bekannt, zumal bei neuangekommenen Sklaven.

Ein dem Hochland eigentümliches Leiden ist der Kropf (bocio). Er findet sich häufig in jenem ganzen zentralbrasilianischen Hochlande, das vom Tocantins über Goyaz und Minas bis S. Paulo und Paraná reicht, und auch in die Republik Paraguay hineinreicht. Anfangs ist er durch innerlichen Jodgebrauch heilbar.

Schon eine geringe Bodenerhebung übt in Matto Grosso in bezug auf die Sumpffieber einen bedeutenden Einfluſs aus. Corumbá z. B. liegt inmitten der als periodischer See von Xarayés bekannten Überschwemmungsebene des Paraguay, aber etwa 30—35 m höher, hat daher ein sehr gesundes Klima und ist frei von bösartigen Fiebern. 1875 wurde die Stadt von 5000 Menschen bewohnt. Es gab keine Bettler und die Mortalitätslisten verzeichneten nicht mehr als 5—6 Todesfälle monatlich. Als aber die brasilianischen Okkupationstruppen aus Paraguay zurückgezogen wurden, folgten denselben nach Matto Grosso Hunderte von Paraguayern, die von ihnen ernährt wurden und andre, welche dem Jammer und Hunger ihrer unglücklichen Heimat sich entziehen wollten. In vier Monaten empfing Corumbá und seine nach Südwesten gelegene Vorstadt Ladario, in welcher sich das grofse Marinearsenal der Provinz befindet, nicht weniger als 3—4000 Einwanderer unter diesen unglückseligen Bedingungen. Dieses Wandervolk, einem Heuschreckenschwarm gleich, wurde zur wahren Kalamität für das blühende Corumbá. Manche erhielten Beschäftigung, viele konnten oder wollten keine Arbeit finden, und verkamen in Hunger und Elend, Trunkenheit und Prostitution. Wer 1877 nach Corumbá gekommen wäre, hätte wohl nicht gezweifelt, dafs die Stadt ungesund sei, so grofs war die Menge der Bettler, der Kranken und Verkommenen. Der Kirchhof, welcher früher nur wenige Male im Monate sich öffnete, sah bei der 5—6 mal gröfseren Mortalität täglich Beerdigungen. Ein kleines Hospital,

---

\*) Diese Ansicht däucht mir unwahrscheinlich, da die Acataya, eine brasilianische Pflanze, in ganz Brasilien Herva do bicho heifst und zwar schon seit langem, weshalb es unwahrscheinlich ist, dafs diese Bezeichnung aus den La Platastaaten stamme. Schon Prinz Wied, Reise nach Brasilien 1820 vol. 1, p. 86. erwähnt die Verwendung der Acataya oder der Herva do bicho, einer Polygonumart, gegen den Maculo, welche Krankheit am Rio S. Francisco „o largo", die Erweiterung genannt werde. v. Ihr.

das der Wohlthätigkeitssinn der Bewohner ins Leben rief, ging aus Mangel an Mitteln wieder ein.

Heute ist dieser widerwärtige ungesunde Anschein wieder ganz verschwunden, und den gleichen guten Ruf geniefsen Ladario und Cuyabá, vielleicht auch S. Luiz de Caceres. In der Region der Sümpfe ist die Luft in der Höhe leichter und reiner als unmittelbar über dem Boden. So erklärt es sich, dafs schon eine relativ geringe Erhebung einen grofsen Unterschied bedingt, zumal auch auf den Anhöhen durch den frischeren Luftzug günstigere Bedingungen gegeben sind als in der dichten stagnierenden Atmosphäre der sumpfigen Niederung.

In bezug auf das *Klima* von Matto Grosso sind, wie in dieser ganzen immensen zentralbrasilianischen Region, zwei Jahreszeiten zu unterscheiden, die trockene und jene der Regen. Die letzteren fallen in den Sommer und währen gewöhnlich von September oder Oktober, wo sie beginnen, bis zum April und Mai. Zu ihnen gesellt sich noch das Schmelzwasser von den Anden als Ursache der Überschwemmungen. Diese kleinen Sündfluten, welche in den Tropen so gewöhnlich sind, beginnen als Platzregen von kurzer Dauer, dieselben wiederholen sich aber immer mehr, so dafs sie schliefslich oft wochenlang ununterbrochen anhalten. Dann vereinen sich die ausgetretenen Flüsse und Bäche mit den überfüllten Sümpfen und Seen zu jenen früher geschilderten unvergleichlichen Süfswassermeeren, durch welche man in allen Richtungen über die überschwemmten Campos, wie über die Gipfel der Waldbäume hinschifft. In dieser Zeit darf niemand es wagen längere Reisen anzutreten, in der Hoffnung, dafs es noch nicht oder nur wenig regnen werde, da er sonst sich darauf gefafst machen mufs, das trockene Erdreich über Nacht in Morast sich verwandeln zu sehen, während das Terrain der umliegenden Höhen noch dürr und trocken bleibt.

Wahrscheinlich hat die Provinz noch niemals einen Psychrometer gesehen, so dafs keinerlei genaue Daten über die Feuchtigkeit der Atmosphäre und die Menge der Niederschläge vorliegen. In der Zeit von Mai 1875 bis März 1878 war im Mittel die Zahl der Regentage jährlich 135. Die jährliche Regenmenge, welche in Rio de Janeiro im Mittel 1,80 m, in Pará 2,0 m, in Pernambuco 2,5 m, in Bahia 2,0 m, in S. Paulo 1,8 m beträgt, wird man wohl auf 3 m, wenn nicht mehr, für Matto Grosso schätzen dürfen.

In bezug auf Hygrometerbeobachtungen kann nur (nach D'Alincourt) auf jene der von Langsdorff geleiteten russischen Kommission verwiesen werden, welche 1827 Brasilien besuchte. In Cuyabá, welches trotz seiner Lage 288 m über dem Ozean noch zum Tieflande gerechnet werden kann, markierte der Hygrometer als Maximum des täglichen Mittel 95 °, als Minimum 46 ° von Februar bis August, und auf dem 804 m über dem Ocean gelegenen Hochplateau Guimarães von April bis Juni, in der trockenen Zeit, 60 ° des Morgens, 50 ° mittags und 58 ° gegen Abend. Bei dem am 16. Juni einsetzenden Frost stieg bei starkem Nebel der Hygrometer auf 97 °. Das Maximum des Barometerstandes (29,640) beobachtete Langsdorff am 30. Juli bei heifsem Nordwind, das Minimum (29,400) am 28. Februar.

Die vorherrschenden Winde kommen von Nordwest und Südost (also ganz anders wie in Rio Grande do Sul, wo Nordost und Südwest vorherrschen. v. Ihr.). Die Südwinde sind kalt und erniedrigen rasch die Temperatur, während jene sie erhöhen. Beide sind erwünscht, wenn sie die Extreme mildern, gefürchtet, wenn sie dieselben steigern. Besonders bedenklich ist der Südost, wenn er in der kalten Jahreszeit Frost und Eis bringt, oder in der Sommerhitze durch plötzliche Abkühlung den Respirationsorganen gefährlich wird. Mehr lästig als schädlich wirken die Nordwinde, wenn sie mit ihrem Feuerhauche die Atmosphäre noch weiter erhitzen und die ohnehin schon unerträgliche Hitze und das dadurch bedingte Mifsbehagen noch vermehren.

Eine Beobachtung machte ich in Matto Grosso, welche ich später an andern Orten bestätigt fand, dafs an bestimmten Tagen eine übertriebene aufsergewöhnliche Hitze empfunden wurde, während das Thermometer eine besondere Erhöhung der Temperatur nicht nachwies, ja an andern Tagen eine absolut viel höhere Temperatur weit weniger belästigte. (Ob diese auch in Rio Grande mir aufgefallene Erscheinung sich lediglich durch den Feuchtigkeitsgrad der Luft oder auch durch elektrische und andre Störungen in der Atmosphäre erkläre, scheint wenigstens in Südamerika noch nicht speziell studiert zu sein. v. Ihr.)

Im Sommer sind die Gewitter häufig; fast immer bringt sie der Südwest, der Pampaswind, welcher den Thermometerstand in Minuten in solcher Weise zu modifizieren vermag, dafs eine Erniedrigung um viele Grade schnell erfolgt. Die Annäherung des Gewitters empfindet man gewöhnlich voraus. Die Temperatur erhebt sich, die Luft scheint Feuer. Nicht der mindeste Luftzug weht. Die ganze Natur erscheint niedergeschlagen, erschreckt. Die Tiere verlieren ihre Munterkeit, die wilden ziehen sich in die Wälder zurück, die Amphibien stürzen sich ins Wasser, die Haustiere drängen sich in die Nähe der Menschen, als ob sie in dessen Schutz sich sicherer fühlten. Nicht einmal die Wipfel der Bäume rühren sich;

in einer unheimlichen fürchterlichen Nähe liegen die Wälder wie erstarrt. Die Vögel suchen ihre Nester und Schlupfwinkel auf und verstecken sich, nur einige, wie die Möven, erfüllen die Luft mit ihren erschreckten Klagelauten, später ruhen auch sie. Der Himmel wird bleiern, die Luft schwer, die Atmung mühsam. Ein eigenes, drückendes Schweigen ruht auf der ganzen Natur, unterbrochen nur durch den zunehmenden Lärm der Strömung, was auch nicht zur Beruhigung der Gemüter beiträgt.

Ohne Mühe erkennt man die gesteigerte Ozonmenge, mit welcher die Elektrizität die Atmosphäre überladen hat. Wenn ich für meine Patienten Lösungen von Jodkali bereitete, so veränderte dieses Salz in kurzer Zeit seine Farbe, ohne Zweifel durch die Einwirkung des Ozones.

Bei alledem keine Wolke am Himmel. Nur die Sonne ist verborgen hinter einem dicken bleiernen Schleier. Jetzt erst steigt das eigentliche Gewitter in Süden oder Südwest auf, die Annäherung auch durch das ferne Rollen des Donners meldend. Bald zucken die Blitze, der Donner steigert sich zu entsetzlichem Krachen. Die Temperatur beginnt zu fallen, der Wind wird zum Sturm. Weit von einander entfernt fallen einzelne schwere grofse Tropfen zu Boden, sie leiten einen Platzregen ein, der wolkenbruchartig oft mit Hagelschlag für einige Minuten die Erde peitscht. Eine halbe Stunde danach ist der Himmel rein und hell, die Sonne strahlt, die Bäume wiegen sich leicht unter dem Wehen einer sanften Brise. Die ganze Natur lacht, die Vögel schütteln die Tropfen von ihrem Gefieder ab und singen. Alle Tiere sind munter, der Mensch fühlt sich erfrischt und erleichtert. An das elementare Ereignis erinnern nur die niedergedrückten Grasmassen der Campos, die losgerissenen Blätter und die abgeschlagenen Zweige, sowie die angelaufenen, reifsenden lärmenden Bäche, welche aber auch bald wieder auf ihren normalen Stand zurückkehren. Wenige Stunden später könnte nur der, welcher dem Gewitter beigewohnt, von dem was geschehen etwas wissen.

In den trockenen Regionen des Hochlandes ist das Klima gesund und angenehm, ziemlich heifs im Sommer, ziemlich kalt im Winter. Fast jedes Jahr sieht man Reif, bald im Juli und August, bald selbst im Juni und September, dann immer zum Schaden der ohnehin geringen Bodenkultur. Fröste sind auf dem Hochlande selbst im Sommer nichts aufsergewöhnliches. Schon Dr. Alexander hob dies hervor; er erlebte solche am Madeira und Marmoré, welche die Leute in der Frühe verhinderten mit den erstarrten Fingern die Ruder zu führen, und zwar im Sommer. Manchmal sind dieselben so stark, dafs sie Todesfälle durch Erfrieren verursachen. So ein Frost war im März 1822, welcher einer von Rio de Janeiro kommenden Expedition grofsen Verlust zufügte, indem dieselbe auf der weiten Ebene des Rio Manso auf dem Hochlande über 20 frisch angekommene Neger verlor.

Die tägliche Schwankung des Barometerstandes beträgt im Sommer nicht mehr als 5—6 mm. In den Jahren 1875—1878 war das Mittel 761,66 mm in der Tiefebene.

Der Unterschied der Temperatur im Schatten und in der Sonne ist grofs, wenn auch nicht so aufserordentlich als wie nach meinen Beobachtungen in Paraguay es der Fall war. In der Morgenfrühe ist die Hitze meist 4—6 Centigrade geringer als um Mittag, doch steigt sie noch bis 4 oder 4½ Uhr. Indessen giebt es auch Tage, in denen das Thermometer von 9 Uhr morgens bis mittags 1 Uhr um 12—16 ° C. steigt. Das thermometrische Minimum fällt auf Mitternacht. Für das Hochland mit seiner auf mehr als 1000 m steigenden Erhebung stellt sich die Temperatur um 4—5 ° niedriger. Während je dreier Jahre verweilte ich sechs Monate in Corumbá, das 5 ° weiter gegen den Äquator liegt als Rio de Janeiro und 153 m über dem Meeresspiegel. Am 21. Oktober 1875 zeigte das Thermometer früh 6 Uhr 28 °, um 2½ Uhr nachmittags 39,2 ° C., als unerwartet ein heftiger Südweststurm mit Hagel einsetzte, infolgedessen das Thermometer sofort auf 18,7 ° zurückging, resp. abends 8 Uhr auf 15,5 ° stand. Am 13. Juni fiel es von 23 ° um Mittag binnen 11 Stunden auf 11 ° und bis 2 Uhr nachts auf 7,25 ° im geschlossenen Hause. Die höchste beobachtete Temperatur war 1875 — 30,2 ° im Oktober, 1876 — 34 bis 37 ° im Dezember, 1877 — 35,6 ° im September. Am Morgen des 20. August stand unter 16 ° 12' s. Br. das Thermometer vor Sonnenaufgang auf 0 °. Die Pfützen im Camp waren mit Eis bedeckt, das noch um 8 Uhr, als die Sonne schon sich erhoben und das Thermometer bereits auf 6,75 ° gestiegen war, einen Millimeter Dicke hatte. Der ganze Camp war durch den Reif wie mit einem weifsen Tuche überzogen.

Die folgende Tabelle giebt die Thermometerbeobachtungen, welche in Cuyabá in den Jahren 1876—1877 angestellt wurden.

— 299 —

## Tabelle der Thermometerbeobachtungen in Cuyabá in Celsiusgraden.

| Jahr | Stunde | Jan. | Febr. | März | April | Mai | Juni | Juli | Aug. | Sept. | Oktbr. | Nov. | Dez. | Jahres-Mittel | Absolutes Mittel |
|---|---|---|---|---|---|---|---|---|---|---|---|---|---|---|---|
| 1878 | 6 Uhr Mo. | 25 | 25,40 | 26,41 | 25,40 | 24,40 | 19,41 | 17,41 | 17,40 | 25,40 | 25,40 | 24,40 | 25,40 | 24,50 | 25,71 |
|  | 12 Uhr Mi. | 27 | 28,40 | 31,40 | 28,40 | 27,40 | 24,41 | 24,40 | 21,40 | 32,40 | 29,40 | 28,40 | 30,41 | 27,40 |  |
|  | 6 Uhr Ab. | 26 | 28,40 | 28,40 | 30,40 | 28,41 | 30,40 | 22,41 | 30,50 | 28,40 | 27,40 | 26,40 | 25,40 | 26,40 |  |
| 1877 | 6 Uhr Mo. | 23,40 | 25,40 | 25,41 | 26,41 | 24,41 | 19,40 | 25,40 | 17,40 | 27,42 | 28,40 | 26,40 | 28,41 | 24,41 | 26,71 |
|  | 12 Uhr Mi. | 28,41 | 28,41 | 30,40 | 31,41 | 25,41 | 26,41 | 31,40 | 26,41 | 31,40 | 32,40 | 30,40 | 31,41 | 29,41 |  |
|  | 6 Uhr Ab. | 26,40 | 26,40 | 26,41 | 28,41 | 23,40 | 22,41 | 27,41 | 23,40 | 29,40 | 27,40 | 28,40 | 27,40 | 26,41 |  |

Zum Schlusse mögen hier noch die wichtigeren astronomischen Ortsbestimmungen der bolivisch-brasilianischen Grenzkommission folgen.

## Tabelle der astronomischen Ortsbestimmungen.

| Ort | s. Br. | Länge westlich von Rio de Janeiro | Deklination der Magnetnadel | Höhe |
|---|---|---|---|---|
| Bras. Marke an der Mündung des Bahia negra | 20° 10′ 00″ | 14° 56′ 32″ | 7° 13′ 27″ NO. (1876) | — |
| Bras. Marke im S. der Lagoa das Caceres | 14° 58′ 10″ | 14° 35′ 06″ | — | — |
| Marke in S. der Lagoa Uberaba | 17° 35′ 40″ | 14° 33′ 16″ | 6° 31′ 27″ NO. (1875) | — |
| S. Mathias | 16° 21′ 15″ | — | — | 145 m |
| Marke am Corro de S. Mathias | 16° 16′ 19″ | 16° 05′ 16″ | — | — |
| Marke am quatro Irmaõs Berge | 16° 16′ 8″ | 16° 57′ 40″ | 7° 20′ 41″ NO. (1877) | 415 m |
| Marke am Überlauf des Rio Verde | 15° 03′ 50″ | 17° 20′ 32″ | 7° 37′ 17″ NO. (1877) | 212 m |
| Marke an der Mündung des Rio Verde | 14° 00′ 03″ | 17° 10′ 08″ | 7° 2′ 00″ NO. (1877) | — |
| Mündung des Rio Baures | 12° 36′ 34″ | 21° 06′ 47″ | — | — |
| Forte do principe da Beira | 12° 25′ 48″ | 21° 17′ 19″ | — | — |
| Mündung des Guaporé | 11° 54′ 12″ | 21° 53′ 06″ | 7° 45′ 00″ NO. (1877) | — |
| Marke an der Mündung des Rio Beni | 10° 21′ 13″ | 22° 14′ 37″ | 8° 9′ 50″ NO. (1875) | — |
| Corumbá | 18° 59′ 38″ | 14° 25′ 34″ | — | 118 m (Hafen) 163 m (Stadt) |
| Matto Grosso (Stadt) | 15° 00′ 12″ | 16° 42′ 59″ | — | — |
| Santo Corazon | 17° 58′ 31″ | 16° 37′ 00″ | 7° 6′ 39″ NO. (1877) | 270 m |
| St. Cruz de la Sierra | 17° 47′ 03″ | — | 9° 20′ 00″ | 419 m |
| St. Anna de Chiquitos | 16° 34′ 38″ | — | — | 452 m |
| S. Miguel de Chiquitos | 16° 41′ 52″ | — | — | 457 m |

21*

Von einer Mitteilung der übrigen Ortsaufnahmen sehe ich, da sie ohne die betreffende Karte zwecklos wären, hier ab, ebenso von Wiedergabe der absoluten Entfernungen der einzelnen Marken. Die Karte giebt nur die Grenze zwischen Brasilien und Bolivien im Maßstabe von 1 : 1,200,000 an, sowie die nächstgelegenen Orte, Flüsse u. a., respektive also auch die am rechten Ufer des Paraguay gelegenen Seen Mandioré, Gahyba und Uberaba, deren Lage zum Teil aus der Tabelle ersichtlich ist. Die Marke an der Lagoa Mandioré liegt unter 18° 13′ 05″ s. Br. und 14° 20′ 03″ W. von Rio, die Lagoa Gahyba unter 17° 48′ 15″ s. Br. und 14° 30′ 25″ W. von Rio. Beide Punkte beziehen sich auf das Südende der betreffenden Lagons.

Rio Grande do Sul, 30. August 1886.

## Zaubereiprozesse und Gottesurteile in Afrika.

### Von Dr. Alb. Herm. Post.

Allgemeiner Glaube der Afrikaner, daſs Unglücksfälle namentlich Tod und Krankheit auf Zauberei beruhen. Allgemeine Institution von Zauberpriestern, um die Zauberer herauszufinden. Methode derselben. Befragung der Toten nach der Ursache ihres Todes. Die Giftordalien. Die Feuerproben. Das Ordal des siedenden Wassers und Öls. Sonstige Ordalien. Einseitige und zweiseitige Ordalien. Ordalien durch Stellvertretung. Folgen für denjenigen, der im Ordal unterliegt. Folgen für den Ankläger, wenn der Angeklagte das Ordal besteht.

Es ist ein ganz allgemeiner Glaube bei den Afrikanern, daſs gewisse Menschen Zauberer, d. h. im stande sind, auf eine geheimnisvolle Weise ihre Mitmenschen zu schädigen. Alle Unglücksfälle, namentlich aber Krankheit und Todesfälle werden auf solche Verhexungen zurückgeführt, und es bestehen besondere Zauberpriester, deren Amt es ist, diejenigen Personen herauszufinden, welche einen solchen Schaden angerichtet haben. Bei den *Bongo* stehen im Verdachte sich mit bösen Geistern zum Schaden und Nachteil der übrigen Menschen in Verkehr setzen zu können ausnahmslos alle alten Leute beiderlei Geschlechts, namentlich aber die alten Weiber. Wo immer ein unerwarteter Todesfall eintritt, da sind die Alten daran schuld. Daher sind Hexenprozesse an der Tagesordnung.[1]) Auch bei den *Matabele* wird häufig die Anklage auf Hexerei gegen alte Leute gerichtet. Als Grund, weswegen eine solche Anklage gerade gegen alte Leute erhoben wird, wird angegeben, daſs dieselben, weil sie nicht mehr fähig sind, die Waffen zu führen, den übrigen als eine Last erscheinen, die man sich auf jede Weise vom Halse schaffen muſs.[2])

---

[1]) Schweinfurth im Herzen von Afrika. I. S. 330.
[2]) Fritsch, Drei Jahre in Südafrika. S. 391.

Geheimnisvoll, wie die Einwirkung des Zauberers auf seine Mitmenschen ist auch die Art und Weise, wie der Zauberer der von ihm verübten Zauberei überwiesen wird. Allerhand absurde Manipulationen der Zauberpriester (Ganga, Oganga) dienen dazu, den Schuldigen herauszufinden, und dem so bezeichneten bleibt es höchstens freigelassen, auf ein Gottesurteil zu provozieren, dessen Ausgang wieder vom Willen des Zauberpriesters abhängt. Dessen Gunst durch bedeutende Geschenke zu erwerben, ist daher das Ziel desjenigen, der einem grausamen Tode entgehen will, und thatsächlich ist das ganze Zauberwesen weiter nichts als eine unheimliche Herrschaft bestimmter Fetischpriester, welche über Leben und Gut aller derjenigen verfügen, die sich ihnen nicht unterordnen wollen. Dieser Charakter des Zauberwesens tritt überall in Afrika so deutlich hervor, dafs man sich nur über eins wundern mufs, nämlich darüber, dafs die Völker Afrikas auch nicht den geringsten Zweifel haben, dafs es Zauberer giebt und dafs die Mittel sie zu entdecken untrüglich sind.

In *Pallaballa* am Kongo wird für jeden Verstorbenen, gleichviel ob Kind, Mann oder Weib, jemand in Verdacht genommen, als habe er den Tod durch übernatürliche Mittel veranlafst, und der Nganga wird berufen, die schuldige Person zu entdecken. Gewöhnlich hält derselbe sich an die mit weltlichen Gütern gesegneten, damit sie sich von der Anklage loskaufen. Kann der Beschuldigte der Beschuldigung nicht ausweichen, so mufs er sich dem Giftordal unterwerfen, dessen Ausgang der Priester in seiner Hand hat.[3]) In *Calumbo* wird ebenfalls häufig angenommen, dafs der Tod jemandes dadurch herbeigeführt sei, dafs ein andrer ihn verzaubert habe. In solchem Falle wendet sich der Geschädigte an den Kimbanda oder Zauberdoktor, welcher durch verschiedene Zeremonien den Schuldigen herausbringt.[4]) In *Angola* mufs sich ein Mensch selbst wegen eines Verbrechens, das viele Meilen entfernt begangen ist, reinigen, sogar, wenn er sein Alibi beweisen kann. Man ist überzeugt, jeder könne einen andern den bösen Wind (Geist) zusenden und dadurch dessen Tod verursachen.[5]) Bei den *Kaffern* wird angenommen, dafs Krankheit durch Zauberei veranlafst werde. Zur Entdeckung der That bedient man sich einer alten Frau, welche nach mancherlei Manipulationen die Schuldigen vor dem versammelten Volke bezeichnet. Die Zauberin

---

*) Johnston, Der Kongo, übers. v. Freeden. S. 375.
') Valdez, six years of a travellers life in Western Africa 1861. II. S. 128, sqq.
*) Degrandepré, Reise nach der westl. Küste von Afrika in den J. 1786 und 1787. Weimar 1805. S. 30.

giebt an, wo der von ihr Beschuldigte seine Zaubermittel versteckt habe und bringt dort einen Schädel oder sonst einen angeblichen Teil eines menschlichen Körpers zum Vorschein, womit der Angeklagte als des Verbrechens überwiesen gilt.[6]) Wie man sich diese Zauberkraft vorstellt, tritt deutlich bei den westäquatorialafrikanischen Stämmen hervor. Bei diesen büfst jemand, der dadurch einen andern tötet, dafs er einen Baum fällt, der jenen zufällig erschlägt, oder dafs ihm unvorsehends ein Schufs losgeht, mit dem Tode. Dabei wird angenommen, dafs das angerichtete Unglück durch eine dem Thäter innewohnende Zauberkraft (Aniemba) erfolgt sei. Es wird darüber vom Familienoberhaupt eine Zauberkraftpalaver berufen, und der Schuldige mufs sich von dem Verdachte ein Zauberer zu sein, durch das Ordal des Mbundutrinkens reinigen.[7])

Die gewöhnliche Veranlassung des Zaubereiprozesses ist ein Todesfall. Die Verwandten des Verstorbenen nehmen an, dafs der Tod durch den Zauber irgend einer Person verursacht sei und wenden sich daher, um Rache für den Verstorbenen zu üben, an den Ganga des Orts, den sie durch Zahlung von Geld zur Erhebung einer Anschuldigung zu bestimmen suchen. Diese Bemühungen setzen sich so lange fort, bis sie am Tode eines Fremden eine genügende Sühne für den Tod des Familienmitgliedes erlangt zu haben glauben.[8]) Die *Mpongwes* schreiben gewöhnlich den Tod junger Leute der Böswilligkeit andrer Personen zu. Fällt der Verdacht auf einen Sklaven, so wird derselbe sogleich geopfert und nur zuweilen gestattet man ihm, sich der Giftprobe zu unterwerfen.[9]) Bei den *Kámba* nimmt man an, dafs am Tode jemandes eine andre Person schuld sei. Die Verwandten des Verstorbenen gehen deshalb zu einem Wahrsager. Dieser bezeichnet als Ursache des Todes den, dem er oder die Verwandten zürnen, und dieser wird dann vor den Häuptling geladen, um sich durch den Bulongotrank zu reinigen.[10]) Bei den *Ganguellas* von Caquingue wird allgemein als Ursache von Krankheit oder Tod ein Geist aus einer andern Welt oder ein lebender Mensch (Zauberer) angesehen. Die Verwandten des Verstorbenen werden herbeigerufen, und man untersucht die Ursache des Todes. Die Leiche wird an einem langen Stabe befestigt und von zwei Leuten zu dem für die Zeremonie reservierten Orte getragen, wo der Wahrsager in Begleitung einer grofsen Volksmenge

---

[6]) Lichtenstein, Reisen im südl. Afrika. Berlin 1811. I. S. 415.
[7]) du Chaillu, a journey to Ashangoland. London 1867. S. 426.
[8]) Bastian, Deutsche Exped. II. S. 158, 159.
[9]) Hecquard, Reise an der Küste und ins Innere von Afrika. 1854. S. 8, 9.
[10]) Magyar in Petermanns Mittl. 1857. S. 197.

anwesend ist. Nach langen Prozeduren erklärt derselbe entweder, die Seele irgend einer von ihm bezeichneten Person habe den Tod veranlafst oder eine lebende Person habe es gethan. Im ersten Falle wird die Leiche beerdigt, im zweiten mufs die bezeichnete Person den Verwandten des Verstorbenen dessen Wert ersetzen oder sie verliert ihren Kopf. Gegen die Entscheidung des Wahrsagers kann der Angeklagte auf ein Ordal provozieren. Zu diesem Zwecke wendet er sich an einen Medizinmann, der das Gift bereitet.[11]) In einigen Distrikten *Benguelas* ist es ebenfalls allgemeiner Glaube, dafs der Tod eines Menschen verursacht werde durch die Seele eines verstorbenen oder eines lebenden Menschen. Man versucht daher durch allerlei Manipulationen sich hierüber Gewifsheit zu verschaffen.[12])

Die Manipulationen, durch welche der Zauberpriester den Schuldigen entdeckt, sind mannigfaltig. In *Calumbo* werden vier solcher Methoden erwähnt:

1. Quirigué Mèná. Der Zauberdoktor giebt eine Flüssigkeit, gezogen aus der Rinde der Ensaka, mehreren verdächtigen Personen zu trinken. Die Portion desjenigen, den er für schuldig erklären will, mischt er mit schädlichen Stoffen, die ihm viel Schmerz verursachen. Aus diesen Äufserungen des Giftes wird dann auf seine Schuld geschlossen.

2. Maniángue Ombô. Ein Schaf wird geschlachtet und dessen Blut verschiedenen Personen zu trinken gegeben. Wer davon krank wird, gilt als schuldig. Zugemischte Ingredienzien erzeugen auch hier die vom Zauberdoktor gewünschten Symptome.

3. Gánanzámbi Mutchi. Ein Fetischstock, an dessen beide Enden eine kleine Glocke angebunden ist, wird vom Zauberpriester geworfen, um herauszufinden, wo der Schuldige zu finden ist.

4. Quirigué Tubia. Der Zauberdoktor brennt die Verdächtigen mit einem glühenden Eisen. Diejenige Person, welche den gröfsten Schmerz erträgt, ohne zurückzuweichen, gilt als unschuldig.[13])

In *Badagry* (Benin) wird dem Angeschuldigten eine grofse hölzerne Mütze mit drei Ecken aufgesetzt. Sieht man, dafs die Mütze auf dem Haupte des Verdächtigen schüttelt, so wird derselbe ohne weiteren Beweis verurteilt. Macht sie keine bemerkbare Bewegung, so wird er freigesprochen.[14]) Bei den *Waswaheli* in Monbassa streicht der Schamane, um Verbrecher zu entdecken, eine Schicht Sand oder Holzasche über ein glattes Brett und macht darin

---

[11]) Serpa Pinto, Wanderung quer durch Afrika. 1881. I. S. 120 ff.
[12]) Tams, die portugiesischen Besitzungen. 1845. S. 68.
[13]) Valdez l. c. II S. 128 sqq.
[14]) Lander, Reise zur Erforschung des Niger. 1833. I. S. 47.

mit dem Finger Striche und wellenförmige Linien, aus denen er den Namen des Schuldigen herauszulesen vorgiebt.[15])

Bisweilen genügt schon die blofse Erklärung des Ganga, um den Beschuldigten einem grausamen Tode zu überliefern. So wird in *Mussuku* die von demselben bezeichnete Person sogleich in Stücke gehauen, ohne dafs ihr die Probe des Cassatrinkens gestattet wird.[16]) Ist bei den *Kaffern* jemand in einem Kraal verdächtig, ein Umtakati zu sein und einen Menschen oder ein Vieh behext zu haben, so beschliefsen die Bewohner des Kraals einen Tsanuse (Zauberdoktor) zu besuchen, der ihnen mitteilt, wer der Zauberer sei. Derselbe wird sofort getötet, bei den *Amakosa* jedoch nur ausgestofsen und für immer geächtet. Sein Vermögen, seine Weiber und Kinder werden konfisziert. Bei den *Zulus* wird nicht allein der Umtakati getötet, sondern auch seine Weiber und Kinder. Sein Kraal wird zerstört und alle Spuren seiner Existenz vom Angesicht der Erde vertilgt. Er wird „aufgegessen".[17]) Ist in *Unyamwesi* ein neuer Mtemi (Häuptling) gewählt, so glaubt man, dafs sofort unzählige Mrosi aufstehen, welche denselben durch Gift oder Zauberei töten wollen. Es wird deshalb vor dem Amtsantritt des Oberhauptes von einem Mfumo grofse Ganga (Medizin) gemacht, um diese Bösewichter zu ermitteln. Die von der Ganga als schuldig befunden werden, werden ohne weiteres hingerichtet.[18]) Es kann wohl keinem Zweifel unterliegen, dafs dies solche Personen sind, welche dem künftigen Herrscher gefährlich werden können. Er entledigt sich in dieser Form seiner Nebenbuhler.

In *Angola* wird der vom Fetischpriester als der Zauberei schuldig erklärte getötet oder in Sklaverei verkauft, häufig seine Familie mit, zugleich unter Konfiskation des ganzen Vermögens, welches unter die ganze Stadt verteilt wird; in andern Fällen wird eine schwere Bufse auferlegt, an deren Stelle im Unvermögensfalle Sklaverei tritt. Dagegen kann der Angeklagte auf das Giftordal provozieren.[19])

Bei Todesfällen ist es sehr gebräuchlich, den Toten selbst um denjenigen zu fragen, der seinen Tod verursacht hat. Die dabei üblichen Manipulationen ähneln sich vielfach. Bei den Bewohnern der Bezirke *Arimba*, *Thunda*, *Selles* und *Assango* an der Loangoküste wird in einzelnen Fällen dem Toten eine Perlenschnur um

---

[15]) Hildebrandt in der Zeitschr. für Ethnol. X. S. 388.
[16]) Bastian, Deutsche Exped. II. S. 169.
[17]) Kretzschmar, südafrik. Skizzen. 1853. S. 190 u. 191.
[18]) Mitt. d. afrik. Ges. in Deutschl. III. S. 163, 164.
[19]) Monteiro, Angola and the river Congo. 1875. I. p. 61.

die Stirn gebunden und ihm dann die Frage vorgelegt, ob er selbst ausgehen wolle, den Schuldigen zu fangen. Der Kimbanda fingiert auf die Antwort des Toten zu lauschen und erklärt den Willen desselben. Lautet der Ausspruch bejahend, so tragen Verwandte die Leiche im Dorfe und in den umliegenden Ortschaften kreuz und quer umher, bis sie vor einer Hütte stehen bleiben und vorgeben, der Tote halte sie fest und lasse sie nicht weiter. Dann dringen sie ein, rauben alles, was sie finden, verbrennen die Hütte und überliefern den Besitzer gebunden dem Soba (Dorfhäuptling); das übrige lebende und tote Inventar wird ihr Eigentum.[80]) In einigen Distrikten *Benguelas* wird bisweilen die Leiche des Verstorbenen durchs Dorf getragen, bis sie selbst die Hütte des Mörders bezeichnet, indem die Träger behaupten, dafs dieselbe nicht weiter wolle. Dann kann der Angeklagte sich nur noch durch das Ordal des Dulongotranks retten.[81]) In *Quoja* wurde bei verdächtigen Todesfällen die Leiche oder an deren Stelle ein Stück vom Kleide des Verstorbenen mit einigen Schnitzeln seiner Nägel, etwas von seinen Haaren und einigen andern Zuthaten zu einem Bündel vereinigt, welches an einen Reisstampfer gehängt wurde, dessen Enden auf die Köpfe zweier Männer gelegt wurden. Dann wurde der Tote gefragt, ob er eines natürlichen oder unnatürlichen Todes gestorben sei. Im ersten Falle mufsten die Träger des Stampfers nicken, im zweiten Falle mit dem Kopfe schütteln. So wurde weiter examiniert, und endlich wurden die Träger von dem antwortenden Geiste gezwungen, sich nach der Wohnung desjenigen zu begeben, welcher den Verstorbenen umgebracht hatte. Der so gefundene Thäter wurde sofort festgesetzt, indem ihm ein schwerer Block am Beine befestigt wurde, und gefragt, ob er gestehen wolle. Wollte er dies nicht, so mufste er sich dem Ordal des Kquoaytranks unterwerfen.[82]) Bei den *Bullamern*, *Bagos* und *Timmaniern* wird ebenfalls der Leichnam von Freunden oder Verwandten über die Ursache seines Todes befragt, namentlich, ob er durch Zauberei oder Gift verstorben sei. Bejaht der Leichnam eine Frage, so werden die Träger durch eine unwiderstehliche Gewalt verschiedene Tritte vorwärts getrieben. Die Verneinung geschieht durch eine rollende Bewegung. Stellt sich der Verdacht heraus, dafs der Tod des Verstorbenen durch Zauberei oder Gift

---

[80]) Güssfeld, Falkenstein, Pechuel-Lösche. Die Loangoexpedition i. J. 1873 bis 1876. 1877. II. S. 75. 76.
[81]) Tams, a. a. O. S. 68.
[82]) Dapper, naukeurige Beschrijvinge der afrikaensche Gewesten. Amsterd. 1676. II. S. 34 sqq.

verursacht sei, so nennt man dem Leichnam verschiedene Personen, denen man dies wohl zutraut. Bejaht er die Frage bei einer Person, so wird er ersucht, nach einem Zweige zu schlagen, den man in die Höhe hält. Thut er dies mehrere Male, so wird der Schuldige, wenn er der Zauberei angeklagt ist, ohne weitere Umstände verkauft, häufig mit ihm auch die ganze Familie, wenn der Verstorbene ein vornehmer Mann war. Schreibt der Verstorbene seinen Tod dem Gifte zu, so flüchtet der Angeklagte zur nächsten Stadt und bittet ihn zu gestatten, dort das rote Wasser zu trinken.[13]) Die *Susuer* nehmen bei dieser Zeremonie die ganze Leiche, die *Timmanier* und *Bullamer* dagegen nur die Kleider des Verstorbenen und die Nägel von seinen Händen und Füfsen.[14]) Beschuldigt der Tote jemanden, ihn durch Zauberei ums Leben gebracht zu haben, der wegen seines hohen Alters oder seiner Familie nicht verkauft werden kann, so wird dieser gezwungen, sein eigenes Grab zu graben; in dies wird er dann hineingestofsen, lebendig begraben und ihm ein spitzer Pfahl durch den Leib getrieben.[15]) An der *Goldküste* nehmen einige Männer in Gegenwart des Priesters den Toten auf ihre Schultern und fragen denselben über die Ursache des Todes. Will der Leichnam bejahen, so neigt er sich durch eine verborgene Kraft gegen die Frager.[16]) In der Stadt *Agreffuah* an der Goldküste sucht man den Urheber des Todes einer Person dadurch zu ermitteln, dafs in der Mitte eines Kreises, den die Einwohner gebildet haben, ein Pfahl errichtet und mit Blättern bedeckt und dann der Leichnam auf den Köpfen der Träger hereingebracht wird. Diese Träger führen einen Tanz auf und halten dann plötzlich vor einer Stadtkompagnie still, indem sie erklären, sie könnten nicht vorwärts. Dadurch steht fest, dafs der Thäter sich unter dieser Kompagnie (Stadtviertel) befindet. Dieselbe Manipulation wird vor den Häusern der einzelnen Mitglieder dieser Kompagnie wiederholt und so das schuldige Haus festgestellt. Ebenso wird wieder der einzelne im Hause ermittelt.[17]) In *Somrai* bei Bagirmi nehmen zwei weise Männer den Leichnam eines nicht an Altersschwäche gestorbenen vornehmen Mannes auf ihre Köpfe, der eine den Kopf, der andre das Fufsende, fordern mit den Angehöri-

---

[13]) Matthews. Reise nach Sierra Leone. Leipz. 1789. S. 131.
[14]) Matthews, a. a. O. S. 138.
[15]) Matthews, a. a. O. S. 134 ff.
[16]) Bosman, naukeurige Beschrijving van de Guinese Goud-Tand- en Slavekust. Utrecht 1704. II. p. 11.
[17]) Cruickshank, ein achtzehnjähriger Aufenthalt auf der Goldküste Afrikas. Aus dem Engl. S. 241.

gen des Verstorbenen diesen laut auf, sie zum Mörder zu führen, schwanken scheinbar vom Impulse des Toten getrieben hierhin und dorthin, bis sie eine bestimmte Richtung annehmen und endlich vor der Hütte des vermeintlichen Urhebers Halt machen. Dieser verfällt dem Tode und seine Habe wird teils vom Häuptlinge, teils von den Erben des Verstorbenen eingezogen. Die *Sära* entdecken den schuldigen Zauberer unter den versammelten Männern einer Ortschaft durch ein Bündel eines bestimmten Grases oder Laubes, dafs auf den Kopf des inspirierten weisen Mannes gelegt diesen alsbald hin und her zu treiben und nach manigfachem Schwanken taumelnd zum Schuldigen zu führen scheint, vor dem es zu Boden fällt.[28])

Es kann einem Zweifel nicht unterliegen, dafs der Zaubereiprozefs häufig gar nichts ist, als ein von Zauberpriestern und Häuptlinge geschmiedetes Komplott gegen bestimmte unliebsame Persönlichkeiten, namentlich gegen solche, die mit Glücksgütern gesegnet sind, in deren Besitz sich jene zu setzen wünschen. Bei den *Balantes* heften einflufsreiche Persönlichkeiten Nachts an die Thür eines solchen Opfers Blumen, rufen dann am andern Morgen die Leute zusammen und versichern denselben unter Hinweis auf die Blumen, dafs der Bewohner der Hütte ein Zauberer sei und Verbindungen mit dem bösen Geiste unterhalte, welcher jede Nacht komme, um ihm Geschenke zu machen. Der Unglückliche wird dann gefangen und wenn er arm ist, als Sklave verkauft. Ist er reich, so mufs er zu den Sonninkes nach Brassu gehen, um sich dort der Giftprobe zu unterwerfen, aus welcher er gesund und wohlbehalten zurückkehrt, wenn er für Geschenke sorgt, welche zwischen dem Priester und dem Ankläger geteilt werden; thut er dies nicht, so stirbt er vergiftet und seine Güter werden unter die Häuptlinge verteilt.[29]) Bei den *Cassangas* und *Banjuns* komplottieren die berüchtigten Jambacozes (Zauberpriester) mit den Häuptlingen und Königen, um Kapitalanklagen zu erheben, namentlich wegen Zauberei. Wollen sie sich einer Person entledigen, so zwingen sie sie rotes Wasser zu trinken. Ist dasselbe stark gebraut, so tötet es augenblicklich, was als Zeichen der Schuld angesehen wird. Alsdann wird dem Gesetze gemäfs die ganze Familie in Sklaverei verkauft und mit dem Erlöse bereichern sich die Priester und Häuptlinge.[30]) Es ist an der afrikanischen Westküste kein bestimmtes Mafs des roten Wassers vorgeschrieben. Es hängt vielmehr von der Gesinnung der Gemeinde ab, wie viel der Angeschuldigte zu trinken hat. Ist nun

---

[28]) Nachtigal, Sahara und Sudan. II. S. 646.
[29]) Hecquard a. a. O. S. 80.
[30]) Valdez l. c. I S. 204.

ihm abhold, so bekommt er so viel, dafs er stirbt.[31]) Bisweilen geht dem Gottesurteil ein gerichtliches Verfahren voraus. In der Gegend von *Sierra Leone* halten zunächst die alten Männer ein Palaver und lassen sich die Anklage nebst Verteidigung vortragen. Wenn sie den Ausspruch thun, dafs die Sache durch eine öffentliche Probe der Unschuld bewiesen werden müsse, so macht der Angeklagte eine benachbarte Stadt namhaft, wohin er sich begiebt und deren Häuptlinge er seinen Wunsch eröffnet, das rote Wasser zu trinken. Hierauf wird ein Palaver gehalten und beratschlagt, ob ihm diese Bitte zu gewähren sei; wird sie abgeschlagen, so mufs er eine andre Stadt wählen. Wird sie gewährt, so verweilt er dort, ohne sich vor fremden Personen sehen zu lassen, oft zwei bis drei Monate lang, bis der Tag angesetzt wird.[32])

Die gewöhnlichsten aller afrikanischen Ordalien sind die Giftordalien, bei denen Aufgüsse giftiger Pflanzen getrunken werden. Aus der Wirksamkeit des Giftes auf die Person, welche dasselbe trinkt, wird ein Schlufs auf deren Schuld oder Unschuld gemacht. Der Ausgang des Ordals hängt immer vom Zauberpriester ab, welcher die verschiedene Wirkung gröfserer oder geringerer Quantitäten bestimmter Pflanzengifte genau kennt, sich im Besitz von Gegenmitteln befindet, und durch lange Gewöhnung selbst grofse Quantitäten von Gift vertragen kann, um sich selbst nötigenfalls von einem gegen ihn selbst entstehenden Verdacht reinigen zu können.

Das gebräuchlichste Ordalgift wird aus der Rinde von Erythrophlaeum Guineense gewonnen.[33]) Dasselbe hat bei den Eingeborenen verschiedene Namen. Der gebräuchlichste ist N'cassa.[34]) Dazu finden sich als Nebenformen Cassa, Casca an der *Loangoküste*,[35]) in *Angola*,[36]) am *Kongo*,[37]) Sascha in *Kamerun*,[38]) Nkazya, Ikázyá oder Ikája am *Gabun*,[39]) in Westäquatorialafrika auch Quai[40]), womit alsdann möglicherweise wieder zusammenhängt das Kquony in Quoja,[41])

---

[31]) Wilson, Westafrika. Aus dem Engl. von Lindau. 1862. S. 167.
[32]) Winterbottom, Nachr. v. d. Sierra Leone-Küste. Aus dem Engl. von Ehrmann. 1805. S. 173.
[33]) Oliver, Flora of tropic. Africa. II. S. 320.
[34]) Lenz, Westafrik. Skizzen. S. 184 ff.
[35]) Bastian, Deutsche Expedition. I. S. 204 ff.
[36]) Monteiro l. c. L S. 61, 62.
[37]) Tuckey, narrat. of an exped. to explore the river Zaire. London 1818. p. 200.
[38]) Schwarz, Kamerun 1886. S. 175. Lenz, a. a. O.
[39]) Wilson, a. a. O. S. 206. Burton, two trips to Gorillaland. London 1876. I. p. 103, 104. Reade savage Africa. Newy. 1864. S. 214, 215.
[40]) Reade l. c.
[41]) Dapper l. c. II. S. 34 sqq.

das Kwon der *Bullamer* und das Okwon der *Timmanier*.[42]) Identisch mit diesem Gifte ist auch das millee oder melley der *Susuer*.[43]) Ebenfalls dasselbe Gift heifst Mbundù, wozu sich als Nebenformen finden Imbando, Imbonda, Imbunda, Bonda, Dondes, Mbunda am Ogowe und in der Gabungegend, sowie an der Loangoküste.[44])

Um ein andres Gift handelt es sich anscheinend in den Bezirken *Arimba*, *Thünda*, *Selles* und *Assango* an der Loangoküste, wo zum Giftordal ein schweres, vielleicht mineralisches Pulver benutzt wird, welches im Wasser untersinken soll. Meist wird es in einer längs durchgeschnittenen Banane gereicht, von der beide Teile je eine Hälfte zu verzehren haben. Der Kimbanda teilt der einen oder der andern Person das so lange unter dem Fingernagel verborgene Gift mit und entfernt sich dann schleunigst. Dem Vergifteten schwillt in kurzer Zeit die Zunge an, die Augen quellen hervor u. s. w., während der andre zum Zeichen, dafs er vollständig wohl ist, ausspuckt.[45])

Ebenfalls um Gift aus Erythrophlaeum scheint es sich bei dem Bulongotrank der *Kimbundavölker* zu handeln. Das Getränk wird aus Maniok und Maisgraupen bereitet und der Kimbanda mischt eine bestimmte Portion Gift hinzu. Dieses sehr wirksame Gift wird meistens aus den Wurzeln des Ongajebaumes gewonnen[46]).

Endlich bei den *Manganja*[47]) und *Banjai*[48]) wird zum Giftordal das Gift des Muave benutzt, wahrscheinlich ebenfalls dasselbe Gift.

Die Gifte bewirken entweder Erbrechen, oder sie wirken betäubend oder auch purgierend oder harntreibend. Ganz allgemein wird das Erbrechen des Giftes als ein Zeichen der Unschuld angesehen[49]). Ebenso allgemein wird eine narkotische Wirkung des

---

[42]) Winterbottom, a. a. O. S. 178.
[43]) Winterbottom, a. a. O. Clarke, Sierra Leone. Lond. 1846. S. 59.
[44]) Allg. Histor. der Reisen. IV. S. 672. Dapper l. c. II. p. 152 sqq. du Chaillu explor. and advent. in equat. Africa. London 1861. p. 256—258, 394. Lenz, a. a. O. S. 188.
[45]) Güfsfeldt, a. a. O. II. S. 70.
[46]) Magyar, Reisen in Südafrika, übers. v. Hunfalvy. 1859. I. S. 136 n. 28, 30.
[47]) Livingstone, Neue Missionsreisen in Südafrika, übers. v. Martin. 1874. I. S. 130, 131.
[48]) Livingstone, Missionsreisen u. Forsch. in Südafrika, übers. v. Lotze. 1858. II. S. 281.
[49]) Loangoküste, Bastian, a. a. O. I. S. 204—206. Apingi in Máyolo, du Chaillu Ashangoland. p. 177. Sierra Leoneküste, Winterbottom, a. a. O. S. 178. Matthews, a. a. O. S. 131 ff. Commi und Bakalai du Chaillu, explor. S. 258, 394. Fanti Cruickshank l. c. 132. Benguela Tams a. a. O. S. 68. Quoja Dapper l. c. II. S. 34 sqq. Dakwiri Schwarz a. a. O. S. 175. So auch bei dem Gift der Muave. Livingstone, Missionsreisen II. S. 281.

Giftes als Zeichen der Schuld angesehen; oft aber gilt auch eine purgierende Wirkung als Zeichen der Schuld[50]). Um festzustellen, ob der Verdächtige vom Gifte schwindlig geworden sei, findet sich bei manchen Stämmen schon seit Jahrhunderten ein gleichartiges Verfahren. Am *Gabun* legt man, ungefähr 18 Zoll von einander, eine Anzahl kleiner Stäbe auf den Boden, über welche der Angeschuldigte, nachdem er den Trank zu sich genommen, schreiten mufs; ist er schwindelfrei, so gelingt ihm dies, schwindelt ihn, so wachsen die kleinen Stäbe vor ihm zu grofsen Holzblöcken an und beim Versuch über dieselben hinwegzusteigen, taumelt er leicht und fällt zu Boden.[51]) Bei den *Mpongwe* mufs der Angeschuldigte über Zweige der Pflanze gehen, von welcher das Gift genommen wird. Wird er vom Gifte betäubt, so hebt er seinen Fufs hoch auf, um hinüber zu treten und dies gilt als Zeichen der Schuld.[52]) Ganz ähnlich wird diese Prozedur von einem andern Berichterstatter beschrieben.[53]) Nachdem der Angeklagte das Gift getrunken, mufs er vorwärts und rückwärts über Baumäste gehen, die auf den Boden gelegt sind. Wirkt das Gift als Brechmittel, so bleiben seine Sinne intakt, so dafs er dies ausführen kann. Wird er dagegen vom Gift betrunken, so erscheinen ihm die Äste wie grofse Baumstämme. Er hebt seine Beine so hoch wie möglich, um über dieselben wegzukommen und strauchelt schliefslich. Ebenso mufs bei einigen Stämmen in *Angola* der Angeschuldigte, wenn er den Trank zu sich genommen, über ein halb Dutzend niedrige Bogen gehen, welche dadurch hergestellt werden, dafs man Ruten zusammenbindet, die an beiden Seiten in die Erde gesteckt werden. Strauchelt er über eine derselben, so gilt dies als ein genügender Beweis der Schuld, ohne dafs Purgieren erforderlich wäre. Sobald er strauchelt, stürzt die ganze Menschenmenge auf ihn los und hackt ihn in wenigen Minuten zu Stücken.[54]) Ein andrer Bericht über einige Stämme im westlichen Äquatorialafrika sagt, dafs man kleine Stöcke in der Entfernung von zwei Fufs von einander hinlegt, über welche fünfmal zu gehen der Angeklagte aufgefordert wird, nachdem er den Trank zu sich genommen. Wirkt der Trank harntreibend, so gilt er für unschuldig. Erzeugt derselbe dagegen Schwindel, so erscheinen ihm die Stöcke wie grofse Klötze und indem er versucht, über dieselben zu treten, stolpert er, fällt und gilt für

---

[50]) Bastian, a. a. O. du Chaillu l. c. S. 894. Tams, a. a. O.
[51]) Wilson a. a. O. S. 296.
[52]) Burton two trips. I. S. 103. 104.
[53]) Reade, the Afrikan sketchbook London. 1873. p. 60. 61.
[54]) Monteiro l. c. I. p. 64.

schuldig.[55]) Dieser Brauch scheint mit geringen Varianten in Westafrika ganz allgemein zu sein.[56])

An der *Sierra-Leoneküste* wird das Ordal des roten Wassers gegen Frauen angewandt, welche der Untreue verdächtig sind. Das Weib mufs eine Gebetsformel hersagen, wonach es ihr schlecht ergehen soll, wenn sie nicht die Wahrheit sage, und dann eine Kalabasse mit rotem Wasser trinken. Stirbt sie, so ist ihre Schuld erwiesen, bleibt sie am Leben, so ist ihre Unschuld festgestellt.[57]) In *Grofsbassam* wird das Giftordal nur bei ganz schweren Verbrechen angewandt. Der Angeklagte wird in ein dichtes Gehölz geführt und mufs dort eine zwei Liter haltende bis zum Rande mit dem Safte giftiger Pflanzen angefüllte Schale bis auf den letzten Tropfen austrinken.[58]) An der *Goldküste* in der Gegend von Akkra wird ein Ordal erwähnt, bei welchem der Fetischpriester die verdächtigen Personen von einem Wasser trinken läfst, welches bei Schuldigen den Bauch fürchterlich anschwellen läfst, bis der Priester durch ein Mittel Erbrechen bewirkt, während den Unschuldigen nichts geschieht.[59]) Nach einem älteren Berichte mufste an der Goldküste der nicht überwiesene Dieb sich durch einen Eidstrunk reinigen.[60]) In *Aschanti* wird bei dem Giftordal die Rinde des sogenannten Schicksalsbaumes verwandt, welche man in einem Kürbis voll Wasser ausziehen läfst. Das Mittel wirkt als heftiges Brech- und Purgiermittel.[61]) Bei den *Kru* und *Grebo* wird das Rotholzordal angewendet zur Reinigung vom Verdachte der Zauberei, des Ehebruchs der Frau und bei häuslichen Streitigkeiten; das Gift wird vom Dhrrhin (Priester) verabreicht.[62]) Am *Rio Nunez* belegt der Simo oder Zauberpriester die eines Verbrechens verdächtigen Personen je nach Befund mit einer Dufse. Wer sich für unschuldig hält, kann dagegen auf ein Ordal provozieren, welches im Trinken eines Giftes besteht, das aus Baumrinde hergestellt wird und mit Wasser eine rote Farbe annimmt. Wirkt das Gift so kräftig purgierend, dafs sogleich alles abgeht, so gilt dies als Zeichen der Unschuld. Ebenso gilt der Angeschuldigte

---

[55]) Reade savage Afrika. S. 214. 215.
[56]) Lenz a. a. O. S. 186. 187.
[57]) Clarke a. a. O. S. 59. Auch bei Diebstahl und Zauberei ist dies üblich Winterbottom. a. a. O. S. 172.
[58]) Hecquard, a. a. O. S. 48.
[59]) Monrad a. a. O. S. 39.
[60]) Bosman l. c. I. p. 141.
[61]) Bowdich, Mission der engl.-afr. Kompagnie von Cap Coast Castle nach Aschanti, übers. v. Leidenfrost, Weimar 1820. S. 398.
[62]) Allen and Thomson, a narrat. of the exped. sent to the river Niger in 1841. Lond. 1848. I. S. 119—121. Wilson, a. a. O. S. 100.

für unschuldig, wenn bei ihm das Gift Erbrechen bewirkt. Gewöhnlich sterben sowohl Ankläger als Angeklagter, welche beide das Gift trinken müssen, sofort. Entschliefst sich die Familie des Angeschuldigten die verlangte Bufse zu zahlen, so hört man auf, denselben mehr Gift trinken zu lassen; man bringt ihn dann in ein warmes Bad und bewirkt dadurch, dafs er das Gift wieder von sich giebt.[63]) In *Pullaballa* kann sich der vom Nganga als schuldig bezeichnete nur durch das Ordal des Cascutrinkens reinigen. Je nachdem der Zauberpriester die Stärke des Aufgusses bemifst, giebt der Angeklagte das Gift wieder von sich, wo er dann als unschuldig gilt, oder er stirbt sofort daran, oder er behält es bei sich, ohne daran zu sterben. In den beiden letzten Fällen gilt er für schuldig und im letzten wird er von dem anwesenden Volke sofort in grausamer Weise zu Tode gebracht.[64]) In den verschiedenen Distrikten *Angolas* sollen jährlich eine Menge Menschen ihr Leben durch das Ordal des Gifttranks verlieren.[65]) Der Verdächtige mufs sich durch den Fetisch reinigen; er geht zu den Priestern und fordert in Gegenwart des versammelten Volkes die Giftprobe. Man nennt dies Fetisch verschlucken (numn Kissy). Man reicht ihm zu diesem Zwecke eine Kokosschale mit einem heiligen Tranke gefüllt. Äufsert das Gift keine Wirkung auf den Angeklagten, so ist er von der Schuld frei. Sobald jedoch die erste Spur des Giftes sich zeigt, wird er vom Pöbel zerrissen.[66])

Bei den *Banyai* giebt es eine Zeremonie „Muavi". Hat jemand seine Frauen in Verdacht ihn behext zu haben, so läfst er den Zauberdoktor kommen; alle Weiber gehen aufs Feld und fasten, bis der Doktor den Trank fertig hat. Dann trinken alle von dem Gift, wobei jede zum Zeichen der Unschuld die Hand zum Himmel erhebt. Diejenigen, die den Trank wieder ausbrechen, werden als unschuldig angesehen, während diejenigen, die davon purgieren, für schuldig erklärt und verbrannt werden. Ähnlich ist es bei den *Barotse*, *Baschubia* und *Batoka*.[67])

Es kommen auch noch anderartige Giftordalien vor. So wird an der Goldküste ein Ordal erwähnt, bei welchem der Verdächtige ein Stück Rinde von einem gewissen Baume kauen und dabei ein Gebet hersagen mufs, worin er den Wunsch ausspricht,

---

[63]) Caillié, journal d'un voyage à Temboctou et à Jenné, Paris 1830. I. S. 232. 233.
[64]) Johnston, a. a. O. S. 375.
[65]) Livingstone, Missionsreisen. II. S. 82.
[66]) Degrandpré, a. a. O. S. 29.
[67]) Livingstone, Missionsreisen. II. S. 281.

dafs ihn der Genufs dieser Rinde töten solle, wenn er nicht unschuldig sei.[68])

Bei den *Wanika* in Ostafrika giebt es ein Ordal „Kirapo dscha Kikahe", Eid des kleinen Brodes. Der Angeklagte mufs ein wenig vergifteten Brodes oder Reises essen. Ist er unschuldig, so schluckt er es ohne Mühe hinunter; ist er schuldig, so bleibt es ihm im Halse stecken, so dafs er es unter grofsen Schmerzen mit Blutverlust ausspeien mufs.[69])

In *Quoja* wurde früher zum Ordal ein scharfes Wasser gebraucht, welches aus verschiedenen Pflanzenstoffen hergestellt wurde. Dasselbe wurde dem Verdächtigen auf die Haut gestrichen und je nachdem diese dabei verbrannte oder nicht, galt der Verdächtige als schuldig oder unschuldig.[70]) Ein ähnliches Ordal wird auch von der *Goldküste* erwähnt. Der Fetischpriester bringt ein Becken mit Wasser, welches er mit einem Pferde- oder Kuhschwanze rührt. Alle Verdächtigen müssen sich darin das Gesicht waschen. Die Unschuldigen fühlen nichts dabei. Den Schuldigen schwellen unter den heftigsten Schmerzen die Augen an.[71])

In *Bonny* wird dem Angeklagten etwas ins Auge gethan, was die Sehkraft schwächt; es werden dann einige Pfefferkörner vor ihm auf den Boden gelegt, welche er aufsammeln mufs, ohne dafs eins dabei fehlen darf. Im Delta des Niger wird dabei die Calabarbohne verwandt.[72]) Bei den *Aku* oder *Eyeos* in Yarriba (Yoruba) wird zur Entdeckung eines Diebes vom Chugugbudah (Zauberer) ein Pflanzenaufgufs hergestellt, in welchen ein geknutes Pfefferkorn gethan wird. Der Beschwörer spritzt etwas von diesem Safte ins Auge des Verdächtigen. Erzeugt dies Thränen oder klagt derselbe über Schmerz, so gilt er für schuldig.[73]) In *Benin* that man dem Angeklagten einen gewissen Saft von grünen Kräutern in die Augen. That ihm derselbe nichts, so war er unschuldig. Wurden seine Augen davon rot, so mufste er Bufse zahlen.[74])

Aufser den Giftordalien ist in Afrika auch die *Feuerprobe* weit verbreitet. Die Berührung eines Körperteils des Verdächtigen mit einem glühenden Gegenstande oder mit siedendem Wasser oder Öl,

---

[68]) Winterbottom, a. a. O. S. 172.
[69]) Krapf, a. a. O. I. S. 342, 343.
[70]) Dapper l. c. II. p. 47.
[71]) Monrad, a. a. O. S. 99.
[72]) Reade, afric. sketchbook. I. S. 50, 51.
[73]) Clarke, a. a. O. S. 152. So insbesondere auch in Abeokuta. Burton, Abeokuta and the Camaroons mountains. London 1863. I. S. 204.
[74]) Bosman l. c. II. (III). S. 240.

ohne dafs derselbe dabei verbrannt wird, gilt als Zeichen der Unschuld, während die Verbrennung ein Zeichen der Schuld ist. Will man sich bei den Joloffen davon überzeugen, ob ein Angeklagter die Wahrheit geredet habe, so berührt man ihm mit einem glühenden Stücke Eisen die Zunge; läfst er darüber etwas von Schmerz merken, so erkennt man ihn für schuldig, im andern Falle für unschuldig.[15]) An der *Sierra Leoneküste* mufs der Verdächtige zum Beweise seiner Unschuld ein glühendes Eisen angreifen. Verbrennt er sich dabei, so gilt dies als Beweis der Schuld. Bisweilen fährt ihm der Priester dreimal mit einem glühenden kupfernen Armringe über die Zunge und wenn ihm dies keinen Schaden thut, so glaubt man, dafs seine Unschuld erwiesen sei.[16]) In *Loango* wird bereits in allen alten Berichten die Feuerprobe erwähnt, die auch jetzt noch vorkommt. Der Ganga Bisongo erhitzt ein Messer im Feuer, und zieht es über seine Hand, ohne sich zu verletzen. Dann wird es an dem Verdächtigen erprobt, um durch Versengen des Schuldigen herauszufinden. Den Unschuldigen soll das Messer nicht verletzen.[17]) In *Kongo* findet sich dieselbe Probe des glühenden Eisens. Die Priester sollen im Besitze einer Substanz sein, welche die Haut gegen das heifse Metall unempfindlich macht.[18]) In *Angola* besteht die Feuerprobe darin, dafs man eine glühende Kohle in die Hand nimmt. Hinterläfst dieselbe keine Verletzung, so gilt dies als Zeichen der Unschuld. Es ist unbezweifelt, dafs die Priester die Kunst besitzen, die Haut gegen die Wirkung des Feuers unempfindlich zu machen. Sie haben es daher ganz in der Hand, wie das Ordal ausfallen soll. Der von ihnen eingeleiteten Anklage entgeht niemand ohne grofse Geschenke.[19]) Bei den *Bakalai* wird ein Kupferring in kochendes Palmöl gethan, und wenn das Öl ausgebrannt ist und der Ring glühend im Topf liegt, mufs derjenige, dessen Aussage auf die Wahrheit geprüft werden soll, denselben mit den Fingern herausholen; verbrennt er sich dabei, so ist seine Aussage falsch gewesen.[60]) In *Benin* strich der Priester mit einem glühenden Armring von Kupfer dem Verdächtigen über die Zunge. Verbrannte dieselbe ihm nicht, so galt er für unschuldig.[81]) Bei den *Somali* wird dem Angeklagten ein weifsglühender Eisenstab in

---

[15]) Mollien, Reise in das Innere von Afrika. Weimar 1820. S. 52.
[16]) Winterbottom, a. a. O. S. 172.
[17]) Bastian, Deutsche Exped. L S. 204.
[18]) Reade, savage Africa. S. 287.
[19]) Degrandepré, a. a. O. S. 30.
[60]) du Chaillu, explor. p. 269.
[81]) Bosman l. c. II. (III.) p. 240.

die Hand gedrückt, bis man zehn zählt. Verbrennt derselbe sich die Finger, so gilt er für schuldig.[82]) Bei den *Wanika* führt der Zauberpriester entweder dem Angeklagten zweimal mit einem glühenden Beil über die flache Hand, oder der Angeklagte mufs aus einem glühend gemachten kupfernen Kessel einen funkensprühenden Stein herausholen, oder der Zauberpriester zieht eine glühende Nadel durch die Lippen desselben. Verbrennt derselbe sich, so gilt er für schuldig.[83]) Bei den *Waswaheli* in Monbassa mufs der Verdächtige dreimal an einem glühenden Beile lecken, was ihm, wenn er unschuldig ist, keinen Schaden thut.[84])

Das Ordal des siedenden Wassers wird bei den *Wasaramo* erwähnt und heifst hier Búga oder Kyapo. Zeigt die hineingetauchte Hand eine Verletzung, so ist das Vergehen bewiesen und das Urteil wird sofort vollstreckt. Der Ausgang des Ordals liegt in der Hand des Mgángá oder Medizinmannes.[85]) Bei den *Somali* mufs der Verdächtige aus einem Topf mit kochendem Wasser drei kleine Kieselsteine oder drei Erbsen herausholen. Ist er unschuldig, so verbrennt er sich dabei nicht.[86])

Das Ordal des siedenden Öls findet sich bei Verdacht des Ehebruchs oder Diebstahls bei den *Kru* au der Pfefferküste, indem der Angeklagte die nackte Hand in einen Topf siedenden Öls stecken mufs. Der Unschuldige verbrennt sich dabei nicht.[87]) An der *Sierra Leoneküste* mufs der Verdächtige mit entblöfstem Arme aus einem mit siedendem Öl gefüllten Topfe einen Schlangenkopf, Ring oder sonst etwas herausholen.[88])

Aufser diesen Ordalien kommen in Afrika noch eine Reihe von Ordalien vor, welche eine Spezialität bestimmter Völkerschaften sind.

So findet sich z. B. bei den *Marghi* zwischen Bornu und Adamaua ein eigentümliches Gottesgericht auf den heutigen Granitfelsen von Kóbschi. Hier hetzen die streitenden Parteien jede einen Hahn auf den Hahn des andern, und der siegreiche Hahn macht auch die Partei zum Sieger.[89]) In *Widah* wurde der Verdächtige in einen Flufs in der Nähe des Hofes des Königs geworfen, welchem die Eigenschaft zugeschrieben wurde, dafs er den Schuldigen zu

---

[82]) Haggenmacher in Petermanns Mittl. Erg. X. Nr. 47. S. 87.
[83]) Krapf, a. a. O. I. S. 342, 343.
[84]) Hildebrandt in der Zeitschr. f. Ethnol. X. S. 388.
[85]) Burton, the lake regions of Centralafrica. London 1860. I. p. 114.
[86]) Haggenmacher in Petermanns Mittl. Erg. X. Nr. 47. S. 37.
[87]) Wilson, a. a. O. S. 100, 168.
[88]) Winterbottom, a. a. O. S. 172.
[89]) Barth, Reisen u. Entdeckungen 1857. II. S. 647.

Grunde ziehe.[90]) Zu der gleichen Probe wurde auch ein bestimmter Flufs in *Benin* benutzt.[91])

In *Benin* gab es ein Ordal, bei welchem der Priester mit einer Hühnerfeder durch die Zunge des Verdächtigen stach; ging sie glatt durch, so war er unschuldig, blieb sie darin stecken, so war er schuldig.[92])

In der Stadt *Widah* werden Schlangen dazu benutzt, um Personen zu entdecken, die sich der Zauberei schuldig gemacht haben. Beifst die Schlange in der Hand des Priesters den Verdächtigen, so gilt dieser als schuldig.[93])

In Bonny mufs der Verdächtige durch eine Bucht schwimmen, in welcher täglich die heiligen Haie gefüttert werden.[94])

Bei den *Waswaheli* in Monbassa findet sich ein Gottesurteil der Brille, bei welchem der Angeklagte seine Hand in die Spalte eines Stabes hält. Ist er schuldig, so schliefst sich die Spalte und klemmt die Hand. Ferner ein Urteil des gehülsten Reises, bei dem der Priester dem Verdächtigen etwas Reis giebt, den der Unschuldige leicht hinunter schluckt, während er beim Schuldigen immer mehr und mehr wird. Endlich ein Urteil des Theekessels, bei welchem zwei verdächtige Personen die Spitzen der beiden Zeigefinger der rechten Hand dicht zusammenhalten und über die Berührungsstelle ein leichter Theekessel gehängt wird. Dem Schuldigen soll die Kraft verlassen, so dafs ihm der Kessel vor die Füfse fällt. Bei den *Wadigo* mufs der Verdächtige aus einem Schädel trinken. Ist er schuldig, so stirbt er.[95])

Oft sind die Ordalien zweiseitig, so dafs sowohl der Ankläger als der Angeklagte sich der Probe unterwerfen mufs. So wird in *Unyoro*, wenn jemand bestohlen ist, der Gebrauch „madudu" angewendet. Der Bestohlene führt denjenigen, gegen den er Verdacht hat, vor den König, wo beide entweder selbst einen aus rotem Holze bearbeiteten Zaubertrank trinken oder ihn zwei Hühnern zu trinken geben. Der Schuldige beziehungsweise sein Huhn werden schwindlig. Dies ist auch in *Uganda* gebräuchlich, jedoch im Verschwinden begriffen.[96]) Am *Rio Nunez* trinken Angeschuldigter sowie Ankläger das rote Wasser und zwar jeder gleichviel.[97]) Bei den *Kimbunda*

---

[90]) Bosman l. c. II. S. 137.
[91]) Bosman l. c. II. S. 241.
[92]) Bosman l. c. II. S. 240.
[93]) Wilson a. a. O. S. 152.
[94]) Reade, afric. sketchbook. I. S. 50.
[95]) Hildebrandt a. d. Zeitschr. f. Ethnol. X. S. 388, 389.
[96]) Emin Bey in Petermanns Mittl. XXV. S. 392.
[97]) Caillié l. c. I. S. 233.

trinken ebenfalls beide Parteien das Gift. Der Kimbanda giebt aber der einen weniger als der andern.⁹⁸) In *Kániba* wird der Dulongotrank von beiden Teilen getrunken. Der Zauberpriester schüttet in das Trinkhorn eines jeden aus einem Beutel einen Löffel weifsen Pulvers. In diesem Beutel befinden sich zwei Teile, davon einer unschädliches Mossambálamehl, der andre ein stark wirkendes Gift enthält.⁹⁹) In *Kiákka* wird ebenfalls der Dulongotrank von beiden Teilen getrunken.¹⁰⁰) Bei den Ganguellas wird das Gift von dem Beschuldigten und dem nächsten Verwandten des Verstorbenen getrunken.¹⁰¹)

Auch eine Stellvertretung beim Ordal findet sich in Afrika. Am *Gabun* wird der Gifttrank oft durch Stellvertreter genommen.¹⁰²) Macht in *Loango* eine Frau eines Königs sich der Untreue verdächtig, so mufs ein Sklave oder sonst jemand sich dem Ordal des roten Wassers unterwerfen. Erkrankt oder stirbt der Stellvertreter bei dieser Probe, so ist auch das Weib dem Tode verfallen. Es kommt auch oft vor, dafs für einen bejahrten oder geachteten Mann, der der Zauberei angeklagt wird, ein Sohn oder ein Lieblingssklave auftritt, um sich als sein Stellvertreter dem Ordal zu unterwerfen.¹⁰³) Von den *Banjars* wird erwähnt, dafs der Angeklagte die Giftprobe sehr oft überstehe, wenn er reich genug sei, einen Vertreter zu bezahlen.¹⁰⁴) Solche Vertreter scheinen also mit dem Zauberpriester im Bunde zu stehen.

Auch Tiere werden wohl zur Stellvertretung benutzt. Bei den *Batoka* wird z. B. bei dem Gottesurteil der Muave wohl ein Hahn benutzt.¹⁰⁵) Auch die *Barotse* geben das Gift der Muave einem Hahn oder Hunde und urteilen über die Schuld der angeklagten Person darnach, ob das Tier bricht oder purgiert.¹⁰⁶)

Wer im Gottesurteil unterliegt, verliert durchgängig Leben und Vermögen. Im günstigsten Falle wird er verbannt oder als Sklave verkauft.

In *Calumbo* kann der Mani ihn zu ewiger Verbannung begnadigen. Sein Eigentum wird alsdann zu gunsten der Erben des Verstorbenen konfisziert und Weiber und Kinder werden ebenfalls

---

⁹⁸) Magyar a. a. O. I. S. 136 n. 28, 30.
⁹⁹) Magyar in Petermanns Mittl. 1857. S. 197.
¹⁰⁰) Magyar, Reisen. I S. 122, 123.
¹⁰¹) Serpa Pinto a. a. O. S. 120 ff.
¹⁰²) Wilson, a. a. O. S. 296.
¹⁰³) Dapper l. c. II. S. 160. Wilson, a. a. O. S. 229.
¹⁰⁴) Hecquard S. 78.
¹⁰⁵) Livingstone, Neue Missionsreisen. I. S. 256.
¹⁰⁶) Livingstone, Missionsreisen. II. S. 282.

Eigentum der Erben.[107]) In *Pallaballa* am Kongo wird der durch das Ordal schuldig befundene Angeklagte vom Volke in Stücke zerhackt oder über langsamem Feuer verbrannt.[108]) In den Bezirken *Arimba, Thunda, Selles* und *Assango* an der Loangoküste bemächtigt sich der Gegner des im Giftordal Unterlegenen mit seinem Anhange des Überführten, seiner Sklaven und Güter. Nach mannigfacher Peinigung wird er gewöhnlich dem Soba eines entfernten Dorfes verkauft, um dort getötet und verzehrt zu werden.[109]) In *Angola* wird derjenige, der beim Giftordal unterliegt, ohne dabei sofort zu sterben, unmittelbar vom Volke zerstochen und zerschlagen, sein Kopf abgehauen, sein Körper verbrannt[110]) oder die zerstreuten Glieder an einem Palmbaum aufgehängt, bis Raubvögel sie verzehren.[111]) Stirbt an der *Sierra Leoneküste* der Angeklagte bei der Giftprobe oder ist er zu alt, als dafs man ihn als Sklaven verkaufen könnte, so wird einer seiner Angehörigen als Sklave verhandelt.[112]) In *Kiákka* wird derjenige, der beim Ordal des Bulongotranks unterliegt, sofort von der Volksmenge auf das Grausamste zerstückt;[113]) in *Benguela* wird er zu Tode gesteinigt.[114]) Bei den *Bakuiri* am Kamerungebirge wird derjenige, der im Giftordal unterliegt, vom Volke sofort mit Faschinenmessern niedergehauen.[115]) In ähnlicher Weise wird mit ihm an der ganzen Westküste Afrikas verfahren. Er wird von allen Seiten verhöhnt, angespieen und manchmal auch an den Füfsen durch Dickicht und über Gestein geschleift, bis der Körper zerrissen und zerfleischt ist.[116]) Bei den Ganguellas in Caquingue mufs der im Ordal des Gifttranks unterliegende entweder das Leben des Verstorbenen bezahlen, oder das eigene verlieren.[117]) Dagegen gilt derjenige, der das Ordal überstanden hat, als vollkommen gereinigt und nimmt alsdann eine geachtetere gesellschaftliche Stellung ein wie vorher.[118])

Fällt das Gottesurteil zu gunsten des Angeklagten aus, so treffen den Ankläger regelmäfsig Strafen.

---

[107]) Valdez l. c. II. p. 130.
[108]) Johnston, a. a. O. S. 375.
[109]) Güfsfeldt, a. a. O. II. S. 76.
[110]) Monteiro l. c. I. S. 63.
[111]) Degrandepré, a. a. O. S. 29.
[112]) Winterbottom, a. a. O. S. 176.]
[113]) Magyar, a. a. O. I. S. 122. 123.
[114]) Tams, a. a. O. S. 68.
[115]) Schwarz, a. a. O. S. 175.
[116]) Wilson, a. a. O. S. 167.
[117]) Serpa Pinto, a. a. O. I. S. 120 ff.
[118]) Wilson, a. a. O. S. 167.

Wird an der *Pfefferküste* eine Frau auf Anklage ihres Mannes der Probe des siedenden Öls unterworfen und besteht dieselbe, so muſs ihr ihr Gatte als Buſse für den ungerechten Verdacht ein schönes Geschenk machen.[119]) Besteht an der *Loangoküste* der Angeklagte oder sein Stellvertreter das Ordal des roten Wassers, so hat der Ankläger seine Freiheit verwirkt[120]) oder er muſs doch hohe Entschädigung zahlen.[121]) So hat auch am *Rio Nunez* der als unschuldig aus dem Giftordal hervorgegangene Angeschuldigte gegen den Ankläger einen Anspruch auf Schadensersatz.[122]) Ebenso ist es bei den *Banjars*.[123]) An andern Teilen der Westküste Afrikas müssen die Ankläger eines Angeklagten, der das Rotwasserordal überstanden hat, sich derselben Probe unterwerfen oder sich durch Zahlung eines ansehnlichen Ersatzes an den Gereinigten loskaufen.[124]) Bei den *Ganguellas* hat der Ankläger, wenn das Ordal des Gifttranks gegen ihn ausfällt, den Angeklagten für die Anklage zu entschädigen, indem er ihm sofort ein Schwein schenken, die Unkosten für das Aufsuchen und Holen des Medizinmannes bezahlen und endlich auch noch hergeben muſs, was der Angeklagte verlangt, z. B. ein paar Ochsen, einige Sklaven, einen Packen Stoffe u. a.[125])

An der *Sierra Leoneküste* klagt derjenige, der das Ordal des Gifttranks siegreich überstanden hat, gegen die Freunde des Verstorbenen wegen Verunglimpfung seines ehrlichen Namens und widerrechtlich erlittenen Arrestes, worauf dann gemeiniglich durch eine der Beleidigung angemessene Bezahlung die Sache abgethan wird.[126])

Klagt bei den *Somali* ein Fremder gegen einen Somali, so muſs er vorab, ehe man zur Untersuchung schreitet, eine Summe als Ehrengeld deponieren. Besteht der Angeklagte das Ordal des siedenden Wassers, so erhält der falsch Angeklagte diese Summe.[127])

Zaubereiprozesse und Gottesurteile sind bekanntlich auf der ganzen Erde verbreitet und eine Erscheinung, welche auf bestimmten Kulturstufen sich regelmäſsig wiederholt. Auch in unserm germanischen Altertume treten uns diese fremdartigen Institutionen bekanntlich entgegen und sind uns noch heutzutage vielfach ein Rätsel. In

---

[119]) Wilson, a. a. O. S. 168.
[120]) Wilson, a. a. O. S. 229.
[121]) Bastian, Deutsche Exped. II, S. 158. 159.
[122]) Caillié l. c. I. p. 233.
[123]) Hecquard, a. a. O. S. 76.
[124]) Wilson, a. a. O. S. 167.
[125]) Serpa Pinto, a. a. O. S. 120 ff.
[126]) Matthews, a. a. O. S. 131 ff.
[127]) Haggenmacher in Petermanns Mitteilungen. Erg. X. Nr. 47. S. 37.

der That sind sie hier Überreste aus einer grauen Vergangenheit, deren Denkweise wir uns kaum vorstellen können. In Afrika, dem klassischen Weltteile der Gottesurteile existieren sie noch heutzutage in ihrer ganzen grausigen Lebenskraft. Hier sind wir im stande, in das ganze Getriebe hineinzuschauen, in welches sie gehören, und wir dürfen den Schluſs ziehen, daſs auch bei uns dereinst einmal eine soziale Organisation geherrscht hat, welche mit der Organisation des afrikanischen Zauberpriestertums Ähnlichkeit gehabt haben muſs. So werfen die Studien über die Sitten der Naturvölker glänzendes Sonnenlicht auf das bisher in unheimliches Halbdunkel gehüllte Reich unsrer eigenen Vorgeschichte und gewähren uns erst die volle Freude an den mühsam errungenen Schätzen unsrer heutigen Kultur.

## Vom Niger-Benuëgebiet und seinen Handelsverhältnissen.

### Von Ernst Hartert.

Einleitung. Handel in den Küstengegenden. Braſs. Palmöl. Die National African Company. Lokodscha. Die Mission. Ein neuer Nigerdampfer für die englische Mission. Eggan. Die Schilhatter. Europäische Waren. Der Branntwein. Der Benuë. Handelsfreiheit. Menschenopfer. Englische Handelsniederlassungen am Benuë. Silberminen. Loko und Dagbo. Ruinen. Elfenbeinhandel. Die arabischen Händler. Grundverwerbungen Flegels. Baba-n-Dschidda. Palmöl und Palmkernöl. Waffenhandel. Mängel des Muschelgeldes. Einwanderung europäischer Ackerbauer nicht ratsam. Aussichten für den Handel. Verkehrsmittel in Haussa. Eine Elfenbeinkarawane. Reiche Araber. Abnahme des Verkehrs mit Timbotu. Räuberhorden. Wissenschaftliche Forschung für deutsche Unternehmungen notwendig.

Ein groſses, umfangreiches, an Bodenbeschaffenheit und Produktionsfähigkeit vielfach verschiedenes Gebiet ist es, das ich in den Jahren 1885/1886 bereiste. Ich zog hinaus mit Robert Flegel, der jetzt im Angesichte des Meeres am Eingang jener gewaltigen Wasserstraſse in das Innerste des sogenannten dunklen Kontinents, in Braſs, dem Ausgangspunkte unsrer Expedition, von seinem bewegten Leben für immer ausruht. Um die Tierwelt der zoologisch noch undurchforschten Benuëländer kennen zu lernen, hatte ich mich der Expedition angeschlossen, übernahm aber dort mit meinem treuen Reisegeführten *Paul Staudinger* den ehrenvollen Auftrag, die Briefe und Geschenke Sr. Majestät unsers allergnädigsten Kaisers und Königs an die Sultane von Sokoto und Gandu zu bringen, und lernte dadurch einen groſsen Teil der reichen, zwischen dem Benuë und dem Südrand der Sahara gelegenen, gewöhnlich unter dem Namen der Haussaländer oder der Fulbestaaten bekannten Gebiete kennen. Beide Namen haben ihre Berechtigung, denn die Haussa sind die recht eigentlichsten, zahlreichsten gewerb- und handeltreibenden Bewohner des Landes, welche uns hier besonders interessieren, und die Fulbe, Fulde oder Pullo, Fillani, wie sie von den Haussa, Felláta, wie sie von den Kanóri, und Fulláo, wie sie von den Arabern genannt zu werden pflegen, sind es, deren Nachkommen seit der grofsen islamitisch-fanatischen Invasion im Anfang des neunzehnten Jahrhunderts die herrschende Klasse einerseits bilden und andererseits fast überall den Hauptbestandteil der Viehzucht treibenden Bevölkerung ausmachen, während die Haussa entschieden mehr den Handel lieben. Wenn ich auch, wie ich bereits vorhin erwähnte, als Naturforscher hinausgezogen war und der Zoologie, zumal der Ornithologie, nach wie vor treu geblieben bin, so erlaube ich mir dennoch auch über sonstige Verhältnisse der bereisten Länder zu sprechen, da ich sehe, dafs dieselben noch sehr wenig bekannt sind und vielfach falsch beurteilt werden, und weil ich in der bevorzugten Lage bin, ohne eine gefärbte Brille vor den Augen, ohne eine vorhergefafste Meinung, ein unbefangener Beobachter gewesen zu sein und die Genugthuung habe, mit meinem Reisegefährten im allgemeinen völlig übereinzustimmen.

Bei *Brafs* an der Nigermündung gewann ich zunächst einen längeren Einblick in die Handelsverhältnisse der Küstengegenden, aber hier begegnen wir der interessanten Thatsache, dafs seit kurzem die Weifsen sich schon nicht mehr begnügen, sich das Palmöl auf langen Kanufahrten von den Schwarzen bringen zu lassen, sondern selbst mit kleinen Dampfbarkassen den Niger bis Onitscha hinauffahren und die mit Öl beladenen Böte herabschleppen. Zwar liegt dem Neger im allgemeinen nichts ferner, als der Glaube an das in Europa so goldene Wort „Zeit ist Geld", hier aber scheint es fast, als ob ein Anfang zum Bessern gemacht sei — aber es *scheint* auch wohl nur so, denn fast möchte ich argwöhnen, dafs nur der Vorteil, den die Weifsen hiervon haben, bei den Schwarzen die Bequemlichkeit allein, die Gründe davon sein mögen.

In Brafs lebt eine rohe Bevölkerung, die aber ein tüchtiges Handelsvolk ist und sehr wohl ihren Vorteil kennt. Die mehr im Innern vorzugsweise beliebten ganz geringen Stoffe werden hier schon nicht mehr so viel begehrt, die Preise für Genever, Flinten und Pulver sind sehr niedrig, desto höher, im höchsten Grade unverschämt, sind die Preise, die sich die Eingeborenen für Fleisch, d. h. für die kleinen Ziegen und Schafe und die ebenfalls kleinen Hühner bezahlen lassen; je tiefer ins Innere hinein, desto niedriger werden die Preise.

*Palmöl* und *Palmkerne* sind die einzigen Ausfuhrartikel von

Brafs und dem ganzen unteren Flufs. In Brafs befinden sich mehrere englische Häuser. Wir genossen hier die unvergleichlichste Gastfreundschaft des Herrn *Townsend*, Firma Hatton & Cooksen, und wurden nicht minder liebenswürdig aufgenommen von unserm landeskundigen, lebensfrohen Landsmann Herrn *Sohnke*, Firma Harrison. In Brafs befindet sich auch schon eine Fabrik, in der die Palmkerne ihrer harten, platzraubenden Hülle schneller und billiger, als die Eingeborenen dies vermögen, entledigt werden. Da die Neger für ihr Öl ziemlich hohe Preise verlangten und der Markt in Europa reichlich mit dieser Ware versehen war, so ging das Geschäft in der letzten Zeit nicht besonders gut.

Im ganzen Flufs bis zur Mündung des Benuë hinauf bildet Palmöl das einzig bedeutende Ausfuhrprodukt. In Lokodscha, gegenüber dem Einflusse des Benuë in den Niger, befinden sich grofse Lagerräume der „National African company". Lokodscha gewährt einen prächtigen Anblick, wenn man sich ihm vom Benuë her über die seeartige Wasserfläche nähert; nicht so schön kommt es zur Geltung, wenn man den Flufs heraufkommt. Aus den am Fufse des hohen Berges gelegenen Negerhütten erheben sich hellleuchtend die glänzenden Wellblechdächer der Lagerräume, der Schule und der alten Mission, auch des Hauses eines schwarzen Händlers von der Küste her, weiter flufsab die einzeln stehenden grofsen geräumigen Gebäude der englischen „church missionary society" unter dem alten bekannten schwarzen Bischof Crowther, und der neuen katholischen Mission der Weifsmäntel von Lyon, die anscheinend sehr vernünftig vorgehen, und die sich des entschiedenen Vorteils erfreuen, nur weifse, keine schwarzen Missionäre zu haben. Zur Zeit sind dort fünf Weifse tätig und es werden in nächster Zeit eine Anzahl Schwestern erwartet. Eine andre katholische Mission der „Väter vom heiligen Geist und dem Herzen der Jungfrau Maria" von Paris, fanden wir in Onitscha, wo zwei „Väter" und ein „Bruder", alle die deutsche Zunge redend, thätig waren. Ich halte die Missionäre als Kulturapostel für wichtig und mufs von diesem Standpunkte aus, obwohl selbst ein guter Protestant, hier diesen Missionsbestrebungen der Katholiken eher das Wort reden, als den schon so lange hier thätigen englischen Bekehrern, die im Hinblick auf das viele aufgewandte Geld und die Länge der Zeit recht wenig erreicht haben. Ich mufs jedoch bemerken, dafs sich dies nur auf diese Missionen im Nigergebiet bezieht, da ich von andern nichts eingehendes kennen gelernt habe. Gerade in solchen Gegenden kommt es nicht am wenigsten auf die Persönlichkeiten der Bekehrer an, und diese Männer hier, die nebenbei uns in Onitscha mit bewundernswerter Liebenswürdigkeit aufnahmen und uns aus dem Innern kommenden Reisenden mit für uns köstlichen Speisen bewirteten, scheinen mir sehr geeignet für ihren schweren Beruf; sie unterzogen sich aufopferungsvoll der Krankenpflege und bepflanzten ihr Land mit einheimischen und europäischen Gewächsen, manchen Eingeborenen friedlich zur Arbeit heranziehend! Neuerdings werden von der augenscheinlich mit bedeutenden Mitteln versehenen evangelischen „church missionary society" grofse Anstalten gemacht. Ein neuer grofser Dampfer mit zwei Hinterrädern, der nach dem alten, auf dem Flegel seiner Zeit den Benuë befuhr, wieder „Henry Venn" getauft wurde, ist erbaut. Wir sahen das in That grofsartig aussehende Schiff oberhalb Onitscha mit Crowther selbst an Bord an uns vorbei den Niger hinaufdampfen, als wir uns im Juli 1886 auf der Thalfahrt befanden. Er kam recht langsam gegen die Strömung an, was aber kein grofser Fehler sein mag, da er wohl nicht als Kurierboot verwandt werden soll, hatte aber das Mifsgeschick, etwas oberhalb liegen zu bleiben, weil ein Maschinenteil zerbrochen war, was in einigen Wochen, (da wohl erst Hülfe oder Material von Akassa geholt werden mufste) repariert sein sollte. In Lokodscha waren prächtige neue Gebäude, auch ein Raum für eine Druckerei (die mir ein rechter Unsinn scheint) im Bau begriffen, die gesund gelegen, praktisch ausgeführt, viel zu versprechen scheinen und die wir mit Vergnügen besichtigten.

Vom Niger oberhalb Lokodscha kenne ich nur durch Flegels Angaben und eingezogene Erkundigungen einiges, da ich alsbald in den Benuë fuhr. In Eggan am Niger beginnt auch schon der Elfenbeinhandel einige Bedeutung zu gewinnen, am wichtigsten aber ist für Eggan die Schibutter, sheabutter, le beurre végétal, die aus der Frucht des Dutterbaumes, Butyrospermum Parkii, Kadénja der Haussa, Kárchi der Fulbe, bereitete Fettmasse. Der Schibutterbaum wächst von Loko am Benuë bis Sokoto hinauf durch fast alle Strecken, die wir bereisten, und würde, wenn kultiviert, noch ungemein vermehrt werden können. Das angenehm süfs schmeckende gelbe, die grofsen braunen Kerne umhüllende Fleisch nebst der grünen Schale ist bei den Eingeborenen sehr beliebt. Die Butter selbst sah ich im Innern nur in ziemlich geringen Mengen auf den Märkten. An manchen Orten fabriziert man sie gar nicht, in Loko z. B., wo der Baum, wenn auch nur hier und da im Busche stehend, trefflich gedeiht, bereitet man die Butter nicht. In Eggan wird auch noch Palmöl gekauft, doch sind die Hauptbezugsquellen dieses Artikels im untern Niger.

Von europäischen Waren sind vorzüglich Genever in Kisten

und Stoffe, leichte Kattune — eine etwas euphemistische Bezeichnung für die zumeist hier in den Handel gebrachten Gewebe — blue-baft, Croydon, Graybaft u. dergl. m., billige Gewehre, Pulver und grobe Schrote, besonders auch Tabak, zu erwähnen. Alle die andern Artikel sind nicht die recht eigentlichen Tauschwaren, obwohl manche derselben in kleinen Quanten zu Geschenken an die Hauptlinge und zur Zugabe zu den Kaufpreisen in obengenannten Gegenständen nötig sind. In Drafs sind schon beßere Liqueure beliebt, Seife, unmoderne Hüte, Schirme, cutlas, Streichhölzer und tausend andre kleine Dinge sind gern gesehen und von Nutzen; doch ist es nicht selten, dafs einige solche Dinge ohne Vorteil weggegeben werden. Ganz kürzlich schrieb man von England aus, dafs der Sultan von Nupe in seiner Residenz Biddah das Schnapstrinken verboten habe. Ob dies Verbot bestehen und von Erfolg begleitet sein wird, mag sich zeigen. Auch im Frühjahr 1886 verbot der Sultan von *Keffi Abd-es-Ssenga*, in der Regel einfach Keffi, oder wie es unrein gesprochen klingt, Kaffi genannt, das Schnapstrinken in seiner Stadt, erreichte aber vorläufig nur, dafs der edle Fusel nicht mehr auf offenem Markte, sondern heimlich in den Häusern verkauft und ausgetrunken wurde. Übrigens habe ich in diesen Gegenden noch nirgend so schädliche Einwirkung des Fusels, nirgend eine ähnliche Demoralisierung durch Branntwein beobachten können, wie sie mir im eigenen Vaterland auf meinen Wanderungen in den Hinterwäldern Masurens, Litthauens und Oberschlesiens in erschrekkenden Bildern vor die Augen trat. Es ist ja gewifs sehr lobenswert und schön, darauf hinzuwirken, dafs die „Vergiftung der afrikanischen Eingeborenen durch Branntwein" nicht noch weiter fortschreite, man vergifst aber im übergrofsen Eifer leicht, dafs in den Gegenden, wo diese Ware einmal Handelsartikel geworden ist, die Kaufleute selbst mit dem besten Willen nicht im stande sind, hiermit plötzlich abzubrechen; es würde sich die Wut der Eingeborenen, die ihres Lieblingsgetränkes beraubt sein sollten, gegen die Weifsen kehren, Handel und Verkehr würde stocken. Auch ist es ganz ungerecht, zu verlangen, dafs der wissenschaftliche Reisende keinen Schnaps für Neger mitnehmen soll, da er ihm oft von allergröfstem Nutzen sein kann. Nur sollte der Forscher ihn nicht in neue Gegenden einführen, wie auch Kaufleute seiner in neu zu erschliefsenden Gebieten ohne Zweifel sehr gut würden entbehren können. Wer sich zum Humanitätsapostel berufen fühlt, sollte sich doch erst im eigenen Vaterlande umsehen, den sich ja auch erfreulicherweise regenden Bestrebungen beistehen und den edlen Männern, die auf eigene Faust — ich gedenke einiger Forstbeamten und Ortsvorsicher, die ich auf meinen Jagden und Sammelreisen kennen lernte — sich bemühen, der Fuselsucht im deutschen Osten zu steuern, hülfreich zur Hand gehen.

Wenn ich den Niger verlasse, um auf den Benuë einzugehen, so kann ich nicht umhin, an dieser Stelle darauf aufmerksam zu machen, dafs jetzt das ganze Gebiet des Niger, soweit es von der Mündung herauf dem europäischen Handel geöffnet ist, sowie der Benuë bis gegen Jola hin, den Engländern laut einer Abmachung der beiden Mächte zur Agitation überlassen bleibt, während die Gebiete süd- und ostwärts einer vom Rio del Rey nach einem kurz unterhalb Jola gelegenen Punkte gezogenen Linie der deutschen Agitation offen steht. Länderwerbungen in den obengenannten Teilen des Niger und Benuë dürften also wohl von der Regierung nicht anerkannt werden, doch können auf den freien Verkehr geöffneten Flüssen private Handelsunternehmungen unbehindert stattfinden. Vorläufig herrscht in allen diesen unzivilisierten Gebieten noch das Recht des Stärkeren, mit alleiniger Ausnahme der grofsen Haussa-Fulbestaaten, wo ein schwacher Schimmer oberherrlicher Gewalt über das Land gebreitet ist. In den definitiv unter englischen Schutz gestellten Gebieten, wie an der Nigermündung, werden ja wohl binnen kurzem die Verhältnisse geordneter werden. Welche Zustände noch in einigen Strecken herrschen, das illustrieren am besten die Thatsachen, dafs gegenüber der Mündung des von Zweifel und Flegel zuerst befahrenen Amambaraflusses in der Nähe von Asaba den Göttern alljährlich eine erschreckliche Menge von Menschenopfern gebracht werden, wozu die Unglücklichen, möglichst billige Geschöpfe, alte, unbrauchbare Leute, kleine krüppelhafte, geschwürbedeckte Kinder und dergleichen mehr — wenn es nur *Menschen* sind, welche die den Göttern angenehme *Zahl* ausmachen — zum Teil auf einer Sandbank im Niger gekauft werden. Ferner dürfte es von Interesse sein, dafs am mittleren Benuë noch vor kurzem vier oder fünf Weifse von dem Muntschivolke getötet worden sind, jenem Stamme, von dem sehr oft behauptet wird, er habe kannibalische Gewohnheiten, was höchst wahrscheinlich aber nicht der Fall ist, während zwischen Niger und Benuë, mehr im untern Nigergebiete, Kannibalismus mannigfach vorkommt.

Am Benuë liegen nun schon eine ganz erkleckliche Anzahl englischer Faktoreien, die aber im letzten Jahre aufserordentlich wenig eingebracht haben. Der Handel dieses ganzen fruchtbaren Benuëgebietes hat nämlich seinen Hauptwert bisher nur noch im Elfenbein gehabt. Palmöl giebt es nicht viel und auch nicht überall, Sesam, benny-seed der Engländer, ridi der Haussa, mehr in den obern Gegenden. Die Minen in Dausota ergaben im Anfang viel gutes Silber, jetzt aber nur Bleiglanz mit zu wenig Silber, als dafs es die Kosten der Ausbeutung deckt. Zudem scheinen gerade die Umgebungen dieser Minen vorzugsweise ungesund zu sein. Zu bewundern ist der Mut des jungen Charly Mac-Intosh, der ohne Bedenken an den durch Menschen und Klima am meisten gefährdeten Stellen seine Thätigkeit entfaltet und wie es scheint auch den schädlichen Einflüssen des letzteren gegenüber einen hohen Grad von Widerstandsfähigkeit besitzt. Es ist sehr wohl anzunehmen, dafs sich in den obern Benuēgegenden noch gröfsere, der Ausbeutung werte Silberlager finden.

Vom Niger an ist ohne Zweifel zunächst der wichtigste Ort am Bennē das neue Loko. Der früher hier erwähnte Ort Dagbo, dessen Lage mit unserm Loko zusammenfallen soll, ist etwas unklar. Rohlfs fand keine Spur von diesem Namen und auch uns ist er niemals vorgekommen. Dafs Dagbo eine kleine Strecke flufsab gelegen habe, ist sehr unwahrscheinlich. Wir haben unsre Jagdausflüge bis weit flufsabwärts hin ausgedehnt, fanden aber nur die Ruinen eines kleinen, vom Benuē zur nassen Zeit durch einen Sumpf getrennten Farmdorfes, wohl aber traf ich etwa eine deutsche Meile stromaufwärts, eine beträchtliche Strecke vom Flufs, auf eine sehr ausgedehnte alte Umwallung, die mehrere Thore gehabt hat und innerhalb deren der niedere, spärliche Baumwuchs einen völlig andern Charakter zeigte, so dafs wohl anzunehmen sein dürfte, hier habe einst ein grofser Ort gestanden. Auskunft über einen solchen konnte ich nicht erhalten. Es hiefs stets, dafs da, wo jetzt das lebhafte Loko, von weiten Feldern umgeben, stehe, früher nur Wald gewesen sei. Das frühere gegenüberliegende Insel-Loko, das zu Rohlfs' Zeit existierte, ist dahin, doch befinden sich drüben auf den Inseln einige heidnische Dörfer. Dies jetzige Loko nun ist einer der Hauptelfenbeinplätze. Nur in dem letzten Jahre hat sich der Elfenbeinhandel wieder etwas mehr zu dem altherbekannten Handelswege der Araber gewandt, was wohl durch das Auftreten einiger, zum Teil schwarzer Agenten, veranlafst ist, aber wahrscheinlich nicht von Bestand sein wird. Man werfe nur einen Blick auf die Karte und vergleiche den ungeheuren Weg, den die Zähne von Adamaua über Kano und Kukaua (Kuka) durch die Wüste zum Mittelmeere nehmen müssen, mit dem kurzen, den Benuē-Niger hinab zur Küste führenden Wege! Bei dieser Betrachtung drängt sich einem unwillkürlich der Gedanke auf, dafs naturgemäfs der Handel mit den Produkten der umliegenden Länder an jene grofse Wasserstrafse hingehört, und wenn auch nach langem Ringen und leider auch nicht ohne Opfer, wird die vielgerühmte Thatkraft der weifsen Rasse es ohne Zweifel einst dahin bringen, dafs dies natürliche Verhältnis früher oder später eintritt. Es ist mir wohl bewufst, dafs eine einmal erworbene Menge von Kamelen ein billiges Transportmittel ist und dafs die Geschäfte, welche die arabischen Händler mit Sudansklaven machen, wohl nicht unbedeutend sein mögen, aber trotzdem ist es mir schwer begreiflich, wie die Araber ihre meist gar nicht schlechten Waren zu so verhältnismäfsig billigen Preisen abgeben können — nach so langer, gefahrvoller Reise. Um so gefährlichere Konkurrenten werden sie daher immer den hier mit ihnen zusammentreffenden Europäern werden. Bis an den Benuë erstreckt sich jedoch ihr Einflufs noch nicht eigentlich, worauf ich noch zurückkommen werde.

Es giebt in den nördlich vom Benuë gelegenen Strichen eine ganze Anzahl Elefanten, selbst ganz in der Nähe von Loko und unweit Sokoto, aber die Massen des Elfenbeins, welche in den Handel kommen, werden in und südlich von *Adamaua* eingehandelt, das hier bei Loko und in der Nähe erbeutete macht nur einen kleinen Teil desselben aus. Von den in seiner Provinz erlegten Elefanten pflegt der Statthalter von Anassarawa je einen Zahn zu erhalten, während der andre den Jägern verbleibt. Weiter hinauf haben dann die beiden ohne Zweifel wichtigen Plätze *Dschibbu* \*) am Benuë und *Bakundi* am Tarabba, einem linken Nebenflusse des Benuë, wohl die gröfste Bedeutung für den Elfenbeinhandel. In beiden Orten hat Flegel auf seiner letzten Reise Land erworben und Gebäude errichten lassen, über deren ferneres Schicksal ich noch nichts anzugeben vermag. Bakundi namentlich ist ein sehr wichtiger Elfenbeinplatz, dort haben auch die Herren der „National african company" eine Faktorei, was ihnen in Dschibbu, das sie vor noch nicht langer Zeit beschossen haben, nicht sobald gelingen dürfte. Oberhalb Jola, also oberhalb des sogenannten „englischen" Gebietes ist nicht zu vergessen das reiche *Buba-n-Dschidda*, wohin man zu einer sehr kurzen, nassesten Zeit mit sehr flach gehenden Dampfböten, sonst mit

---

\*) So möchte ich diesen Ort schreiben. Ich folge dem Grundsatz, die Namen unzivilisierter Länder so zu schreiben, wie man sie dort hört, wozu ich die deutsche Sprache für ebenso geeignet halte, als jede andre. Ich schreibe also nicht Lokoja, sondern Lokodscha, nicht Zaria, sondern Saria, nicht salla, sondern ssalla. Die Flegelsche, von ihm noch überdies ganz inkonsequent angewandte Schreibweise, sowie die Lepsiussche, die auch Schön u. a. m. anwandten, sind unpraktisch und mufs bei ihrer Anwendung jedem Kärtchen, jeder kleinen Abhandlung, worin Namen vorkommen, erst eine lange Erklärung vorausgeschickt werden, trotzdem werden, wie die Erfahrung lehrt, die Namen oft falsch ausgesprochen! *Dschibbu* wird von den Engländern ganz richtig *Jebu* geschrieben, weshalb aber Justus Perthes es Schebu schreibt, verstehe ich nicht, denn so wird es nicht gesprochen. Hartert.

Kanu gelangen kann. Es ist ein seit dem Einfalle des Pulloeroberers Buba hauptsächlich von Fulbehirten bewohntes Ländchen, mit fetten Weiden, in dem Milch und Honig fliefst.

Um noch einmal auf unser Loko zurückzukommen, von wo wir die Landreise ins Innere antraten, so möchte ich noch erwähnen, dafs hier, wie in vielen Orten des Innern von Haussa aufser dem, aus der die Kerne umhüllenden roten Masse bereiteten, eigentlichen „*Palmöl*" auch noch das „*Palmkernöl*", das eine dunkle Farbe hat, aus den Kernen bereitet wird. Dies ist schon früher von Baikie erwähnt, von Rohlfs aber nachher geleugnet worden. Wir benutzten das Palmkernöl oft zum Einfetten der Gewehre unsrer Leute, zum Putzen der Säbel und dergleichen. Es ist auch geniefsbar, aber weniger gut, als das rote Palmöl, das richtig angewandt, zuweilen kaum herauszuschmecken ist, und das ich zu einigen Sachen der Konservenbutter entschieden vorziehe. Das in den Handel gebrachte Öl ist gewöhnlich verunreinigt und schlecht geniefsbar. Von Loko geht eine Menge englisches Salz ins Innere, namentlich in grofser Menge nach Keffi. Derr Herrscher von Anassarawa ist in der Regel sehr begierig nach Patronen zu seinen verschiedenen Hinterladergewehren, da er zu seinen fortwährenden Kriegen eine Menge Munition gebraucht. Er bezahlt für eine Gewehrpatrone 1000 Kauri, doch mufs man sich sehr vor seinen und seiner Boten Betrügereien in acht nehmen und nichts weggeben, bevor man die Bezahlung in Händen hat, wofern man nicht eben Geschenke oder Abgaben an ihn geben will. Hier will ich gleich bemerken, dafs der Hauptreichtum dieses und andrer Haussaherren gewöhnlich in Sklaven besteht, während sie selten über eine grofse Menge Kaurischnecken, welche überall als Münze dienen, verfügen. Man findet überhaupt eine viel zu geringe Menge Kauri im Lande. Namentlich in den kleinern, aber auch in den gröfsern Orten, wie dem bedeutenden, umfangreichen Saria (auch Soso genannt) mangelt es daran. Das reiche Kano, welches Sokoto, Wurnu und Gandu weit an Reichtum und Gröfse überragt, hat eine grofse Menge Kauri innerhalb seiner Mauern aufgespeichert. Auch in Wurno, der Residenz des Sultans von Sokoto, scheint es mehr zu geben. Was aber neben dem langweiligen Abzählen der Muscheln sehr lästig wird, ist der Umstand, dafs eine einigermafsen beträchtliche Summe sehr umfangreich und schwer ist. Man kann 1000 Stück mit dem Werte einer Reichsmark vergleichen, und zum Transport von 20,000, also einer Doppelkrone, ist schon ein kräftiger Mann erforderlich. Daher ist ein Transport auf weithin in diesen Gegenden, wo man Lasttiere nicht mieten, sondern nur kaufen kann\*), ge-

---
\*) Auch das nur an einigen gröfseren Orten.

wöhnlich nur durch Sklaven möglich, da gelohnte Träger binnen kurzer Zeit so viel an Bezahlung erhalten, als der Wert der von ihnen getragenen Kauri beträgt.

Wenn ich die weiten, fruchtbaren Länderstrecken vom Benuë bis an den Südrand der Sahara ins Auge fasse, so mufs ich vor allem bemerken, dafs ihre in der That grofse Fruchtbarkeit uns vorläufig nur indirekt nützen kann, da wir es nicht verantworten können, weifse Ackerbauer in diese Gegenden zu versetzen, also wir vor der Hand das nehmen müssen, was die Natur und der geringe Fleifs der Eingeborenen uns bietet, während es uns später ohne Zweifel gelingen wird, die letzteren zu besserer Thätigkeit heranzuziehen. Elfenbein haben wir vom Benuë, allenfalls noch von Keffi Abd-es-Ssenga, aber nicht weiter vom Norden her. Schibutterbäume wachsen wie oben bemerkt im Innern vielfach und von grofser Güte, aber das Volk müfste noch mehr auf die Massenbereitung der Butter hingewiesen werden. Überall wächst das Guineakorn, *Sorghum*, dāwā der Haussa, und die Kolbenhirse, *Penicillaria*, gero der Haussa, beides hier in unübertroffener Güte. *Reis* gedeiht in einer grofskörnigen, sehr guten, und einer etwas kleineren rötlichen Art, wird aber nicht überall, wo er wachsen könnte, gebaut. Eine Menge Bienen liefern *Honig* von sehr verschiedener Güte, *Rindviehzucht*, *Schafzucht* sind nördlich vom Benuë ganz vortrefflich. Die stattlichen Herden gebuckelter Rinder im Norden machten einen überaus wohlhabenden und freundlichen Eindruck. *Straufsfedern* sind im Norden vielfach zu bekommen. *Palmöl* giebt es nicht genug, um an Ausfuhr denken zu können, da die Ölpalme nur wenig im Süden vorkommt, z. B. bei Panda und bei Aribi, bei den Korro- und Kadarraheiden. *Sesam* haben wir hier und dort in grofskörniger Qualität gesehen. Es ist nicht unwahrscheinlich, dafs sich unter den *Harzen* der Waldbäume mancherlei brauchbares finden würde, auch Kautschuk kann möglicherweise in einigen Strichen vorkommen, sowie höchst wahrscheinlich Copal. *Zuckerrohr* gedeiht vortrefflich, *Ingwer* (tschitá-afo der Haussa) in Menge, in feuchten Gegenden, vortrefflicher roter *Pfeffer*, eine andre süfsliche scharfe Pfefferart, Alligatorpepper an der Küste genannt, die *Xylopia aethiopica*, Kimba der Haussa von noch gröfserer Schärfe, sind überall. Massen von *Grundnüssen*, Arachis hypogaea, geddá der Haussa, mehrere gute *Bohnenarten*, *Maniok* oder *Kassawa*, viele efsbare *Knollen* und *Wurzeln* liefernde Gewächse, die allerherrlichsten *Zwiebeln, Knoblauch* und *Porrey* gehören alle zu den Nahrungsmitteln des Volkes. Die zu Schwämmen benutzte *Luffa*, vor allen Dingen aber *Baumwolle* und *Indigo*, abdugo und bába der Haussa, bilden einen Hauptreichtum des Landes.

Der Verkehr in Haussa wird vor allem durch die wandernden Händler, Fataki, vermittelt, durch gemietete Lastträger, durch Esel, im Norden auch hier und da durch Lastochsen bewerkstelligt.

Im Norden kommen fremde Stämme in das Haussa-Fulbereich hinein, mit schwarzem Blut vermischte Zweige der Tuareg oder Imöscharh, aus der Oase Ar oder Asben, welche brackich schmeckendes Sebchasalz von der Oase Bilma mit ihren unerschöpflichen Salzmassen her ins Land bringen. Vom Mittelmeere kommen die Araber mit ihren Reichtümern über Kuka nach Kano hin. Kano einzig und allein ist der grofse Markt der Araber in Haussalanden, denn wenige nur gehen nach Saria, noch weniger bis Kiffi hin. Wohl sahen wir im April dieses Jahres hinter Keffi eine bedeutende von Arabern geführte Elfenbeinkarawane nach Norden ziehen, die in der That grofse Schätze mit sich führte, denn es waren mehr als hundert starke Träger mit zum Teil ganz hervorragend grofsen Zähnen und eine Anzahl Esel mit Säcken voll kleinerem Bein. Dies dürfte indessen wohl eine seltene Ausnahme sein, denn in der Regel bringen die Haussa selbst das Bein nach Kano, und das, was man von arabischen Waren auf den südlichen Märkten sieht, ist meist nur durch haussaischen Zwischenhandel dahin gebracht. Nur in Kano selbst sind reine weifse Araber ansässig. Sie wohnen meist eine kleine Reihe von Jahren hier und ziehen mit den erworbenen Reichtümern immer wieder heim nach den Küsten Nordafrikas, meist nach Tripolis und Tunis. Elfenbein ist ohne Zweifel ihr Hauptartikel, nächstdem führen sie Straufsenfedern, Sklaven und gestickte Toben aus. Sie sind zum Teil sehr reiche Leute und leben in ihren hohen, kühlen Häusern aufserordentlich gut, wovon wir Gelegenheit hatten, uns bei einem Gastmahl, das der reichste von ihnen, Albaddji Massaül, uns zu Ehren gab, zu überzeugen.

Der früher ohne Zweifel lebhaftere Verkehr nach Tumbutu oder Timbutu, oder, wie wir es zu nennen pflegen, Timbuktu, ist zur Zeit ein sehr schwacher. Einzelne Leute trifft man wohl an, die in Timbutu gewesen sind, aber ein regelmäfsiger Verkehr und Warenaustausch besteht heutigen Tages keineswegs zwischen Timbutu und Sokoto, auch Kolanüsse werden wohl aus dem Hinterlande von Accra, aber niemals von Timbutu her nach Sokoto gebracht. Merkwürdigerweise besteht ein aufserst schwacher Verkehr zwischen Lokoto und den beiden gröfsten ihm unterthänigen Städten, Kano und Saria. Nur einmal im Jahre, wenn die Statthalter der Provinzen Tribut und Huldigung dem Sultan von Lokoto — gewöhnlich nach der Samfarástadt Birnin-Gôga oder Kaurá — entgegenbringen, werden diese Gegenden von grofsen Karawanen durchzogen, denn seitab von den Wegen hausen hier in den Tiefen der Wälder zahlreiche unabhängige Heideustämme, die im Verein mit den Reiterscharen der Warädi und den räuberischen Horden des Aruna, eines Freibeuters aus Kano, eine furchtbare Geifsel des Landes sind. Zwischen Kano und Saria einerseits und zwischen Sokoto und Gandu anderseits besteht ein reger Verkehr und sind auch die Wege, einzelne Überfälle abgerechnet, sicher genug. Auch von Kiffi, Saria und Gandu nach Nupeland besteht ein leidlich geordneter Verkehr.

Das mögen im grofsen und ganzen die Gesichtspunkte sein, von denen der Kaufmann jene zukunftsreichen Gebiete des Niger und Benuë zur gegenwärtigen Zeit betrachten mag. Ich mufs nur hervorheben, dafs ich eigentlich nur auf flüchtiger Reise als Naturforscher meine Eindrücke empfangen habe und bitte zu bedenken, dafs alles in botanischer und geologischer Hinsicht noch fast eine terra incognita ist. Welche Schätze mag das Pflanzenreich noch in sich bergen, welche Schätze der verschlossene Schofs der Erde! Das bleibt eben künftigen Forschern noch zu ermitteln übrig, und hoffen wir, dafs *deutscher* Fleifs und *deutsche* Thatkraft hier noch wirken mögen, dafs deutsche Hände auch mit helfen, die Schätze *für sich* zu bergen! Wenn es mir nicht selbst vergönnt sein sollte, noch einmal eingehendere Forschungen in jenen Gegenden anzustellen, so bin ich überzeugt, dafs mancher andre deutsche Jüngling bereit ist, gleich uns, Gut und Blut für die hehre Wissenschaft und den Ruhm des Vaterlandes zu wagen!

## Der Ausbruch des Ätna vom Mai 1886.

Im Mai 1886 hat ein heftiger Ausbruch des Ätna stattgefunden, welcher vom 18. bis zu den letzten Tagen jenes Monats dauerte; die Lava kam erst im Juni zum Stehen.

Ohne Zweifel würde das grofsartige Schauspiel, den Vulkan in voller Thätigkeit zu sehen, zahlreiche Fremde aus Süditalien herangelockt haben, wenn nicht die Insel Sizilien wegen der Cholera durch eine lästige, zeitraubende und kostspielige Quarantäne abgesperrt gewesen wäre. Die Nachrichten, welche über den Ausbruch verbreitet wurden, waren wohl infolge dieser Verkehrsstörung anfangs zum Teil sehr übertrieben; die vulkanische Thätigkeit ist allerdings lebhaft genug gewesen, aber sie hat verhältnismäfsig wenig Schaden angerichtet; jede Strandung eines grofsen Seeschiffes pflegt weit beträchtlichere Verluste herbeizuführen. Zuverlässige Berichte über das ganze Ereignis sind von Professor Silvestri, dem berühmten Ätnaforscher, veröffentlicht worden (Nuova Antologia vom 1. Juli). Im Septemberhefte des Bolletino della soc. geogr. Ital. findet sich ferner eine Mitteilung des Grafen L. dal Verme, der den Schauplatz des Ausbruches bald nach dessen Beendigung besucht hat. Er hat seine Beobachtungen in so anschaulicher Weise geschildert, dafs es sich der Mühe lohnen dürfte, die Hauptstellen daraus auch einem deutschen Leserkreise zugänglich zu machen. Der Verfasser erzählt zunächst, wie er sich nach der Befreiung aus der Quarantäne ohne irgend welchen Aufenthalt sofort nach Nicolosi begeben habe. Oberhalb dieses am Südabhange des Ätna gelegenen Dorfes war der Ausbruch erfolgt; der Ort selbst war durch die Lava so unmittelbar bedroht gewesen, dafs er von dem gröfsten Teile der Einwohner geräumt worden war. Nicolosi, die alten Lavaströme und die zahlreichen kleinen Vulkankegel des Ätna werden dann geschildert; es mag hier auf die Beschreibung der Gegend verwiesen werden, welche kürzlich in dieser Zeitschrift (Bd. IX. S. 210—214) gegeben worden ist. Der neue Ausbruch ist etwas nordöstlich von der dort (S. 213 u. 214) erwähnten Casa del bosco und ungefähr in gleicher Höhenlage erfolgt. Der Lavastrom hat sich dann über den gewöhnlichen Ätnaweg ergossen und ist zuerst an dem nahe diesem Wege, aber schon an dessen Westseite gelegenen Monte Nocilla auf ein Hindernis gestofsen, welches eine Teilung des Stromes bewirkt hat. Der östliche Hauptstrom ist dann an dem kleinen Kegel Monte Fusaro abermals gebrochen worden und hat nun nicht mehr Kraft genug gehabt, die Monti Rossi zu umfliefsen; dicht vor Nicolosi ist er zum Stehen gekommen.

Um an die Ursprungsstelle des Stromes zu gelangen, mufste man von Nicolosi aus an der Ostseite desselben hinaufgehen. Nach einem wegen schlechter Führung wenig lohnenden ersten Versuche machte sich Graf dal Verme in Begleitung eines tüchtigen Führers am 19. Juni nochmals auf den Weg. Sie ritten auf Maultieren den Berg hinan bis zu einer etwas östlich von dem neuen Kegel gelegenen Schutzhütte, der Ca' dei cervi. Die weitere Beschreibung wollen wir mit wenigen Kürzungen unmittelbar dem Originalberichte entlehnen; die wichtigsten Stellen sollen wortgetreu übersetzt werden. Der Verfasser erzählt:

Die Ca' dei cervi, etwas nördlich vom Monte Pinitello gelegen, ist eine Lavahütte, die als Obdach für die Waldarbeiter dient. Sie ist am Saume einer jungen Kastanienpflanzung erbaut, welche vor dem Ausbruche recht üppig gewesen sein mufs, während sie jetzt verdorrt und zum Teil vollständig vernichtet ist. Es ist nicht die Lava gewesen, welche dieses Zerstörungswerk vollbracht hat, sondern jener Regen von Steinen und nachher von Schlacken, Sand und Asche, welcher, vermischt mit heifsem Wasser, aus dem neuen Krater ausgeworfen und dann während zehn Tagen unaufhörlich niedergefallen ist. Je näher man dieser Stelle kommt, um so tiefer wird der Sand und um so mühsamer der Marsch. Bei der Ca' dei cervi liefsen wir die Maultiere zurück und banden sie an die Spitzen der Kastanien. Sie mufsten an die Spitzen gebunden werden, weil der übrige Teil der Bäume verschüttet war. Einen sonderbaren Anblick bot dieser Wald hochstämmiger Bäume, von denen nur die obersten Zweige aus dem Boden hervorragten, und auch diese ohne jede Spur von Blättern, geschunden, zerknickt und in jeglicher Weise mifshandelt durch jenen Hagel von Steinen, die glühend ausgeworfen und Gott weifs aus welcher enormen Höhe heruntergefallen waren.

Wir wanderten nun zu Fufs dem neuen Berge zu und schickten uns an, ihn von der Südseite aus zu erklimmen. Vorher besuchten wir aber die an seinem Fufse nach jener Seite zu gelegenen Schlünde, aus welchen der Lavastrom hervorgebrochen ist. Was dort neuerdings vorgegangen sein mochte, vermag ich nicht zu sagen, denn der intelligente Führer, der die ganze Gegend aufs genaueste kannte, sagte: „Es war alles anders, als ich vor vier Tagen hier war, und der Ausbruch war damals doch schon beendigt." Damals bewegte sich der Strom noch, wenn auch sehr langsam. Jetzt war die Lava erkaltet; die Rinne, welche durch diesen Strom in die unterliegende alte Lava eingegraben war, lag offen da und zeigte an den senkrechten Wänden einen regelmäfsigen Aufschlufs von dünnen wechselnden Lagen brauner Schlacken und bleigrauer Lava. Den Schlund, aus welchem die Lava hervorgequollen war, möchte ich am ersten, so gewagt die Zusammenstellung auch scheinen könnte, mit jenen Eisthoren vergleichen, aus welchen die Gletscherbäche in den Alpen hervorströmen. Wenige Schritte von dem Schlunde erhob sich ein winziger Eruptionskegel, nicht mehr als etwa 6 bis 7 m hoch, mit einem Krater von etwa 4 m im Durchmesser. Der Kegel, der ausschliefslich aus Schlacken bestand, mufste erst ganz kürzlich entstanden sein, viel später als der benachbarte neue Berg, denn er war noch ganz heifs und auf den Schlacken war keine Spur von jenem schwarzen Sande zu sehen, mit welchem die ganze Umgegend, soweit der Blick reichte, bedeckt war. Der

Führer versicherte, dafs er diesen Kegel zum ersten Male sehe, und wollte durchaus, dafs wir die ersten wären, die seine Bekanntschaft machten. Wie dem nun auch sei, kaum hatten wir den Rand des Kraters erreicht und einen Blick hineingeworfen, als wir auch den Kegel schon wieder verliefsen, denn der Rauch, die beifsenden Schwefeldämpfe, die hohe Temperatur der Schlacken, auf denen wir gingen, und deren unsichere Lagerung flöfsten uns nicht viel Vertrauen ein.

Wir begannen nun, den neuen Berg zu ersteigen, indem wir den Grat verfolgten, welcher an seinem Südabhange vorspringt. An dieser Stelle zeigt der Berg nicht die regelmäfsige Kegelform wie an den andern Seiten. Vielleicht ist diese Abweichung eine Folge der stärkeren unterirdischen Thätigkeit, welche sich durch den am Südfufse des Kegels erfolgten Ergufs der Lava bekundet hat; es ist dies die von der Hauptmasse des Ätna abgewendete Seite.

Der Anstieg ist steil, aber nicht übermäfsig; er ist wegen der ziemlich festen Beschaffenheit des Bodens nicht besonders beschwerlich. Es sind nur wenig Schlacken vorhanden, aber mehr Anflug von Schwefel; auch atmet man hier und da schwefligsaure Gase ein. In zwanzig Minuten erreichten wir den Rand des Kraters, so dafs ich die Höhe des neuen Vulkankegels über dem alten Boden zu etwa 140 m annehme. Den Durchmesser des Kraters schätze ich auf 200 m; seine Tiefe mochte, als ich dort war, im Mittel 40 m betragen. Ich sage im Mittel, weil der Rand des Kraters nicht ringsum gleich hoch ist, sondern ansteigt und abfällt.

Ich war in Versuchung, in den Krater hinabzusteigen, aber der Führer hielt mich zurück und die Sache schien mir auch kaum rätlich zu sein, weil ich weder mit einem starken Spitzenstocke noch mit Stricken versehen war. Der Abstieg wäre kurz gewesen und die Abdachung ganz regelmäfsig, aber man hätte offenbar leicht ausgleiten können und ich fürchtete namentlich die schwefligen Ausdünstungen. Im Grunde des Kraters konnte man zwei grofse Öffnungen, jede von 3—4 m Durchmesser, erkennen. Es kam kein Rauch heraus, aber in kurzen Zwischenräumen und mit leichtem Getöse etwas Dampf. Von den Wänden des Trichters rollten immer Sand und Steinchen hinab, wodurch binnen kurzer Zeit der Grund ganz ausgefüllt werden mufs.

Übrigens ist dieser Krater nicht der einzige. Aufser dem kleinen neben dem Schlunde gelegenen, von welchem ich bereits gesprochen habe, war noch ein dritter offen geblieben, der etwa 10 m im Durchmesser hatte und unmittelbar neben dem grofsen lag, dessen Südrand er fast berührte. Als ich dort war, stiefs er fortwährend mit grofser Gewalt Dämpfe aus, so dafs es mir unmöglich war, den Grund, ja kaum die sehr steilen Innenwände zu sehen, von welchen bei jedem Ausbruch der Dämpfe unaufhörlich Teile mit Getöse hinabstürzten.

So weit die Schilderung des Grafen dal Verme, der nun noch auf die Aussicht von dem neuen Berge aufmerksam macht, welche im grofsen und ganzen dem Rundblicke, den man von den Monti Rossi aus geniefst (s. S. 211), ähnlich ist. Für den neuen Berg wird der Name Monte Gemmellaro vorgeschlagen.

Über den Lavastrom sind viele übertriebene Angaben gemacht worden; auf Zuverlässigkeit können nur die Schätzungen Silvestris Anspruch machen, welcher berechnet hat, dafs der Strom eine Fläche von 5½ qkm bedeckt und dafs die ganze ausgeworfene Masse, wenn man die mittlere Mächtigkeit zu 12 m annimmt, 66 Millionen kbm beträgt. Der Schaden, den der Ausbruch verursacht hat, mag zu 500,000 Lire veranschlagt werden; er besteht vorzüglich in der Zerstörung der oberhalb Nicolosi gelegenen Weinberge, sowie einiger Äcker und Kastanienpflanzungen. Aufser einer vereinzelten kleinen Hütte ist kein Gebäude beschädigt worden; auch wurde kein Mensch getötet oder verwundet.

Als dal Verme am Abende von seinem Ausfluge nach Nicolosi zurückkehrte, wurde er Zeuge eines frohen Festes. Die geflüchteten Einwohner von Nicolosi zogen nämlich wieder in ihre Heimat ein. Mit Wagen und Karren, mit Weibern und Kindern brachten sie ihren Hausrat zurück, nicht nur Möbeln und Geschirr, sondern auch Thüren und Fenster. Mit besonderer Feierlichkeit wurden die Heiligen wieder in die Kirchen getragen. Mit welchem Jubel dies Fest von allen Einwohnern gefeiert wurde, läfst sich leicht denken.

## Die Ergebnisse der Untersuchungsfahrten des deutschen Kriegsschiffes „Drache" in der Nordsee.
(Sommer 1881, 1882 u. 1884).[*]

Von Professor Dr. O. Krümmel in Kiel.

Seitdem die bekannte Kieler „Kommission zur Erforschung der deutschen Meere" im Jahre 1872 an Bord S. M. Aviso „Pommerania" eine mehrwöchentliche Kreuztour durch die Nordsee unternommen

---

[*] Die Ergebnisse der Untersuchungsfahrten S. M. Kbt. „Drache", Kommandant Korv.-Kapt. Holzhauer, in der Nordsee, in den Sommern 1881, 1882 und 1884. Veröffentlicht vom Hydrographischen Amt der Admiralität. Berlin 1886. E. S Mittler & Sohn. (77 S. und 15 Tafeln. 4°).

hatte, ruhete die Erforschung dieses Meeresgebietes neun Jahre lang, nur an den deutschen Küstenstatiouen wurden regelmäfsige Beobachtungen von Wassertemperatur und spezifischem Gewicht eingerichtet. Erst im Sommer 1881 wurde S. M. Knbt. „Drache" beauftragt, für eine kurze Zeit seine Thätigkeit als Vermessungsschiff zu unterbrechen und physikalische Beobachtungen, namentlich auch über die Gezeiten, auf der Doggerbank vorzunehmen. Im Jahre 1882 wurden diese Forschungen ausgedehnter und systematischer wiederholt, wobei die subtilere Untersuchung des Seewassers, namentlich auf den Gasgehalt, von Herrn Dr. Neumeister aus Rostock vorgenommen wurde, der sich zu dem Zwecke an Bord des „Drache" einschiffte. Es wurde die Tour Wilhelmshaven-Aberdeen-Lerwick (Shetland-Ins.)-Bergen-Wilhelmshaven zurückgelegt und so auch ein Einblick in die Verhältnisse in den beiden Zugangsöffnungen der Nordsee zu beiden Seiten der Shetland-Inseln gewonnen. Alle 50 Seemeilen wurde, wenn es irgend das Wetter erlaubte, stundenlang verweilt, meist vor Anker, an einigen Stellen, namentlich in der tiefen norwegischen Rinne westlich Bergen, in noch kürzeren Abständen. Die Bearbeitung des Materials zeigte, dafs gerade in der Mitte der Nordsee und im Südosten der Doggerbank wie im östlichen Teil der norwegischen Rinne noch empfindliche Lücken der Kenntnis vorhanden waren, welche dann im Sommer 1884 ausgefüllt wurden. So haben in der That die von dem hochverdienten Vorsteher des Hydrographischen Amtes, Freiherrn v. Schleinitz, geleiteten und von Kapt. Holzhauer mit ebensoviel Eifer wie Sachkenntnis durchgeführten Forschungen, in Verbindung mit den regelmäfsigen Beobachtungen der Küstenstationen, den Erfolg gehabt, unsre Kenntnisse von dem deutschen Meere um einen erheblichen Schritt vorwärts zu bringen.

Freilich genügen diese doch immer nur flüchtigen, meist nur wenige Stunden, ausnahmsweise wohl auch bis zu 80, fortgesetzten Messungen sei es der Temperatur oder des spezifischen Gewichtes oder der Strömungen des Wassers in keiner Weise, etwa ein abgeschlossenes Bild von den statischen und dynamischen Verhältnissen der Nordsee zu geben, und der frühere Leiter des Hydrographischen Amtes verkennt am wenigsten gerade die grofse Variabilität aller dieser Zustände und Prozesse von einem Jahr zum andern, wie sie sich schon herausstellt, wenn nur die Befunde der „Pommerania" mit den an der gleichen Stelle wiederholten des „Drachen" verglichen werden. So fand auf der Höhe des Hardanger Fjords in der norwegischen Rinne am Boden in 230 m Wassertiefe

    die „Pommerania" im Sommer 1872 die Temperatur zu 5,$^{\circ}$°,
    der „Drache"    „  ,  1882 „  „  „ 7,$^{\circ}$°,

Die Schwankungen des Salzgehalts sind nicht ganz so beträchtliche, kommen aber in den Beobachtungen an Bord des dänischen Leuchtschiffes „Horns Riff" auf der Höhe von Blaavands Huk doch immer noch merklich zur Geltung. So betrug in der dritten Dekade des Juli Salzgehalt und Temperatur

im Jahre 1880 33,4 pro mille, bezw. 10,4°,
„   „   1881 32,7  „   „    „    9,1°.

Je nach der Häufigkeit starker Nordwestwinde, welche das im Winterhalbjahr wärmere und stets salzhaltigere Wasser des Golfstromgebiets von den Shetland-Inseln her in die Nordsee hineindrücken, und je nach der gröfseren oder geringeren Intensität der Winterkälte oder Sommerwärme werden diese Schwankungen von Jahr zu Jahr merklichere Unterschiede zur Folge haben. Ist doch selbst in 40 m Tiefe an einer Beobachtungsstelle, welche etwa 90 sm. nördlich von Borkum und ebensoviel westlich von Sylt liegt, die Bodentemperatur vom 4. Juli bis zum 15. August von 11,02° auf 14,86° und der Salzgehalt von 34,7 auf 35,9 pro mille gestiegen! Daraus ergiebt sich von selbst die Notwendigkeit, diese Untersuchungen noch fortzusetzen und namentlich auch Tage ruhiger und beständiger Witterung im Winter zu einigen Beobachtungsreisen wenigstens südlich von der Doggerbank zu benutzen.

Die Ergebnisse der an Bord des „Drache" ausgeführten Beobachtungen sind niedergelegt in Gestalt von ausführlichen Tabellen, welche die gröfsere Hälfte des Werkes füllen, und in einem dieselben diskutierenden Text, zu dessen leichterem Verständnis eine grofse Reihe von eleganten Übersichtskarten und Temperaturprofilen u. a. dienen. Wir gehen wohl nicht fehl, wenn wir als Verfasser des Textes den hochverehrten früheren Vorsteher des Hydrographischen Amtes, Herrn Vizeadmiral Freiherrn von Schleinitz, annehmen; wenigstens ist die Vorrede von demselben unterzeichnet.

Das Bodenrelief der Nordsee, dargestellt auf der ersten Übersichtskarte, zeigt bei aller Flachheit im allgemeinen, doch mehrfach abgeschlossene trogartige Mulden, namentlich im Süden und Südosten von der Doggerbank; wie im grofsen in den Ozeanen, so stehen auch im kleinen diese Mulden zum Teil ganz aufser Kommunikation mit den benachbarten Tiefenbecken. Das Bodenwasser wird also namentlich im Punkte der Temperaturen in hohem Mafse abhängig sein von den Witterungsverhältnissen, welche die Oberflächenschicht beeinflussen, während der Salzgehalt der Tiefe nur sekundär betroffen wird. Ein harter Winter kühlt die Oberflächenschicht erheblich ab, das Wasser sinkt in die Tiefe und gelangt, vorausgesetzt, dafs das unterlagerude Wasser nicht durch gröfseren

Salzgehalt spezifisch schwerer ist, bis an den Boden. Dort kann es sich, nur langsamer Erwärmung unterliegend, bis in den Frühsommer halten. Es wird nun ausdrücklich hervorgehoben, daſs durchweg ganz gesetzmäſsig in der Nordsee sich die Wasserschichten nach ihrer Dichtigkeit übereinanderlagernd zeigten, wobei eben stets im Auge behalten werden muſs, daſs diese Dichte (absolutes spezifisches Gewicht) sowohl von der Temperatur wie auch vom Salzgehalt abhängt. (Eine einzelne Ausnahme von diesem Gesetz steht im Verdacht, auf fehlerhafter Beobachtung zu beruhen).

Aus den Küstenumrissen wie aus der Bodenkonfiguration ergiebt sich, daſs die Zugaugsöffnung zum britischen Kanal von ganz untergeordneter Bedeutung für die physikalischen Verhältnisse der Nordsee ist: die Nordsee erscheint auf den Tafeln und Karten, welche den Salzgehalt, die Temperaturen und die Gezeitenströme darstellen, durchaus als Dependenz des Nordmeers und des nordschottischen Teils des Golfstromgebietes. Sehen wir z. B. die Verteilung der absoluten spezifischen Gewichte an der Oberfläche auf Taf. C 2. Zwischen den Orkney-Inseln und dem Rande der norwegischen Rinne überall mehr als 1,0266 und nach dem Befunde des „Drache" geht mitten in der Nordsee eine Zunge beinahe ebenso dichten Wassers (über . , . . 80) bis in die Breite von Edinburgh hinab; die Pommeraniafahrt 1872 ergab beträchtlich weniger, meist unter . , . . 73. Es liegt aber jedenfalls in dem nordwestlichen Drittel der Nordsee das schwerste Wasser: von hier aus nimmt die Dichte nach NO., O., S. und SW. regelmäſsig ab, so daſs nicht nur nahe unter Land, sondern bis 60 sm. davon fast überall weniger als . , . . 60 gefunden wird. In der deutschen Bucht erzeugt das Fluſswasser der deutschen Ströme, an der norwegischen Küste das ausflieſsende Ostseewasser eine noch beträchtlichere Erniedrigung (nach dem „Drache" bis . , . . 20 und weniger). Konstruierte man nach den Daten des „Drache" eine Mohnsche Dichtigkeitsfläche, so würde diese, wie es auch Admiral v. Schleinitz ausdrückt, ein Stromsystem ergeben, das um das Gebiet gröſster Dichte nach Art einer Cyklone zirkuliert. An der englischen Küste setzt der Strom nach Süden, an der niederländischen nach Nordost, an der cimbrischen nach Nord, an der norwegischen nach Nordwest — allerdings mit geringer Stärke, aber doch muſs diese Bewegung erfolgen. Aus den Luftdruckverhältnissen jedoch würde sich (wenigstens für den Winter) eine ähnliche Richtung der durch den Wind erzeugten mittleren Oberflächentrift ergeben, und so wird es verständlich (wie die „Gezeitentafeln der Admiralität" berichten), daſs die Flaschenposten, welche von den Feuerschiffen der deutschen Bucht mehrere

Monate hindurch täglich über Bord gesetzt wurden, einen deutlichen Nordstrom entlang der cimbrischen Halbinsel ergaben (von 244 wiedergefundenen Flaschen lagen 159 an deren Westküste, 22 an der Westküste von Schweden und Norwegen).

Ein weiterhin von Admiral v. Schleinitz hervorgehobener Gesichtspunkt wird vor allem den Praktiker interessieren. Der Salzgehalt des Oberflächenwassers, sagt er, ändere sich in der Küstenzone seewärts stellenweise so schnell, dafs in Aräometerablesungen dereinst einmal, wenn die Verteilung des Salzgehaltes in der Nordsee genauer bekannt sein wird, ein Ersatz gefunden werden könnte für das ja immer in tieferem Wasser sehr umständliche Loten. Ob diese Zukunft indes eine sehr nahe gerückte ist? Die Veränderlichkeit des Salzgehaltes von Jahr zu Jahr, namentlich in der Küstenzone, mag doch wohl eine zu grofse sein, als dafs dem Praktiker mit einer Anweisung gedient wäre, dafs z. B. beim kreuzen im Skagerrak die Zunahme des Salzgehalts bis auf 34,0 bis 34,5 pro mille die Nähe der jütischen Küste und eine Tiefe von weniger als 100 m anzeige. Denn an derselben Stelle nördlich Hanstholm, wo der „Drache" im Sommer 1884 den Salzgehalt zu 34,3 pro mille bestimmte, hatte 1872 die „Pommerania" nur 33,0 gefunden.

Sehr interessant und für die Kenntnis von den Gezeitenströmen in der Nordsee geradezu grundlegend sind die Strombeobachtungen an Bord des „Drache" südlich und südöstlich von der Doggerbank bis in die deutsche Bucht hinein. In der Deutung dieser Beobachtungen mufs der Berichterstatter allerdings in einem Punkte von Herrn Admiral v. Schleinitz abweichen. Als wesentlich mafsgebend neben einer fortschreitenden Flutwelle erscheint diesem nämlich eine sogenannte „stehende" oder Balancewelle, welche auf der Strecke Flamborough Head-Helgoland mit einer Periode von 12$^1/_4$ St. hin und herschwingt. Die Dimensionen des Beckens südlich der Doggerbank würden nach der für einknotige stehende Schwingungen geltenden Formel für die gegebene Entfernung (518,4 km) eine Mitteltiefe von 51 m verlangen, was auch ungefähr dem wahren Werte sich nähern dürfte. Aber die Folge davon würde sein müssen, dafs an beiden Küsten, der ostenglischen und westcimbrischen die Höhe der Gezeiten eine auffallend grofse würde, was aber bekanntlich nicht der Fall ist. Auch seiner Bodengestaltung nach ist das Becken für die Entfaltung einer solchen Schwingung nicht gerade günstig. Die von Baron v. Schleinitz für eine solche herangezogenen Indizien lassen sich sämtlich anders deuten, worüber Referent sich an einem andern Orte ausführlicher äufsern wird, als hier möglich ist. Jedenfalls kommt nach meiner Ansicht die für die Gezeiten der südlichen Nordsee mafsgebende Flutwelle von der schottischen und ostenglischen Küste her, südlich von der Doggerbank sich nach Osten wendend, um sich alsdann an der friesischen Küste entlang, nach Nordosten und weiter nach Norden fortzusetzen. Diese Welle wird nun an der deutschen Bucht und im Osten der Doggerbank modifiziert durch den direkt von den Shetland-Inseln her quer über die Nordsee auf Sylt zulaufenden Teil derselben schottischen Welle, der etwas früher eintrifft und in Station 7 des „Drache" durch Interferenz mit der erstgenannten Welle merkwürdig in ihrer Richtung variable und zwar links sich drehende Ströme hervorruft. Diese Natur derselben hat Freiherr v. Schleinitz sofort erkannt und so zutreffend erklärt, dafs dieses Beispiel fortan als Muster für andre ähnliche Fälle (soweit sie der Airyschen Rotationstheorie nicht folgen, vergleiche meinen „Ozean" S. 202) gelten dürfte.

Ein weiterer von Herrn Professor Jacobsen in Rostock verfafster Abschnitt des Berichts behandelt die chemische Untersuchung der Seewasserproben, und zwar handelt es sich hauptsächlich um die Feststellung des Gasgehaltes im Seewasser. Der Gehalt an Sauerstoff ergiebt sich aus 25 Proben des „Drache" für die Meeresoberfläche im Mittel zu $33{,}88$ Volum-Prozent des gesamten Luftgehalts; während der Pommeraniafahrt hatte Professor Jacobsen $33{,}81$ gefunden. Nach der von Dr. Neumeister entworfenen Übersichtskarte hält sich der Sauerstoffgehalt in der Mitte und im Norden der Nordsee etwas über diesem Wert, in den Küstenzonen unter demselben. Auch 24 Tiefwasserproben bestätigten die seinerzeit von der „Pommerania" gewonnenen Resultate, namentlich hinsichtlich der gröfseren Variabilität gegenüber dem Oberflächenwasser. Die Bestimmung des Kohlensäuregehalts im Seewasser ist bekanntlich eine äufserst schwierige und es mag sachkundigerer Kritik vorbehalten sein zu entscheiden, ob das neue von Professor Jacobsen vorgeschlagene und von Dr. Neumeister angewandte Verfahren alle Bedenken beseitigt, die seit Tornöes Untersuchungen übrig bleiben. Auch zeigten sich die Quantitäten von freier Kohlensäure sowohl wie der „neutral" und „sauer gebundenen" wieder äufserst variabel, nicht nur bei den Proben von Nordseewasser, sondern auch bei denjenigen von ozeanischem Wasser, das durch die Gazelle-Expedition in allen drei Ozeanen der Erde gesammelt worden war und welches Professor Jacobsen nunmehr von neuem untersucht hat.

Die von Bord des „Drache" gehobenen 35 Bodenproben sind ausführlich von Gümbel analysiert und beschrieben. Sie zeigen weitaus vorherrschend locker gebundenen Quarzsand; nur wenige, meist der norwegischen Rinne entnommene Grundproben bestanden aus thonig-sandigem dunkelgefärbtem Schlick. Der Quarzsand ist das Material für künftige Sandsteinbildungen, daneben finden sich die Ansätze von thonig oder mergelartig zusammengesetzten Niederschlägen auf schmaleren örtlich begrenzten Zonen. Beide zeigen auch charakteristische Unterschiede in ihren organischen Beimengungen; auf diese Weise gewinnen wir, sagt Gümbel, aus diesen modernen Verhältnissen ein zutreffendes Bild der Entstehungsart der auch bei älteren Sedimentschichten so häufig beobachteten sogenannten Faciesbildungen.

In diesem referierenden Überblick konnte nur hier und da ein interessanter Punkt herausgegriffen werden; des Werkes reicher Inhalt ist damit nicht annähernd erschöpft. Das eine aber darf von dieser Publikation gesagt werden: wie sie in jeder Beziehung, nach Inhalt und äufserer Ausstattung, würdig ist unsers Hydrographischen Amtes, so eröffnet sie aber auch dem Leser auf Schritt und Tritt Perspektiven auf neue noch in Zukunft vorzunehmende vervollständigende Untersuchungen des deutschen Meeres. Möge diesen auch der neue Leiter des Hydrographischen Amtes das gleiche Interesse entgegenbringen wie sein um die wissenschaftliche Meereskunde so hochverdienter Vorgänger!

Kiel. Otto Krümmel.

## Vorläufige Mitteilung über die wissenschaftlichen Ergebnisse der deutschen Polarstationen.

Die wissenschaftliche Bearbeitung der Ergebnisse der deutschen Polarstationen im Kingua-Fjord (Golf von Cumberland) und auf Südgeorgien sind nunmehr abgeschlossen und das herauszugebende grofse zweibändige Werk wird schon in allernächster Zeit bei Asher & Cie. in Berlin erscheinen. Dasselbe trägt den Titel: „Internationale Polarforschung 1882—1883. Die Beobachtungsergebnisse der deutschen Stationen. Band I. Kingua-Fjord und die meteorologischen Stationen II. Ordnung in Labrador: Hebron, Okak, Nain, Zoar, Hoffenthal, Rama, sowie die magnetischen Observatorien in Breslau und Göttingen. Band II: Süd-Georgien und das magnetische Observatorium der Kaiserlichen Marine in Wilhelmshaven. Herausgegeben im Auftrage der deutschen Polarkommission von Professor Dr. Neumayer, Direktor der deutschen Seewarte in Hamburg, und Professor Dr. Börgen, Vorstand des Kaiserlichen Observatoriums in Wilhelmshaven. Nach einem Vorwort des Herausgebers folgt zunächst im ersten Bande eine Einleitung, welche Geschichtliches über die Nordexpedition unter Dr. W. Giese nach Kingua-Fjord und die Supplementärexpedition nach Labrador unter Dr. K. R. Koch, sodann Bemerkungen über die Einrichtung der Station, Ortsbestimmung, Nivellement u. a. enthält. Sodann folgt der Abschnitt: meteorologische Beobachtungen zu Kingua. Sie bestanden in stündlichen Beobachtungen über Luftdruck, Lufttemperatur, Feuchtigkeit der Luft, Richtung und Geschwindigkeit des Windes, Menge, Form und Zug der Wolken, Hydrometeore und Niederschlagsmenge.

Aus den Übersichten für die einzelnen Monate, welche die Monatsmittel und die beobachteten Extreme enthalten, sind folgende Zahlen zu entnehmen: Höchster Luftdruck 779,6 mm, niedrigster Luftdruck 724,5 mm, mittlerer Luftdruck 754,7 mm; höchste Temperatur 19,1° C., niedrigste Temperatur — 48,1° C., mittlere Temperatur — 11,4° C., gröfste Temperaturschwankung im Jahr demnach 67,5° C., gröfste Temperaturschwankung in einem Monat 51,8° C.; mittlere Temperatur im Frühling — 12,4° C., mittlere Temperatur im Sommer 5,2° C., mittlere Temperatur im Herbst — 9,3° C., mittlere Temperatur im Winter — 29,5° C. Wind: Häufigste Windrichtung SSW. und SW. 33 % Stillen. Gröfste Windgeschwindigkeit: 22 m per Sekunde. Der tägliche und jährliche Gang der meteorologischen Elemente wird durch eine Reihe sehr sauber ausgeführter graphischer Darstellungen zur Anschauung gebracht.

2) Meteorologische Beobachtungen auf den Stationen zweiter Ordnung in Labrador: (Leiter Dr. Koch), Hoffenthal (Beobachter Missionare Rotter, Dam und Slotta), Zoar (Beobachter Missionar Rinderknecht), Nain (Beobachter Dr. Koch und Missionar Weiz), Okak (Beobachter Missionar Drechsler), Hebron (Beobachter Missionare Schulze und Haugk), Rama (Beobachter Missionar Schneider). Das Klima hat durchaus arktischen Charakter, die Jahrestemperatur liegt überall etwa 4° unter dem Gefrierpunkt und die niedrigste Temperatur fällt auf — 36° C.

3) Magnetische Beobachtungen zu Kingua-Fjord. Diese umfassen zunächst als Grundlage der Variationsbeobachtungen die absoluten Bestimmungen der Deklination, Horizontalintensität und Inklination, welche monatlich wenigstens zweimal angestellt wurden. Dann folgen die Variationsbeobachtungen, die in Termin- und stündliche Beobachtungen zerfallen. Die ersteren wurden, wie international vereinbart war, am 1. und 15. jeden Monats abgehalten und zwar wurden die drei Elemente des Erdmagnetismus 24 Stunden hin-

durch jede fünf Minuten abgelesen, und bei jedem Termin eine Stunde lang sogar alle 20 Sekunden. Diese Beobachtungen geschahen, um möglichst gleichzeitige und streng vergleichbare Beobachtungen zu erhalten, an allen 14 internationalen Stationen nach Göttinger Zeit, welche man aus Pietät gegen die Begründer der modernen erdmagnetischen Wissenschaft, Gaufs und W. Weber, gewählt hatte. Die stündlichen Beobachtungen geschahen nach Ortszeit, sie bieten das Material für die Ermittelung des täglichen und jährlichen Ganges der erdmagnetischen Elemente, während die Terminbeobachtungen dazu dienen sollen, die Änderungen des magnetischen Zustandes der Erde durch Vergleichung der gleichzeitigen Beobachtungen an den internationalen Stationen zu ermitteln, um dadurch vielleicht ihren Ursachen auf die Spur zu kommen. Um diese Vergleichung zu erleichtern, sind die Terminbeobachtungen, wie es von dem internationalen Polarkongrefs in Wien 1884 festgesetzt worden ist, graphisch dargestellt und zwar auf 27 sehr schönen sauber ausgeführten Tafeln. Den Schlufs dieser Abteilung bilden Ablesungen der Instrumente während magnetischer Störungen, die zum grofsen Teil in Verbindung mit Nordlichtern eintraten. Alle Zahlentabellen sowohl wie die Kurventafeln geben die Werte in sogenanntem absolutem Mafse. Auch die Störungsbeobachtungen sind zum grofsen Teil auf 5 Tafeln graphisch dargestellt.

4) Erdstrombeobachtungen zu Kingua-Fjord. Diese zerfallen in zwei Teile: 1) Beobachtungen in einer geschlossenen Kabelschleife ohne Erdverbindung und 2) in zwei Leitungen, von denen die eine Nord-Süd, die andre Ost-West geht mit Erdverbindung. Die Beobachtungen sowohl wie die Bearbeitung sind von dem Leiter der Expedition Herrn Dr. Giese ausgeführt.

5) Polarlichtbeobachtungen zu Kingua-Fjord und Nain in Labrador von Dr. R. Koch. Diese Abteilung enthält die Beobachtungen der Polarlichter an den beiden Stationen in Tagebuchform, Beschreibung der beobachteten Lichterscheinungen und Messungen der Höhe und des Azimuts charakteristischer Punkte in denselben. Beigegeben sind eine Anzahl wundervoller Nordlichtzeichnungen, die von Dr. Koch herrühren und nach den Originalzeichnungen durch Herrn Strumper in Hamburg photolithographisch vervielfältigt worden sind. Dieselben bilden eine ganz besondere Zierde des Werkes. Es folgen nun ein paar Spezialarbeiten, die sich bei der Reduktion der Beobachtungen ergeben haben: die wesentlichsten Resultate der meteorologischen Beobachtungen und eine spezielle magnetische Untersuchung. Da die in den Polargegenden angestellten Beobachtungen erst dann ihren vollen Wert erhalten, wenn sie durch solche aus mittleren

Breiten ergäuzt werden, so hatten sich eine Anzahl von magnetischen Observatorien bereit erklärt, nach dem internationalen Programm an den Termintagen zu beobachten. In Deutschland waren dies die Observatorien in Breslau, Göttingen und Wilhelmshaven. Es entspricht der Wichtigkeit der Sache, dafs diese Beobachtungen in dem Polarwerk Aufnahme gefunden haben und so finden sich am Schlusse des ersten Bandes die während der Polarepoche in Breslau und Göttingen angestellten Deobachtungen, während, wie hier gleich erwähnt werden mag, die magnetischen Untersuchungen auf dem Marineobservatorium zu Wilhelmshaven am Schlusse des zweiten Bandes angereiht worden sind. In Breslau wurden nur die Deklinationsvariationen beobachtet, während in Göttingen alle drei Elemente an den Termintagen und auch während des ganzen Jahres dreimal täglich aufgezeichnet wurden.

Band II. betrifft Südgeorgien und das magnetische Observatorium der Kaiserlichen Marine in Wilhelmshaven. Folgendes ist über den Inhalt des Bandes mitzuteilen: Einleitung: Ortsbestimmungen, Ebbe und Flut, Geschichtliches, Bemerkungen über die Station, geognostische und botanische Notizen u. a.

1) Meteorologische Deobachtungen. Gegenstände der Beobachtung wie bei Kingua-Fjord. Aus den Übersichten für die einzelnen Monate entnehmen wir folgende Daten von allgemeinerem Interesse: Höchster Luftdruck 769,7 mm, niedrigster Luftdruck 706,9 mm, mittlerer Luftdruck 745,4 mm. Höchste Temperatur 17,8 ° C., niedrigste Temperatur —12,3 ° C., mittlere Temperatur 1,4 ° C. Gröfste Temperaturschwankung im Jahre 30,1 ° C., gröfste Temperaturschwankung in einem Monat 25,8 ° C. Mittlere Temperatur im Frühling 1,1 ° C., mittlere Temperatur im Sommer 4,8 ° C., mittlere Temperatur im Herbst 1,3 ° C., mittlere Temperatur im Winter —1,3 ° C. Wind: Häufigste Windrichtung WSW. und W. 0,4 % Stillen. Gröfste Windgeschwindigkeit 26,4 m pro Sekunde. Wie bei Kingua-Fjord sind der tägliche und jährliche Gang der meteorologischen Elemente auf einer Reihe von Tafeln graphisch dargestellt. Von besonderem Interesse unter diesen graphischen Darstellungen ist eine Kopie der von dem Sprungschen Barographen aufgezeichneten Kurve vom 27. bis 29. August 1883, welche die durch den Ausbruch des Krakatoa hervorgebrachte Luftwelle in ausgezeichneter Weise zur Darstellung bringt. Eine andre auf diesen merkwürdigen Vulkanausbruch bezügliche graphische Darstellung finden wir am Schlusse der Einleitung, wo die von dem selbstregistrierenden Flutmesser aufgezeichneten Kurven vom 26. August bis 2. September in einer genauen Kopie wiedergegeben sind. Diese Kurven enthalten die von dem Krakatoaausbruch hervorgerufenen

Wasserwellen, die sich auch an allen indischen und südafrikanischen Flutmessern geltend gemacht haben.

2) Magnetische Beobachtungen. S. Kingua-Fjord. Doch ist zu bemerken, dafs in Südgeorgien, ebensowenig wie auf der französischen Station am Kap Horn, Polarlichter beobachtet wurden. Auch sind die magnetischen Verhältnisse, besonders im Vergleich mit denen von Kingua-Fjord, aufserordentlich ruhige, was auch ganz begründet ist, da Süd-Georgien seinem magnetischen Charakter nach den mittleren Breiten angehört. Auch hier sind die Termin- und ein Teil der Störungsbeobachtungen durch graphische Darstellungen wiedergegeben. Aus der zweiten der nun folgenden Spezialarbeiten: Über Gletscherbewegung auf Südgeorgien, entnehmen wir die Beobachtung, dafs sich für den grofsen Rofsgletscher eine tägliche Bewegung von 0,38 m ergeben hat.

3) Magnetische Beobachtungen auf dem Marineobservatorium in Wilhelmshaven. Wie schon erwähnt, sind die magnetischen Beobachtungen zu Wilhelmshaven diesem Bande angehängt, wie die von Breslau und Göttingen dem ersten Bande. Sie zerfallen in zwei Teile, in die Terminbeobachtungen, welche an den ältern Lamontschen Instrumenten angestellt wurden und in stündliche, den Zeitraum von Dezember 1882 bis Schlufs 1883 umfassende Beobachtungen. Diese letzteren sind den durch photographische Registrierung erhaltenen Kurven entnommen, zu denen das astrophysikalische Observatorium in Potsdam die Instrumente hergeliehen hatte. Als Anhang hierzu finden wir eine Spezialarbeit von Herrn Dr. Eschenhagen über gewisse bei magnetischen Bestimmungen gebrauchte Konstanten. Auch das astrophysikalische Observatorium in Potsdam hat einen Beitrag geliefert, indem es eine Zusammenstellung der von August 1882 bis August 1883 auf der Sonne eingetretenen Vorgänge (Flecken und Fackelbildungen) giebt. Den Schlufs des ganzen Werkes bilden die Terminbeobachtungen der Erdströme in den deutschen Telegraphenleitungen. Durch das bereitwillige Entgegenkommen des Staatssekretärs Dr. von Stephan wurde es ermöglicht, au jedem Termintage (1. und 15. jeden Monats) während einer Reihe von Stunden in den unterirdischen Leitungen: Berlin-Thorn und Berlin-Dresden, Registrierungen der in denselben auftretenden Erdströme vorzunehmen, die zu sehr bemerkenswerten Resultaten geführt haben. Aufser den Beobachtungen an den magnetischen Termintagen ermöglichte die Munifizenz des Herrn von Stephan noch eine Reihe von wichtigen Beobachtungen in metallisch geschlossenen Schleifen, eine unterirdische: Berlin-Stettin-Danzig-Thorn-Berlin und eine oberirdische: Berlin-Danzig-Bromberg-Berlin. Die

Beobachtungen wurden ausgeführt unter Leitung des Erdstromkomitees des elektrotechnischen Vereins.

Unter den Beilagen sind besonders hervorzuheben die Ansichten der Stationen (die von Süd-Georgien nach der Zeichnung von E. Mosthaff, Mitgliedes der Expedition), Polarkarte, Karte vom Cumberland-Golf, eine ausgezeichnete Karte der Royal-Bai auf Süd-Georgien im Mafsstab von 1 : 50,000 von E. Mosthaff, Situationspläne, Karten über Schlittenreisen am Kiugua-Fjord.

Druck und Ausstattung des Werkes sind mustergültig schön und gereichen der Verlagshandlung: A. Asher & Co. in Berlin, sowie dem Drucker Herrn Herrmann daselbst bezüglich des Textes, und Herrn Strumper in Hamburg bezüglich der photolithographischen Reproduktion der Kurventafeln, Abbildungen und Karten zur grofsen Ehre.

Neben den grofsenteils noch erst zu erwartenden Veröffentlichungen der Stationen der andern Staaten wird dieses deutsche Werk sicher einen hervorragenden würdigen Platz einnehmen.

## Kleinere Mitteilungen.

§ **Aus der geographischen Gesellschaft in Bremen.** Dank der Unterstützung von Mitgliedern und Freunden konnte unsre Gesellschaft wieder einmal eine kleine ethnologische Ausstellung veranstalten. Dieselbe findet im Lokal der Gesellschaft, Butenhof, Zimmer No. 20, statt und enthält eine grofse Anzahl von Gegenständen des Hausbalts und der Gewerbe, Handelsprodukte und landwirtschaftliche Erzeugnisse, Musikinstrumente, Karten, Bücher, Photographien, Modelle verschiedener Art, endlich Waffen aus Ostasien (China, Tongking, Java) und aus Guatemala. Die Ausstellung wird viel besucht und erregt allgemeines Interesse. — Am 5. November hielt Herr A. Haacke aus Adelaide einen Vortrag über Australien und Neuguinea. Die Mitglieder der Gesellschaft und der bremischen Abteilung des deutschen Kolonialvereins, deren Damen und Freunde hatten sich sehr zahlreich eingefunden, so dafs der Saal kaum die Zuhörer fafste. An der Wand hingen zwei für den Vortrag angefertigte grofse Karten von Australien und Neuguinea, auch hatte ein Mitglied freundlichst durch Ausstellung verschiedener Photographien und sonstiger Abbildungen für weitere Illustration des Vortrags gesorgt. Letzterer verbreitete sich zunächst über die australischen Kolonien, welche der Redner selbst aus längerer eigener Anschauung kennt, und bot sodann eine Erzählung der im vergangenen Sommer unter dem Oberbefehl des Kapitän Everill ausgeführten australischen Expedition den Fly-River aufwärts in das Innere von Neuguinea. Über diese Expedition ist bereits früher in dieser Zeitschrift näher berichtet. — Leider traf vor kurzem die Nachricht von dem am 18. Oktober in Yokohama erfolgten Tode unsers Mitgliedes H. Ahrens ein. Er war der Begründer des Handelshauses Ahrens & Cie.

in London, Yedo, Yokohama und Hiogo. Sohn eines Landmannes in Lilienthal bei Bremen, begab er sich vor etwa 20 Jahren nach Japan und begründete dort ein Geschäft, das durch seine Umsicht, Energie und Unternehmungsgeist zu einem der bedeutendsten europäischen Handelshäuser in Ostasien heranwuchs. Im kräftigsten Mannesalter — er war 44 Jahre alt — wurde er von einem Choleraanfall hingerafft.

Unser Mitglied, Herr Kapitän Eduard Dallmann, der vor einiger Zeit aus Neuguinea zurückkehrte, ist wiederum für mehrere Jahre in den Dienst der Neuguinea-Kompanie getreten. Als Führer eines an der Elbe neu erbauten Dampfers verliefs er vor kurzem die Heimat zur Fahrt nach Kaiser Wilhelms-Land.

§ **Polarregionen.** Aus Tromsö wird das Ergebnis der von dort aus in diesem Sommer betriebenen und nunmehr beendeten norwegischen Eismeerfischerei wie folgt mitgeteilt: Von Tromsö wurden 1886 ins Eismeer expediert 25 Fahrzeuge von zusammen 1200 Reg.-Tons mit 203 Mann Besatzung. Von diesen sind 23 Fahrzeuge zurückgekehrt, eins verunglückte im Eise und eins war bis Mitte Oktober noch nicht zurückgekehrt. Der mitgebrachte Fang betrug: 799 Stück Walrosse à 70 Kronen (à 1 ℳ 12½ ₰), 1879 Stück grofse Robben à 22 Kronen, 7579 Stück kleine Robben à 6,50 Kronen, 256 Stück Weiswale à 80 Kronen, 65 Stück Eisbären à 60 Kronen, 163 Stück Rentiere à 10 Kronen, 19 Stück Bottlenosewale à 275 Kronen, 510 kg Daunen à 2 Kronen, 397 hl Leber à 10 Kronen, 1 Hornfisch (Narwal) 200 Kronen, 2800 Stück Vogeleier 224 Kronen, also ein Gesamtwert von 182 689 Kronen.

Früher wurde berichtet, dafs die schottischen Fangschiffe mit geringen Fischereierträgen bis auf eins zurückgekehrt seien. Dieses, der Dampfer „Eclipse", Kapt. Gray, hatte sich nach Franz-Joseph-Land gewendet, um in dem dortigen, an Thrantieren verschiedener Art noch reichen Gewässern seinen Fang zu vervollständigen. Wie jetzt berichtet wird, hat Kapt. Gray wegen der Eisverhältnisse Franz-Joseph-Land nicht erreichen können und ist zurückgekehrt. Kapt. Gray schreibt darüber an den Redakteur dieser Zeitschrift aus Peterhead wie folgt: „Ich durchkreuzte die ganze Karasee weiter nach Norden, um nach Franz-Josephland zu gelangen; allein ich fand, dafs das Eis sehr weit nach Süden reichte und dabei sehr dicht gepackt lag, so dafs ich weiter als eine halbe Meile nicht eindringen konnte." So kehrte er nach Schottland zurück. Kapt. Gray betrachtet die Fischgründe im europäischen Eismeer für vorläufig erschöpft. Auch die Neufundlandfischerei, sowie der Walfang der Amerikaner im Eismeer nördlich von der Beringstrafse ist in diesem Jahre schlecht ausgefallen. Da nun die Preise für Fischbein sehr hoch sind, so denken die Walfischfänger ernstlich daran, neue Gründe im Nord- oder Südpolarmeer aufzusuchen. Bei solchem Stande der Dinge dürfte der oft geleugnete praktische Nutzen der Polarexpeditionen wieder in den Vordergrund treten. Es mag hierbei daran erinnert werden, dafs in dem Jahre 1873—1874 auch von Deutschland aus der Walfischfang im **Südpolarmeer** betrieben wurde und zwar durch den der damaligen Polarfischereigesellschaft in Hamburg gehörenden, von Kapitän Dallmann geführten Dampfer „Grönland". Die geschäftlichen Ergebnisse dieser Reise waren aber nicht der Art, um zur Fortsetzung dieses Betriebes anzufeuern. Kapitän Dallmann besuchte damals die Süd-Shetland- und die Süd-Orkney-Inseln, sowie Grahamland an verschiedenen Stellen. Eine Reihe von Benennungen, welche ein Karton in Petermanns Südpolarkarte zu Stielers Atlas zeigt, stammen von den Entdeckungen, welche Dallmann auf dieser Fahrt machte. Wale wurden übrigens während der ganzen Kreuze der „Grönland" in den Südpolargewässern nicht gefangen, der Fang bestand vielmehr aus Fellen und Speck von Pelz- und Landrobben, Seeelefanten und Seeleoparden.

Der amerikanische Marineleutnant B. E. Peary hat im vorigen Sommer von der Disko-Bai (Westgrönland) aus mit einem jungen Dänen eine Schlittenreise auf dem grönländischen Inlandeise unternommen; die Reisenden waren im ganzen 10 Tage von der Küste unterwegs, Unwetter nötigte sie wiederholt zur Rast. Wie weit sie in das Innere gekommen, darüber enthält der erste bis jetzt vorliegende Bericht offenbar übertriebene Angaben.

Über eine von dem amerikanischen Marineleutnant Robert Peary in Begleitung eines jungen Dänen im vorigen Sommer unternommene Schlittenreise auf dem grönländischen Inlandeise von der Disko-Bai (Westgrönland) aus, wird uns aus Kopenhagen, 6. Dezember, das folgende berichtet: „Robert Peary, ein amerikanischer Zivilingenieur war von einem Assistent des königlichen grönländischen Handels, namens Maigaard, in Ritenbenk (Discofjörd) begleitet. Der Rand des Inlandeises wurde im Juli d. J. an Pakitok Illordlek bestiegen (an der Ostseite des Discofjords 69° 30' n. B. 50° 0' w. L. Gr.). Die Reise dauerte 21 Tage. Die zwei Reisenden zogen jeder einen kleinen Schlitten im Gewicht mit Bagage von 175 kg. Nur am Rande war das Eis reich an Spalten, sonst ziemlich eben; das Eis hob sich gegen Osten, und die Reisenden erreichten eine Höhe von 7525 Fufs (wahrscheinlich englische). Robert Peary und Maigaard drangen 115—120 englische Meilen in das Inlandseis hinein. Das Eisfeld war, wie gesagt ziemlich eben, und seine Nunatakker (Bergspitzen die aus dem Eise emporragen) wurden getroffen. Die Rückreise geschah in wenigen Tagen. Die zwei Schlitten wurden der Länge nach vereinigt; eine Zeltstange wurde der Mast und ein Gummiteppich als Segel benutzt. Der stetige Ostwind und die Neigung gegen das Meer halfen dann die Reisenden in kurzer Zeit zum Meer zurück."

§ **Aus Neu-Guinea.** Der ersten Befahrung des Kaiserin-Augusta-Flusses mit Dampfer, über welche wir in Heft 3, S. 251 u. ff. berichteten, ist eine zweite mit dem Dampfer „Ottilie", Kapitän Rasch, durch den Landeshauptmann von Kaiser-Wilhelms-Land, Admiral Freiherrn von Schleinitz gefolgt. D. „Ottilie" fuhr den 29 Juli bis 1. August den Strom auf 200 sm bis zu einer Barre in einer seeartigen Erweiterung des Stromes hinauf, ohne nennenswerte Hindernisse zu finden. In Begleitung des Landeshauptmanns befanden sich Vizekonsul Dr. Kaappe von Apia, Herr Hunstein, Dr. Schrader und Dr. Hollrung. Die Fahrt wurde dann noch 2½ Tag stromaufwärts in einer Dampfbarkasse fortgesetzt. Der von der Mündung bis zu der entferntesten Stelle im Innern, die man erreichte, zurückgelegte Wasserweg beträgt gegen 300 sm, in gerader Richtung ist diese Stelle 156 sm von der Mündung entfernt und ist es nicht unwahrscheinlich, dafs die Schiffbarkeit für kleinere Schiffe noch 50 bis 100 sm weiter stromaufwärts reicht. Bis zu der Stelle, wohin D. „Ottilie" gelangte, waren die Ufer flach. Im Süden zieht sich ein Gebirgszug hin, von dem Ausläufer hier und da an den Strom herantreten; im Norden wurden nur einzelne niedrige Höhenzüge sichtbar. Die von der Neu-Guinea-Kompanie zu Berlin herausgegebenen „Nachrichten über Kaiser-Wilhelms-Land und den Bismarckarchipel" Heft IV. 1886 bringen nähere Berichte über diese Fahrt und entnehmen wir dem Bericht des Dr. Schrader noch folgendes: „Wir hatten nur selten Gelegenheit das Schiff zu verlassen und die Ufer zu betreten. Dieselben machen den Eindruck, als ob sie während der Regenzeit zeitweilig weithin unter Wasser gesetzt würden, da die Hochwassermarke stellenweise bis zu 6 m über dem augenblicklichen Wasserstand bemerkbar war und die Häuser der zahlreichen und sehr großen Dörfer (oft über 100 Häuser in einem Dorf) auf erheblich massiveren Holzpfeilern erbaut waren, als es sonst üblich ist. Ausgedehnte Sagopalmenbestände wechselten ab mit wildem Zuckerrohr in undurchdringlichen Dickichten. In der Nähe der Dörfer fanden sich fast bis zu dem äußersten von uns erreichten Punkte stets Kokospalmen. Weiter stromaufwärts wurde auch der eigentliche Hochwald häufiger; die Berge waren stets damit bedeckt. Meiner Meinung nach liegt in diesem Gebiet, soweit das Land bis jetzt bekannt ist, der Schwerpunkt aller landwirtschaftlichen Unternehmungen. Die viele Hunderte und Tausende von Quadratkilometern messenden, mit Zuckerrohr bedeckten Flächen des Unterlaufes sind wohl das günstigste Terrain für Viehzucht, sobald die wohl überall sich vorfindenden natürlichen kleinen Erhebungen als Wohnsitze und Zufluchtsstätten bei Wassergefahr benutzt werden. Desgleichen dürfte Reis und Zuckerrohr gut gedeihen."

„Die Einwohner, welche niemals Weiße gesehen hatten, verhielten sich natürlich meist mißtrauisch, stellenweis sogar feindlich. Die Bauart der Häuser war eine von den uns sonst bekannten oft wesentlich abweichende. Erheblich größer, vielleicht für mehrere Familien bestimmt, auf sehr starkem Unterbau mit eigentümlichen turmartigen Giebelaufsätzen, welche bei einzelnen Häusern das Dach 3—4 m überragten, standen die Häuser, meist in langer Reihe nebeneinander, am Ufer entlang. Die männliche Bevölkerung ging oft ganz nackt, während die Weiber die auch in Finschhafen üblichen Bastfaserschürzen um die Hüften trugen. Bunte Bemalung besonders des Oberkörpers mit rotem Lehm oder ganz schwarzer Farbe sahen wir mehrfach, desgleichen fast in jedem Dorfe eine oder zwei Personen, meist Weiber, welche den ganzen Körper mit schmutzig weißer Farbe (Asche oder schmutzigem Kalk) bemalt hatten. Über die Bedeutung dieser Sitte konnten wir keinen sicheren Aufschluß erhalten. Vielleicht bedeutet diese Bemalung Trauer oder die betreffenden Personen gelten für Zauberinnen. Die Kanus, ausgehöhlte Baumstämme ohne Ausleger, sind oft ziemlich groß; sie werden im Stehen mit Paddeln gerudert; ich zählte bis zu 15 Personen als Insassen. Der Bug ist oft mit großen, fratzenhaft bemalten, schildförmigen Aufsätzen verziert. Als Tauschartikel brachten die Eingeborenen (gegen Tücher, Flaschen, Perlen und im oberen Flußlauf besonders Muscheln) meist Speere, welche oft mit menschlichen Wirbelknochen verziert waren, ferner gebrannte Thontöpfe, Tabak und andre Kleinigkeiten. Auch gelang es, einige Menschenschädel einzutauschen. Als Freundschaftszeichen wurde in einem Dorfe bei unsrer Ankunft ein Hund totgeschlagen und wurden besonders geschmückte Friedenslanzen mit der Spitze in den Boden gesteckt; Hunde, Schweine und Hühner fanden wir als Haustiere; Jam und Sago sind wohl die Hauptnahrungsmittel. Der Strom selbst hat einen mäanderförmigen Lauf; das Beobachtungsmaterial, welches zur kartographischen Festlegung desselben gesammelt ist, harrt noch der Bearbeitung. Auf Anstellung von astronomischen Beobachtungen konnte während der ganzen Flußfahrt nur wenig Rücksicht genommen werden. Bei Dunkelheit war an eine Landung nicht zu denken und konnte ich deshalb nur verhältnismäßig unsichere Beobachtungen an Bord der im Strome verankerten „Ottilie" mit Quecksilberhorizont und Spiegelsextant anstellen. Während der späteren Fahrt mit der Barkasse bot sich außer am Umkehrpunkte nur noch zweimal auf der Rückreise Gelegenheit zu Beobachtungen. Auf der Thalfahrt war das Wetter für Anstellung von astronomischen Beobachtungen nicht günstig."

Ende November verliefs der in Hamburg erbaute Dampfer „Ysabel", Kapt. E. Dallmann, mit einer Ladung Hausbaumaterialien, Kohlen, Provisionen und andren Vorräten die Elbe zur Fahrt nach Neu-Guinea. Als Passagiere gingen vier Beamte der Kompanie mit: Landmesser von Drixen, Stationsassistent von Mengden, Kapitän Däcker, Premierleutnant a. D. von Puttkamer und Sekondeleutnant der Reserve Richard Jordan; ferner: verschiedene Seeleute und Handwerker, die im Schutzgebiet der Kompanie Verwendung finden sollen. Das Schiff soll in Colombo eine Anzahl Zebuochsen und in Surabaja 50 Malayen aufnehmen, die in den Dienst der Kompanie treten.

Die letzte in dem Heft mitgeteilte Nachricht ist folgendes am 12. November eingegangene Telegramm des Landeshauptmanns Freiherrn von Schleinitz: „Untersuchte Huon Golf; viele Häfen; fandon Gold."

**Von der Insel Réunion.** Dr. Konrad Keller, bekannt durch seine vor einigen Jahren ausgeführte Reise nach Nordostafrika, kehrte vor kurzem von einer zweiten afrikanischen Reise zurück, die ihn nach Südostafrika und zu den vorgelagerten Inseln Madagaskar, Réunion und Mauritius führte. Eine Reihe vorläufiger Reiseberichte, welche die „Neue Zürcher Zeitung" brachte, haben wir mit lebhaftem Interesse gelesen. Als Probe geben wir hier die Schilderung eines Ausflugs, welchen der Reisende auf der Insel Réunion ins Innere, und zwar nach Salazie, der kreolischen Schweiz, unternahm:

Salazie, Insel Réunion, 12. Juni 1886.

Bei dem bevorstehenden Abschied von der Insel Réunion kann ich nicht umhin, noch eines unvergleichlichen landschaftlichen Bildes zu gedenken.

Die kurze Frist, welche mir übrig blieb, wollte ich zu einem Ausflug ins Innere benutzen, um die Sammlungen noch zu vervollständigen. Vous allez donc à Salazie. Ah! qu'il est joli ce pays, c'est nôtre Suisse! So sagten mir die Kreolen und sie haben das Richtige getroffen.

Salazie! Welchen Zauber besitzt dieser Name für den Kreolen. Salazie elektrisiert die Schuljugend, wenn sie zu Beginn der Ferien einen Ausflug in die Berge machen darf und belebt den gebrochenen Greis, der in den heilkräftigen Thermen von Salazie Linderung seiner Leiden findet.

Der kreolische Dichter besingt in den zartesten Weisen und in den lieblichsten Bildern einen Ort, der ihm als das vollkommene Eden auf Erden gilt. Eine dichterische Ader ist mir von der Natur nicht verliehen und ich darf eidlich bezeugen, dafs ich weder öffentlich noch im geheimen je ein Gedicht verbrochen habe, niemals habe ich den Pegasus malträtiert — ich betrachte die Welt mit den realistischen Augen des schlichten, oft auch des kritischen Menschenverstandes. Aber ich mufste mir sagen, dafs eine Gegend, von welcher sogar der bedächtige Mulatte mit Entzücken spricht, etwas aufsergewöhnliches sein müsse.

Und so nahm ich nach Absolvierung der letzten Post nach Europa den Frühzug nach St. André. Man fährt mitten durch lachende Fluren und überblickt zur Rechten ausgedehnte Maniokpflanzungen und Zuckerplantagen; in den Kasuarinenwaldungen sind die ausgedehnten Kulturen von Vanille angelegt. Zur Linken blickt ab und zu das blaue Meer durch die Lichtungen von Palmen und Pandanusgruppen hindurch.

In St. André nimmt uns ein Maultiergespann in Empfang und bringt uns in etwa vier Stunden nach den Thermen von Salazie.

Erst führt der Weg in der Ebene durch eine schattige Allee von Tamarinden bis zum Ufer eines größern Flusses. Es ist dies die Rivière du Mât. Das Bett ist tief eingegraben und man tritt, dem linken Ufer entlang gehend, rasch in eine schluchtartige Verengung der hier anlaufenden Gebirge. Zu beiden Seiten hat man ungeheure, senkrecht abfallende Felsmauern, welche mit einem freudig grünen Teppich von Himbeersträuden bedeckt sind.

Später wird in der Höhe auch die undurchdringliche Waldregion sichtbar. In schwindelnder Tiefe erblickt man den schäumenden Fluß, an den Abhängen stürzen Dutzende von Wasserfällen oft aus einer Höhe von 500 bis 600 m herab. Am Wege erblickt man die üppigste Farrenvegetation im Verein mit Kokospalmen und armleuchterartigen Vakouabäumen. Nach etwa einer Stunde setzt man auf das rechte Ufer hinüber, die Schlucht beginnt sich von nun an stets zu verengen bis zum Dorfe Salazie, wo man wieder auf das andre Ufer gelangt. Am Wege erblickt man da und dort die aus Bambus oder Bananenstroh erbauten, ärmlichen Hütten der Mulatten.

Das Bild ändert jetzt. Man tritt in einen weiten, ungeheuern Kessel. Es ist dies einer der drei erloschenen Krater, welche um den Piton des Neiges gruppiert sind. Die Kraterwände erheben sich senkrecht bis zu einer Höhe von 2000 bis 3000 m über dem Meere. Dieser Krater umfaßt einen Flächenraum von 10,000 ha. In seinem Innern sind die Reste der an ihrem Rande vielfach zerrissenen Auswurfkegel; man hat vollkommen den Eindruck, als befinde man sich im Hochgebirge der Schweiz oder des Tirol, nur sind die Formen mehr bizarr als in unsern Alpen. Einst sah dies Gebiet wohl furchtbar öde und nackt aus. Die aufgehäuften Spannkräfte in der anorganischen Natur machten sich hier Luft in ungeahnten lebendigen Kräften, welche mächtige Lavamassen nach der Gegend von St. André hinunterwälzten.

Heute ruht der Vulkan wohl seit undenklichen Zeiten. Seine Kräfte haben in breitere und friedlichere Bahnen eingelenkt und treten in der Gestaltung einer wunderbar reichen Pflanzenwelt zu Tage. Der Mensch begann sich hier anzusiedeln und führt ein von der Welt abgeschlossenes aber glückliches Dasein.

Von Salazie aus führt die breite und bequeme Straße in steilen Windungen hinauf und um die Reste der Auswurfskegel herum bis zur Höhe von 1000 m. Man erreicht endlich den Flecken Hellbourg und erblickt in einem tiefen Kessel die Thermen, welche ein alkalisches Wasser von 32° zu Tage fördern. Die landschaftlichen Bilder wechseln von Minute zu Minute kaleidoskopartig. Das großartige, ja verschwenderische Gesamtbild, das sich hier in engem Rahmen zusammendrängt, läßt sich weder in Farben noch in Worten wiedergeben.

Am glanzvollsten gestaltet es sich bei Sonnenaufgang, wenn die höchsten Bergkuppen vollkommen wolkenfrei sind und eine durchsichtige, erfrischende Morgenluft die Formen zur Klarheit kommen läßt.

Unsre Sprache, mag man auch die gewähltesten Bilder und die schmeichelhaftesten Adjektiven zusammensuchen, gestattet nur eine blasse Wiedergabe dieser großartigen und gleichzeitig so lieblichen Landschaftsszenerie.

Alle erdenklichen landschaftlichen Elemente vom Norden bis zu den üppigsten Tropen sind hier in einer so wunderbar harmonischen Weise zusammengedrängt, daß auch der kühlste Beobachter von Bewunderung hingerissen werden muß. In der Nähe schattige Plätze, dunkle Lauben, zierliche, von der Natur geschaffene Gärten, in einiger Entfernung klare Quellen und ruhige Bäche, Schluchten mit undurchdringlichen Waldungen von Farren und mannshohen

Begonienbüschen, dann wieder steile Abgründe, mächtige Wasserfälle. In der Tiefe liebliche Seen, von Bananen, mächtigen Bambubüschen und vereinzelten Palmen umrahmt, welche sich in der grünblauen Flut wiederspiegeln, abwechselnd mit gröfseren Ebenen und undurchdringlichen Waldungen; im Hintergrunde keckansteigende Felswände, welche sich koulissenartig erheben und unsrer Alpennatur vergleichbar sind; das Ganze endlich beherrscht vom Piton de Salazic und Piton des Neiges, deren Kuppen im Juli und August in blendendem Schnee erglänzen — fürwahr eine Landschaft, wie sie auf unsrer weiten Erde wohl schöner nirgends zu finden ist! Der Mensch, der sich hier angesiedelt, fühlt diese Schönheiten Tag für Tag und hat den auffälligsten Punkten und Plätzen meist poetisch klingende Namen gegeben.

Mühelos erhält er von diesem fruchtbaren Garten, was er wünscht. Alle europäischen Gemüse gedeihen hier vortrefflich und es wird hier auch vorwiegend die Gemüsekultur, die petite culture betrieben, in den Gärten sah ich Apfelbäume, blühende Pfirsichbäume und Erdbeerstauden.

Auch Viehzucht, insbesondere Geflügel- und Schweinezucht wird von den Bergbewohnern stark betrieben und nach den Märkten von St. André und St. Denis wird ein delikates geräuchertes Schweinefleisch verschickt. Eine Gemüsepflanze mufs hier erwähnt werden, weil sie gerade hier fast ausschliefslich vorkommt und zu den allernützlichsten gehört, dabei einer besondern Kultur fast gar nicht bedürftig ist. Es ist dies eine in ihrem Äufsern an die Cucurbitaceen erinnernde kletternde Pflanze, welche den botanischen Namen Sicyos angulata führt und hier als chouchou oder auch als chouchonte bezeichnet wird. Sie bedeckt die Mauern der Gärten, sie rankt lianenartig an den Bäumen des Waldes empor, sie bildet an den senkrecht abfallenden Felswänden saftigblaugrüne, weithin sichtbare Rasenplätze und ausgedehnte Wiesen. An dieser trefflichen Pflanze ist buchstäblich alles nutzbar. Die Stengel und Blätter liefern ein zartes, erfrischendes Gemüse, die birnförmigen Früchte werden zu Sulsi verwendet oder gekocht. Die tief im Boden wuchernden, mächtigen Wurzelknollen vertreten die Stelle der Kartoffeln und liefern ein feines Stärkemehl, welches von den Frauen zum Pudern der Haut benutzt wird. Die Pflanze liefert auch das beste Schweinefutter. Die Stengel des Chouchou werden in dünne Bänder geschnitten und als Stroh zu Flechtwerken verarbeitet. Eine eigne Kunstindustrie hat sich in diesen Bergen entwickelt und einige Frauen fertigen zierliche Hüte, Taschen u. dgl. aus Chouchoustroh. Diese Arbeiten sind von blendender Weifse und grofser Eleganz. Sie werden insbesondere von der Damenwelt sehr gesucht.

Ähnlich wie in der Schweiz hat sich in diesen Bergen auch eine Fremdenindustrie zu entwickeln begonnen. Die Luft ist zu jeder Jahreszeit frisch und angenehm, die Jugend zeigt hier ein frisches Rot auf den Wangen.

Im Dezember und Januar flüchten sich die wohlhabenden Bewohner von Réunion vor der Hitze in die kühlen Berge und auch die Mauritiauer pflegen herüber zu kommen, da ihnen diese Gebirgslandschaft fehlt.

Für die Unterkunft der Gäste ist hier in einer Weise Vorsorge getroffen, welche von gutem Geschmack zeugt und unsern schweizerischen Kurorten sehr zur Nachahmung empfohlen werden dürfte. Man hat keine Mietkasernen gebaut, sondern zahlreiche kleine Châlets aus Holz, welche für eine kleine Familie ausreichen oder auch 2 bis 3 Freunden zur Unterkunft dienen. In der Mitte dieser Châlets steht ein Häuschen mit Speisesaal und Veranda.

Die alkalischen Thermen haben einen grofsen Ruf erlangt und werden mit Erfolg gegen Wechselfieber, Rheuma und Unterleibsleiden gebraucht.

Die Kolonialbehörde hat in der Nähe ein Hospital für kranke Soldaten eingerichtet und gegenwärtig befinden sich hier Offiziere und Soldaten, welche während der Belagerung von Madagaskar vom Klima gelitten haben. Wären die Bewohner unternehmender und dem dolce far niente nicht so zugethan, so könnten sie zu grofser Wohlhabenheit gelangen, zumal der Grundbesitz aufserordentlich billig ist und bei den vorhandenen Verkehrswegen die Lebensmittelmärkte der gröfseren Orte sich mit grofser Leichtigkeit von hier aus beherrschen liefsen. Intelligente Landwirte hätten hier einen billigen und gewinnbringenden Boden vor sich, der Sommer und Winter hindurch alles erzeugt, was man hier zum Leben nötig hat. Ein spekulativer Kopf würde aus diesem Platz in kurzer Zeit eine blühende Fremdenstation ins Leben rufen, welche von der wohlhabendern Bevölkerung von Réunion und Mauritius während der heifsen Zeit benutzt würde — und hätte ich das ruhige Temperament eines beschaulichen Philosophen, so würde ich mir hier um tausend Franken einen idyllischen Landsitz einrichten und meine Tage in diesem friedlichen Erdenwinkel verträumen!

---

Die Insel Barbados. Die in diesem Jahre in London stattgehabte Kolonialausstellung hat in Spezialkatalogen, Berichten und sonstigen Gelegenheitsschriften eine ganze Litteratur hervorgerufen. Zu den wertvolleren Schriften dieser Art gehört z. B. das unter der Oberleitung der Königlichen Ausstellungskommission herausgegebene 560 Seiten starke Werk: Die Kolonien Ihrer Majestät (Her Majestys Colonies). Wir entnehmen den Mitteilungen dieses Werks über die Insel Barbados die nachfolgende Stelle: „Die vielerlei Produkte, die früher auf Barbados erzeugt wurden, sind allmählich dem Zucker gewichen, und gegenwärtig ist von dem zu bebauenden Lande von 106 407 Acres ein Flächeninhalt von 100 000 Acres dem Zuckerrohr eingeräumt; den gröfseren Teil des Restes nehmen Wege, Gebäude und Ödland ein. Von dem für den Zuckerrohrbau bestimmten Lande wird jedes Jahr ein gewisser Teil bepflanzt und abgeerntet, dem übrigen Teil wird eine kurze Ruhe vergönnt, indem er mit einer sogenannten Abfallernte bepflanzt wird, d. h. Bataten oder andern Wurzeln oder Mais. Diese Ernte wird, wenn die Preise hoch sind, verkauft, aber ebenso oft eingeackert. Der Anbau des Zuckers selbst ist fast bis zur Vollendung gebracht, und der Landwirtschaftsbetrieb hat eine hohe Stufe erreicht; er besteht gröfstenteils in Spatenarbeit, die Erzeugung des Zuckers aber ist noch grofser Verbesserung fähig, namentlich mangelt ihr die Zentralisation. Augenblicklich erzeugt jede Besitzung von einigen hundert Acres ihren Zucker für sich, oft mit Hülfe der altmodigen Windmühle, so dafs der Landwirt zugleich Fabrikant ist. Wenn er nun auch als Landwirt tüchtiges leistet, so fehlt ihm zum Fabrikanten das nötige Kapital. Und doch wäre die Kolonie besonders geeignet zur Errichtung von Zentralfaktoreien. Während der jetzigen niedrigen Zuckerpreise könnte die Aufmerksamkeit wohl andern Produkten zugewandt werden. Der Tabak z. B. ist eine einheimische Pflanze und die gewöhnlichen Sorten schiefsen überall auf, wo eine freie Stelle Land ist, besonders auf alten Hausplätzen. Er könnte mit geringer Mühe gebaut werden und würde einen ganz netten Gewinn abwerfen. Auch zur Stärkebereitung geeignete Wurzeln geben einen bedeutenden Ertrag. Arrow-root giebt etwa 10 000 Pfund Wurzeln vom Acre, welche 2000 Pfund Stärke liefern. Kassave und Yamswurzeln geben 8000 Pfund vom Acre, Bataten 30 000 Pfund, während die Erdnufs etwa 2000 Pfund liefert. Es werden jetzt Versuche mit Faserpflanzen, wie Kaktus und Seidengras, gemacht.

Alles dieses, wie auch Ingber, könnte mit Vorteil gebaut werden. Die Bevölkerung, welche trotz der Auswanderung jährlich zunimmt, erfordert eine reichliche und billige Fleischnahrung, während sie den Wohlstand der Kolonie mehrt und zur Hebung des Ackerbaus beiträgt. Der Durchschnittspreis der als Nahrung verwandten obenerwähnten Wurzeln ist für Bataton ³/₄—1 d., für Yamswurzeln 1—1¹/₄ d., Bataten wachsen immer, ebenso Bananen, von denen man etwa 4 für einen Penny bekommt. 6¹/₄ Millionen Pfund amerikanische gesalzene Fische werden jährlich verzehrt, der Preis ist etwa 1¹/₂ d. das Pfund im Kleinverkauf, während der einheimische Fischfang einen unerschöpflichen Ertrag liefert. Mit dem Fischfang sind 366 Böte beschäftigt, dieselben haben durchschnittlich je 8 Tonnen Gehalt und eine Bemannung von 3—4 Mann. Man schätzt, dafs etwa 1500 Personen dadurch ihren Lebensunterhalt finden, und dafs der jährliche Ertragswert des Fischfangs etwa 17000 £ ist. Die wichtigste Art der gefangenen Fische ist der fliegende Fisch. Dieser ist im Aussehen dem Hering ähnlich, aber kleiner, und schwimmt ebenfalls in Zügen. Seine Fangzeit beginnt im November und dauert etwa sieben Monate. Die Fangweise ist äufserst einfach. Die Böte fahren sehr früh morgens aus und kehren nachmittags zurück. Sobald der fliegende Fisch nahe dem Boot aus dem Wasser aufsteigt, werden die Segel und Masten heruntergenommen und man läfst das Boot treiben. Ein Sack mit verfaulten eingemachten Fischen wird über dem Bug ins Wasser hinabgelassen. Das aus demselben entweichende Öl macht das Wasser ruhig und zieht die Fische heran, welche mit grofsen Hamen einfach ausgeschöpft werden. Wenn der Fang gut ist, so wird die Menge der gefangenen Fische lediglich durch den Rauminhalt des Bootes beschränkt; und es ist vorgekommen, dafs Böte infolge von Überladung gesunken sind. Einige Stunden nachdem die Böte das Land erreicht haben, werden die Fische sehr billig, etwa 5—6 Pfund kosten nur einen Penny, mitunter sogar noch weniger. Es werden Versuche gemacht die Fische zu konservieren und in derselben Weise wie Heringe einzumachen. Auf die Fangzeit der fliegenden Fische folgt die der Seeigel (Echinus), nach denen man bisweilen 6 Faden tief taucht. Gegessen wird nur der Rogen, wovon jedes Tier nur wenig enthält; dadurch, dafs die Tiere in so grofser Menge gefangen werden, liefern sie trotzdem einen bedeutenden Nahrungswert. Aufser den genannten Sorten werden ungeheuer grofse Rotfische (grouper), ein Fisch aus der Familie der Barsche, und andre Arten, durch Tiefseefischerei mit Leinen gefangen; Hummer und Krabben werden an der Küste mit dem Wurfnetz gefangen. Die billige Nahrung, der geringe Bedarf an Kleidung und Feuerung gewähren den Landarbeitern ein bequemes Auskommen trotz des niedrigen Lohnes, dessen Betrag 1 Shilling im Tag für Männer und 10 Pence für Frauen ist."

**Britisch Guiana.** Diese verhältnismäfsig wenig bekannte englische Kolonie war auf der Londoner Kolonialausstellung des vergangenen Sommers besonders reich vertreten. Eine von dem ältesten Beamten der Kolonie, G. H. Hawtayne, verfafste Schrift gab über den jetzigen Zustand von Britisch Guiana Auskunft. Nachfolgendes ist dieser Schrift entnommen. Ende 1884 betrug die Bevölkerung der Kolonie Guiana 254001 Personen, davon waren über 65000 Einwanderer aus Ostindien. Der ostindische Einwanderer lebt in Britisch Guiana in guten Verhältnissen. Er hat ein Haus, einen Fleck Garten, Weide für seine Kühe, ärztliche Fürsorge und freie Rückfahrt nach Indien, während sein Lohn, der nicht karg bemessen ist, pünktlich jede Woche bezahlt wird. Dafs er seine gute Lage in dieser Kolonie zu schätzen weifs, geht daraus hervor, dafs sehr viele dort bleiben, und dafs nicht wenige von denen, die nach Indien zurückgehen, binnen kurzer Zeit wieder zurückkommen. Die erste Übersiedelung von Chinesen nach Britisch Guiana fand im Jahre 1853 statt, und seit 1859 dauerte die Einwanderung, von der Regierung geregelt, bis 1866 fort, wo sie durch gewisse Vorschriften in betreff der Gewährung freier Rückfahrt an Einwanderer, deren Zeit abgelaufen, gehemmt wurde. Später wurde an deren Stelle eine Geldzahlung zugelassen. Die Zahl der bis jetzt an der Küste der Kolonie eingeführten Chinesen beläuft sich auf 13 534; in den letzten Jahren sind jedoch mit Ausnahme einer im Jahre 1880 angekommenen Schiffsladung keine mehr gelandet. Die in der Kolonie verbleibenden unterhalten meistens kleine Läden, einige besitzen aber auch grofse Waarenlager in Georgetown und New Amsterdam. Vermöge ihrer Intelligenz sind sie schätzbare Gehülfen bei der Fabrikation von Zucker und Rum, auch sind sie als Hausdiener, Gärtner u. a. begehrt. Eine grofse Zahl Chinesen ist zum christlichen Glauben bekehrt worden, und die Kirchen, Kapellen u. a., die fast nur, wenn nicht in einigen Fällen gänzlich, aus ihren Beiträgen erbaut sind, legen ein Zeugnis ab für den Ernst ihrer religiösen Überzeugung. Die schwarze Bevölkerung besteht aus Kreolen, d. i. Leuten von afrikanischer Abkunft, die auf der Kolonie geboren sind, und aus Westindiern, hauptsächlich aus Barbados. Die meisten sind im Ackerbau beschäftigt, wozu sie sehr geeignet sind; andre finden als Handwerker und Diener eine Tätigkeit. Diejenigen, welche in ländlichen Distrikten wohnen, leben meist in den Dörfern, die kurz nach der Emanzipation durch das befreite Volk gegründet wurden, die Leute kauften Land und errichteten bequeme, leidlich solide Wohnungen. Die Nachkommen haben in der Regel diese Wohnungen baufällig werden lassen, die Bewässerung vernachlässigt und die umliegenden Landflächen mit Busch und Unkraut überwachsen lassen. Bei denjenigen Niederlassungen aber, welche neuerdings unter die Obhut und Leitung der Regierung gekommen sind, zeigt sich eine bedeutende Besserung, und es ist zu hoffen, dafs sie nach und nach anständiger und gesunder werden. Die schwarze Bevölkerung kann man nicht als reguläre Arbeiter betrachten Auf den Pflanzungen wird der Regel nach nicht verlangt, eine bestimmte Anzahl von Stunden hindurch zu arbeiten, oder täglich eine entsprechende Arbeitsleistung anzuführen, sondern es wird eine Akkordarbeit gegeben, die als einer sechstägigen Arbeit gleichkommend angenommen wird, aber bei einer nur wenig vermehrten Kraftanstrengung in drei oder vier Tagen auszuführen ist. Es sind ordentliche und friedliche Leute. Ziemlich viele werden hinreichend tüchtige Handwerker, Maschinisten, Zuckersieder u. a. Zu Telegraphendiensteten sind sie geeigneter als die andern Rassen, und es ist nicht zu bezweifeln, dafs bei verständiger und praktischer Erziehung die aufwachsende Generation zu guten und nützlichen Bürgern herangezogen werden kann. Unglücklicherweise geht aus offiziellen Berichten hervor, dafs die Unsittlichkeit unter ihnen herrscht und eine grofse Anzahl ihrer Kinder unehelich ist. Die Sterblichkeitsziffer dieser Klasse von Kindern ist auch äufserst hoch. Obgleich die Leute im allgemeinen nicht zur Sparsamkeit geneigt sind, erreichen die Sparbankeinlagen der schwarzen und farbigen Arbeiter und Handwerker doch einen grofsen Betrag, und kürzlich sind mehrere Unterstützungsvereine von ihnen gegründet worden; aber der Bestand dieser Vereine verlangt verständigere Leitung und schärfere Aufsicht als sie oft haben.

§ Die nordfriesischen Inseln. In den am 22. Nov. und 13. Dezbr. gehaltenen Versammlungen des naturwissenschaftlichen Vereins zu Bremen hielt Professor Buchenau einen Vortrag über die nordfriesischen Inseln. Er schilderte dieselben auf Grund eingehender Studien im vorigen Sommer, namentlich in geographischer und geognostischer Beziehung. Die nordfriesischen Inseln (jetzt elf an der Zahl) erstrecken sich über einen etwa 90 km langen Raum an der Westküste von Schleswig; sie sind aber nicht so in eine Reihe geordnet wie die westfriesischen (holländischen) und die ostfriesischen Inseln, vielmehr über ein Wattenmeer von 20—38 km Breite verstreut, welches nach Norden bis zum jütländischen Kap Illaavandshuk reicht. Nach ihrem Baue zerfallen sie in zwei südliche und vier nördliche „Inseln" und elf in der Mitte gelegene „Halligen". Die Einwohner machen einen scharfen Unterschied zwischen den unbedeichten flachen „Halligen" und den entweder flachen, aber eingedeichten, oder aus hohem Lande (Geest, Dünen u. a.) bestehenden „Inseln". Die beiden südlichsten Inseln: Nordstrand und Pellworm (je etwa eine Quadratmeile grofs) bestehen aus reichen eingedeichten Marschländereien, welche eine blühende Landwirtschaft gestatten. Die Bewohner haben zwar schwere Deich- und Siellasten zu tragen, sind aber trotzdem sehr wohlhabend und führen ein behagliches, zum Teil selbst ein üppiges Leben. Beide Inseln halten sich selbst regelmäfsige Dampferverbindungen nach ihrem Stapelplatze, der alten und noch immer wohlhabenden, ja in neuerer Zeit wieder aufblühenden Hafenstadt Husum. Die Architektur von Husum, seine Backsteinziegelbauten, seine behauenen Steinsäulen vor den Thürbänken und seine Kellerwohnungen sind ebenso interessant, wie der auf dem Viehhandel beruhende rege Verkehr. — Auf Nordstrand und Pellworm folgen nach Norden hin die elf Halligen (die zwölfte: die Bebushallig, ist seit einigen Jahren durch die Fluten zerstört). Es sind dies jene poesie-umwobenen merkwürdigen Eilande, welche, fortwährend von den Fluten angenagt und abgebröckelt, doch von ihren Bewohnern auf das innigste geliebt werden. Die Wohnungen der Menschen stehen auf Pfühlen, welche in künstlich aufgefahrene Wurten eingerammt sind; so liegt entweder jedes Gehöft für sich, oder mit einigen Nachbarhöfen auf je einer Wurt (Werft). Die Halligen bestehen aus genau horizontal abgelagerten Schichten von schwerer Marsch- (Klei-) Erde; sie gestatten nur den Betrieb von Viehzucht, von deren Ertrag die Bewohner ihr Leben fristen, und welche vielfach eine geringe Wohlhabenheit erzeugt hat. Das „Fahren" der Männer bringt jetzt bei weitem nicht mehr so viel Erwerb als früher. — Besonders eigentümlich, aber nicht genügend untersucht ist die Hallig Nordstrandischmoor („Lüttmoor"), welche aus Hochmoor mit einer dünnen aufgelagerten Kleidecke besteht. Eine beabsichtigte Landung an ihr wurde durch die enorme, am 11. August dort stehende Brandung verhindert. — Von den nördlichen Inseln wird Föhr in der nordöstlichen Hälfte aus Marschland, in der südwestlichen aus einem armen, 3—8 m über dem Meeresniveau liegenden sandigen Geestlande gebildet; diese Insel ist von nahezu rechteckiger Gestalt. Amrum besitzt die Form einer nach Osten geöffneten Mondsichel. Sie besteht vorzugsweise aus einer mageren tiefbraunen Heide; nur der Ostrand ist kultiviert; hier liegen die Ortschaften. Die grofse Heide macht zusammen mit den zahlreichen Hünengräbern und der Begrenzung der Landschaft durch die dem Westrande aufgelagerten Dünen einen tiefernsten Eindruck auf das Gemüt. Die Hünengräber sind in dem letzten Jahrzent fast sämtlich systematisch aufgegraben worden und haben eine Fülle von Gold-, Bronze- und Steingegenständen ergeben, welche Dr. Olshausen in Berlin in einem gröfseren Werke publizieren wird. Die folgende längste Insel, Sylt, wird aus drei ganz verschiedenen Teilen zusammengesetzt: dem mittleren Hauptkörper, der südlichen Dünenhalbinsel Hörnum und der nördlichen Halbinsel List. Der Hauptkörper besteht wie Amrum aus einer jungdiluvialen, auf Sylt bis 28 m aufsteigenden Heide; Hörnum ist eine schmale, aus aufgewehten Dünen bestehende Landzunge, in der mächtigen Dünenwildnis von List ist die ursprüngliche Heide von mächtigen Sanddünen überlagert. Die Dünen von Sylt ragen bis etwa 50 m auf. Römö endlich ist den ostfriesischen Inseln ähnlich gebaut. Hier ist der ursprüngliche Geestboden längst zerstört und der Boden besteht lediglich aus vom Wasser oder vom Winde angehäuften Bildungen. — In Beziehung auf den geognostischen Bau sind Nordstrand und Pellworm reine Marschländereien, die letzten Reste der am 10. Oktober 1634 innerhalb einer Stunde durch 44 Deichbrüche zerstörten alten Insel Nordstrand (bei welcher Katastrophe über 6200 Menschen und mehr als 50 000 Stück Vieh ertranken). Unter den Halligen hat eine Hochmoorboden, die andern aber Kleiboden; sie sind die widerstandsfähigsten Überbleibsel eines weitausgedehnten Flachlandes, dessen sandige Partien längst in Watt verwandelt sind. Die Geestinseln Föhr, Amrum und Sylt sind bedeckt von sehr magerem Geschiebedecksand, eine Bildung aus der spätern Eiszeit; darunter liegt der auch in unsern Gegenden so weit verbreitete Blocklehm. Auf Sylt steht nun auch das unter diesem Diluvium liegende Tertiärgebirge an zwei Stellen, dem sogenannten roten Kliff und dem Morsumkliff in ausgezeichneter Weise an. Am roten Kliff tritt ein weifser Kaolinsand zu Tage, dessen grober scharfer Sand am Badestrande bei Westerland oft so unangenehm empfunden wird, und der aufserdem Spaziergänge am Badestrande nach Norden hin so beschwerlich macht. Am Morsumkliff ist das Tertiärgebirge in einer Mächtigkeit von 1250 m (!) aufgeschlossen; es besteht aus grauem Glimmerthon, Alaunerde, Kaolinsand und Eisensandstein; im Glimmerthon finden sich sehr schöne Versteinerungen, im Eisensandsteine jene sonderbare Verhärtungen, welche das Volk: „Geschirr der Altvorderen" nennt. Der Vortragende konnte bei Munkmarsch eine Ablagerung von Austernschalen untersuchen, welche Dr. Meyer für Küchenabfall (Kjökkenmödding) erklärt hat, welche sich aber zweifellos als eine uralte Austernbank erwies. Der Kaolinsand enthält auf Sylt Körner von Titaneisen, welches leicht zentnerweise gewonnen werden könnte, wenn es in Europa (ebenso wie in Australien) bei der Stahlfabrikation Verwendung fände. Bei Morsum findet sich das trefflichste Material zum Baue eines Dammes von Sylt nach dem Festlande. Ein solches Werk würde eine Kolonisation im grofsen Mafsstabe möglich machen, indem dadurch rasch grofse Strecken Landes gewonnen würden.

§ Aus Sibirien. Den Berichten des Dr. Alexander Bunge über seine im Sommer 1885 ausgeführte Fahrt von Werchojansk, die Jana hinab bis zu deren Mündung, entnehmen wir einige Einzelheiten. In Werchojansk, wo der Frühling sehr spät eintrat und noch in den ersten Tagen des Juni das Eis auf der Jana stand, wurde ein starker Vogelzug beobachtet. Ein seeartiges Gewässer bei dem Ort war von vielen tausenden verschiedener Gänse- und Entenarten, Strandläufern, Möven und Seeschwalben bedeckt. Am 19. Juni alten Stils trat Dr. Bunge mit seinen Leuten in vier Böten die Fahrt stromabwärts an. Der Sommer kam nun so schnell, dafs gleich in den ersten Tagen der Fahrt das Thermometer 30° C. im Schatten zeigte; das Insektenleben erwachte rasch und sehr reich und es wurde, soweit es die knapp zugemessene Zeit zuliefs, an den Uferstellen fleifsig gesammelt. In den zahllosen Krümmungen, welche der Flofs macht, unsern die Böte häufig fest. Gegen die Mückenplage suchte man sich beim Übernachten am Ufer durch Räucherfeuer zu schützen, wozu der dort vorhandene trockene Pferde- und Kuhdünger das Material lieferten. Bei der Mündung der Adyłacha in die Jana machte Dr. Bunge, zum teil zu Pferde, zwei Ausflüge: er bestieg den 1070 m hohen, von säulenartigen Felsgruppen gekrönten Höhenzug Kihilᵈäch-Tas und den 1625 m hohen Yngnach-Chaja, dessen Gipfelplateau eine Werst im Umfange hat und von flechtenbedeckten Granitquadern übersät ist. Am Ufer der Adyłacha, eines schönen breiten Stroms, fand Dr. Bunge eine ziemliche Menge fossiler Knochen. Am 7. Juli erreichte das Thermometer die Temperatur von +33,4° C. Die Luft war infolge häufiger Waldbrände mit Rauch erfüllt, die Sonne erschien als blutrote Scheibe. Am 14. August erreichte Dr. Bunge mit dem inzwischen eingetroffenen Baron Toll das Dorf Kasatschje an der untern Jana, wo dann auch die Reisenden, nach einigen weiteren Exkursionen, ihr Winterquartier bezogen, nun im Frühjahr 1886 die Vorbereitungen der Neusibirienexpedition zu treffen. Ende September d. J. erhielt die Redaktion dieser Zeitschrift von Herrn Dr. Bunge die nachstehende briefliche Mitteilung, welche sich hierüber näher ausspricht.

Aidshergaidach, d. 9./21. April 1886.
am Südufer des Ebeljach-Busen, c. 72°½' n. Br. u. 141° ö. l. G.

Aus dem obigen Datum ersehen Sie, dafs die Expedition nach der Insel Kotelny in vollem Gange ist; am 31. März (a. St. wie die folgenden Daten) traf ich hier ein und entsandte am 1. April 16 Narten mit fast 200 Hunden bespannt mit der Hälfte der Provision, Sachen, Instrumenten (ca. 300 Pud = 120 Zentner) und einem Boot zu der Insel. Der Transport mufste ans Mangel an der nötigen Zahl Narten in zwei Reisen ausgeführt werden. In den nächsten Tagen erwarte ich meinen Reisegefährten Baron Toll hier; er ist zur Zeit noch mit der Ausgrabung des Mammuthcadavers beschäftigt. Leider haben sich die Erwartungen in betreff der Erhaltung des Cadavers, zu denen wir uns berechtigt glaubten, nicht bestätigt; es fanden sich wieder nur Knochen und einiges Wollhaar; über die sonstigen höchst interessanten Resultate während der Ausgrabung (namentlich in betreff des Bodeneises) gedenkt Baron Toll ausführlich nach St. Petersburg zu berichten. — Bald nach der Ankunft Baron Tolls erwarte ich die Rückkehr der Narten von der Insel Kotelny (ca. 15. April) und einige Tage später, am Ende der nächsten Woche, brechen wir gemeinschaftlich mit der zweiten Hälfte des Transportes zur Uebersommerung auf der Insel Kotelny auf. Zur Zeit soll die Fahrt keine Schwierigkeiten bereiten. Das ist in allgemeinen Zügen der Gang der Expedition. Alles geht bisher nach Wunsch und Hindernisse scheinen sich fürs erste nicht in den Weg zu stellen. Der Gesundheitszustand der Teilnehmer ist gut. Aufser Baron Toll nehmen an der Expedition teil: zwei Jakutsker Kosaken (zugleich Dolmetscher), vier Jakuten und zwei Tungusen, von denen fast alle mehrmals auf den Inseln gewesen sind, als Führer und Arbeiter. Die Tungusen gehen im Mai mit vierzig Rentieren zur Insel; die Rentiere werden im Sommer zur Bereisung der Insel benutzt; aufserdem bleiben drei Narten mit Hunden für die Rückfahrt auf der Insel zurück.

---

§ Dr. G. Adolf Fischer †. Wiederum ist einer unsrer Afrikaforscher durch den Tod dahingerafft: Dr. G. Adolf Fischer, eben erst wohlbehalten aus Innerafrika zurückgekehrt, wurde in Berlin nach kurzer Erkrankung am 11. November durch ein perniziöses Fieber, eine Folge der überstandenen Anstrengungen, dahingerafft. Der Verstorbene, geboren in Barmen, studierte Medizin, war Militärarzt und trat vor 11 Jahren seine erste Reise nach Ostafrika an. 1878 unternahm er mit den Brüdern Denhardt die Erforschung der Gegend am Tana und wirkte sodann 3½ Jahre als praktischer Arzt in Zanzibar. 1883 führte er im Auftrag der geographischen Gesellschaft in Hamburg seine grofse und ergebnisreiche Reise in das Land der Massai aus. Der Bericht über diese Reise wurde in den „Mitteilungen der geographischen Gesellschaft zu Hamburg" veröffentlicht. Ende 1883 kehrte er nach Deutschland zurück und schrieb u. a. jene bedeutende Flugschrift: Mehr Licht im dunklen Weltteile, in welcher er aus der Fülle seiner Erfahrungen und Beobachtungen heraus freimütig und entschieden, unter voller Würdigung der deutschen Kolonialbestrebungen, vor allen Überstürzungen und Schönfärbereien namentlich hinsichtlich des Klimas und der Möglichkeit der Bodenkultivation warnte. Mitte 1885 trat er die letzte Reise zur Aufsuchung und wenn möglich Befreiung von Emin Bei, Casati und Dr. Junker, der nun wohlbehalten in Zanzibar angekommen, an. Über diese letzte Reise entnehmen wir wörtlich eine Stelle aus dem Vortrag des Herrn L. Friederichsen, Sekretärs der geographischen Gesellschaft in Hamburg, welche letztere am 2. Dezember eine Sitzung zum Gedächtnis des Verstorbenen hielt. Herr Friederichsen sagte: „Auf einer ganz neuen Route, über das nördliche, dem deutschen Schutzgebiet angehörige Ungu,\*) dann über Kibaia, Irangi, Usandavi und gen Norden durch die 100 Fufs unter dem Spiegel des Victoria Nyansa liegende Wembaeresteppe, gelangte Fischer im November nach Kagehi am Victoria Nyansa. Dort sandte er sofort zuverlässige Boten zu den Sultan Muanga von Buganda\*\*) und liefs sich die Erlaubnis ausbitten, mit seiner Karawane Buganda durchziehen zu dürfen, um Junker zu suchen und zu befreien. Nach Verlauf von 52 Tagen, während welchen Fischer und 80 Prozent seiner Leute schwer am Fieber erkrankten, kehrten die Boten mit verneinendem Bescheid zurück. Sie überbrachten gleichzeitig einen Brief des in Buganda ansässigen bekannten englischen Missionärs Makay, welcher Fischer und seiner gesamten Karawane dasselbe Schicksal in Aussicht stellte, welches kurz vorher den Bischof Hannington samt Gefährten ereilte. Da gegenüber einer Streitkraft von 50 000 Mann an ein gewaltsames Landen in Buganda vermittelst der in Kagehi zur Verfügung stehenden Boote nicht zu denken war, auch ein Vordringen durch die dem Sultan Muanga botmäfsigen Länder im Westen des Victoria Nyansa unmöglich schien, auch die mitgenommenen Waren absolut nicht im Westen des Victoria-Sees zu verwerten waren, so sah sich Fischer gezwungen, auf bisher von Europäern nie betretenen Wegen im Osten des grofsen Sees, durch das Land der Umri, Kawirondo, Kawanga und Njoro, den Nil und Wadelai, den vermuteten Aufenthalt Junkers, zu erstreben. In Kawanga (von Thomson irrtümlich Kwa Sundu genannt), wo keine Kawirondo wohnen, hoffte der Reisende Munition gegen Lebensmittel eintauschen und dadurch die Möglichkeit zu weiterem Vordringen erlangen zu können. Aber auch diese Hoffnung wurde vereitelt, eine Hungersnot infolge lang anhaltender Dürre hatte das Land in die traurigste Lage versetzt, und nur in der kläglichsten Weise das Leben fristend, mufste Fischer den Rückmarsch über den Mbaringo-See, Naiwascha-See, Kiknjo, Ukamba und Teita zur Küste nach Wanga antreten. Körperlich scheinbar wieder gekräftigt, kehrte Fischer in den letzten Tagen des September in das elterliche Haus in Oberbilk bei Düssel-

---

\*) Ungu, nicht Unguru heifst nach Fischer dies Land.
\*\*) Buganda, nicht Uganda, ist die richtige Schreibweise.

dorf zurück. Unverdrossen ob des Mifslingens seiner Mission und in der festen Überzeugung, einerseits seine Schuldigkeit gethan, andererseits abermals eine bedeutsame Entdeckungsreise in Ostafrika ausgeführt zu haben, setzte er sich sofort daran, einen vorläufigen Reisebericht nebst Karte für die Petermannschen Mitteilungen zu entwerfen. Damit fertig, traf er am 4. November hier in Hamburg ein, um unsrer Gesellschaft in einem Vortrage über seine Erlebnisse zu berichten."

Im weiteren Verlauf seiner Rede forderte Herr Friederichsen die Versammlung auf, sich nach alter guter Sitte zum Gedächtnis des Verstorbenen zu erheben. Dies geschah. Hierauf beschlofs die Versammlung auf motivierten Antrag des Vorstandes und des Beirates, in Anerkennung der Dienste, welche der am 11. November a. c. verstorbene Dr. G. Adolf Fischer durch seine Forschungsreisen in Ostafrika der geographischen Wissenschaft im allgemeinen und insbesondere der geographischen Gesellschaft in Hamburg geleistet hat: „Das Andenken des Dr. med. G. Adolf Fischer durch Zuerkennung ihrer goldenen Kirchenpauermedaille zu ehren und dieselbe dem Vater des Hingeschiedenen zur Aufbewahrung in der Familie auszuhändigen."

§ **Die Berri-Berrikrankheit.** Diese Krankheit wütet gegenwärtig unter den Truppen, welche die niederländische Regierung zur Bekämpfung der ewigen Anfalände der Atschinesen nach Sumatra gesandt hat, auf verheerende Weise. Das Wesen dieser Krankheit war bisher den Ärzten noch ziemlich unbekannt; sie beginnt mit einer Lähmung der Beine und verursacht die heftigsten Schmerzen. Zwei Ärzte, der Inspektor des Medizinalwesens aus Java und ein japanischer Militärarzt, haben die Krankheit studiert und der Regierung einen Bericht erstattet. Darin wird dargelegt, dafs die Krankheit durch Bazillen entsteht, welche den Milzbrandbazillen ähnlich, in verschiedenen Teilen der sezierten Leichen, namentlich in Blut, Lungen, Herzmuskeln, im Gehirn und in den Nerven vorgefunden worden. Es ist ermittelt, dafs diese Bazillen, welche wahrscheinlich durch Einatmung in den menschlichen Körper gelangen, auch aufserhalb des letzteren leben. Besonders sind hölzerne Gebäude in Atschin mit diesen Bazillen infiziert. Ein Professor aus Utrecht hat sich vor einiger Zeit behufs weiteren Studiums der Krankheit nach Atschin begeben.

§ **Dampferlinien zwischen Europa und dem Kongo.** Von Liverpool geht monatlich ein Dampfer der British and African Steam Navigation Company oder der African Steamship Company; die Dauer der Reise ist 45—50 Tage und der Preis in 1. Kajüte 700 ℳ; in 2. Kajüte 500 ℳ. Von Lissabon geht am 6. jeden Monats ein Dampfer der portugiesischen Gesellschaft Empreza Nacional nach dem Kongo; Dauer der Reise 23 Tage, Preis in 1. Kajüte 700 ℳ. Von Hamburg geht gegen Ende jeden Monats ein Woermannscher Dampfer; Dauer der Reise 45—50 Tage, Preis 700 ℳ. Die Nieuwe Afrikansche Handelsvennootschap in Rotterdam veranstaltet mit ihren Dampfern 6 Fahrten jährlich nach dem Kongo; Dauer der Reise 21—22 Tage. Für das Haus Hatton & Cookson in Liverpool, welches zahlreiche Faktoreien in Westafrika besitzt, fährt der Dampfer „Angola" beständig zwischen der Westküste und Liverpool. Endlich wird nächstens eine neue Dampferlinie der Empreza Nacional zwischen Antwerpen und Banana eröffnet werden.

## Geographische Litteratur.

### Allgemeines.

§ **Die Kulturgeschichte in einzelnen Hauptstücken.** Von Julius Lippert. 3 Abteilungen mit zahlreichen in den Text gedruckten Abbildungen. (35. Band des „Wissens der Gegenwart.") Leipzig und Prag, G. Freitag und F. Tempsky. 1885-86. In der Vorrede spricht sich der Verfasser über die Aufgabe, welche er lösen will, wie folgt aus: „In diesen drei Bändchen soll aus dem unermefslichen Gebiete der Kulturgeschichte nur dasjenige ausgewählt sein, was nicht blofs einen einstmaligen Zustand der menschlichen Gesellschaft beleuchtet, sondern auch als ein ursächlich Fortwirkendes die Erscheinungen der Folgezeit erklärt. War dies der oberste Grundsatz für die Auswahl des Stoffes, so wurde uns ferner die Feder geleitet durch die Rücksicht auf den Umfang dieser Büchlein, auf die Selbständigkeit jedes einzelnen Teiles und das Programme des „Wissens der Gegenwart" überhaupt." Die erste Abteilung ist überschrieben: Des Menschen Nahrungssorge, Kleidung und Wohnung; sie handelt also von der materiellen Kultur. Beginnend mit einer Betrachtung über die Verbreitung der Menschen über die Erde, schreitet sie zu einer geschichtlichen Darstellung der menschlichen Ernährung, der zur Gewinnung der Nährstoffe verwandten Geräte und Werkzeuge, sie bespricht, immer vergleichend, die Nomadenwirtschaft, Kleidung und Pelz, endlich die Wohnung und die in Befriedigung dieser Bedürfnisse entwickelten Gewerbe. Die zweite Abteilung behandelt die gesellschaftlichen Einrichtungen: Ehe, Familie, Entwickelung des Eigentums, Verfassungs- und Regierungsformen, Gerichtswesen. Die dritte Abteilung handelt von der Bildung der Sprachen und Schrift, von der Geschichte der Religion und Mythologie. Das ganze Werk ist auf etwa 700 Seiten des kleinen Formats, in welchem die oben bezeichnete Sammlung erscheint, zusammengedrängt, und wenn man auch mit dem Verfasser über Einzelheiten in der Behandlung rechten mag, so mufs man doch sagen, dafs die neueren ethnologischen Forschungen verständig benutzt und in klarer Weise zum Ausdruck gebracht werden. Bei dem billigen Preis wird das Buch sicher einen grofsen Leserkreis gefunden haben.

**Die Erdrinde und ihre Formen.** Ein geographisches Nachschlagebuch in lexikalischer Anordnung von Josef Zaffauk Edler von Orion. Wien, Hartlebens Verlag, 1885. Vorliegendes Nachschlagebuch (139 Seiten umfassend) gliedert sich in drei Teile. Der erste Teil enthält die Nomenklatur und Terminologie der die Erdrinde bildenden wichtigsten Gesteine und der ihrer Oberfläche angehörenden Gebilde und Erscheinungen. Im zweiten Teile sind die am meisten vorkommenden geographischen Ausdrücke, sowie solche, welche mit geographischen Bezeichnungen in Verbindung stehen, alphabetisch geordnet, in 87 Sprachen aufgeführt. Der dritte Teil bietet ein Kompendium des zweiten Teiles, in welchem jedem deutschen Ausdrucke die Übersetzung in fremde Sprachen folgt. W.

### Europa.

**Länderkunde der fünf Erdteile,** herausgegeben unter fachmännischer Mitwirkung von Alfred Kirchhoff. Mit vielen Abbildungen in Schwarzdruck, sowie Karten und Tafeln in Farbendruck. Verlag von G. Freitag in Leipzig, 1886. Diese Länderkunde der fünf Erdteile, welche unter der vorzüglichen Leitung des Haller Geographen Professor Alfred Kirchhoff seit Anfang

d. J. in Lieferungen erscheint, beabsichtigt nicht nur für den Geographen vom Fach, sondern wie wir hier besonders betonen wollen, auch für den weiten Kreis der Gebildeten die Erde nach der Manigfaltigkeit ihrer Ländergestalten umrifsweise, aber dabei streng wissenschaftlich zu schildern. Das Werk will dem deutschen Volke Heimat und Fremde vorführen in abgerundeten Bildern des Wesens jeglichen Landes, d. h. der Grundzüge sowohl seiner Natur als auch der doppelten Beziehung der Bewohner zu ihr, der passiven wie der aktiven. Die vielen Lehr- und Handbücher der Geographie sollen durch diese Länderkunde also keineswegs um ein neues vermehrt, ebensowenig aber soll die Zahl derjenigen Werke vergröfsert werden, welche sich in einfachen Schilderungen von Land und Leuten gefallen. Das vorliegende Werk soll, um es kurz zu charakterisieren, ein Gegenstück zu der in ihrer Art so vorzüglichen „Géographie universelle" von Elisée Reclus bilden; nur will diese deutsche Länderkunde ihren Gegenstand bei weitem nicht so umfangreich wie das französische Werk behandeln, aber mit gleichem Streben nach wissenschaftlicher Gründlichkeit und Unparteilichkeit, in gemeinverständlicher Sprache, unterstützt durch reichliche Beigabe von Karten, Landschafts- und Volkstypen. Soweit irgend möglich, soll jedes Land von einem kundigen Beobachter dargestellt werden, der es aus eigener Anschauung kennen gelernt hat. Was dem Werke dabei unvermeidlich an äufserer Einheitlichkeit mangeln dürfte, wird ihm dann hoffentlich durch die Verläfslichkeit und Lebendigkeit seiner nicht auf blofsem Bücherstudium beruhenden Schilderung zu gute kommen. Zunächst erscheint die Länderkunde von Europa in zwei Bänden in Grofs-Oktav in etwa 130 Lieferungen à 90 Pfg., bearbeitet von den Professoren Kirchhoff, Penck, Egli, Heim, Supan, Rein u. a. Vor uns liegen heute nun die ersten 15 prächtig mit Holzschnitten, Chromolithographien, Übersichts- und Detailkarten geschmückten Lieferungen (S. 1—132). Die drei ersten Lieferungen, S. 1—87, enthalten eine Einleitung über Europa im allgemeinen von Professor Kirchhoff. Der Verfasser behandelt hier in einer sehr ansprechenden Weise: Erdteilnatur, Gröfse, Gliederung; Bodenbau und Gewässer; Klima, Pflanzen- und Tierverbreitung und endlich die Bewohner. Diese Abschnitte sind nach des Referenten Ansicht eine Musterleistung populär-wissenschaftlicher Darstellung. Dieser Einleitung folgt eine „physikalische Skizze über Mittel-Europa" von dem Wiener Professor Albrecht Penck und dann eine Darstellung des deutschen Reiches von demselben, welche den Hauptnachdruck auf die geologische Gestaltung, die Entstehungsgeschichte, Klima u. s. w. der geschilderten Gebiete legt. In den anthropogeographischen Abschnitten verdient die Beschreibung der Städte hervorgehoben zu werden. Natürlich hat ein solches Werk, wie das vorliegende, auch die Unterstützung von seiten des gebildeten Teils der Nation nötig. Es ist deshalb gewifs zu hoffen, dafs diese Kirchhoffsche Länderkunde in einer Stadt wie Bremen, deren Verkehrs- und Handelsverbindungen bis zum äufsersten Osten reichen, nicht nur in einem Exemplar in unsrer Stadtbibliothek und der Bibliothek der geographischen Gesellschaft vertreten ist, sondern dafs das Werk gar manchen Bücherschrank unsrer Bremer Handelsherren zieren werde.

W. W.

E. Gaeblers Taschenatlas des deutschen Reiches und der deutschen Kolonialbesitzungen in 19 Haupt- und 30 Nebenkarten mit begleitendem Text. Leipzig. Karl Fr. Pfau 1886. Dieser bequeme und handliche Taschenatlas ist für „Reise und Hausgebrauch" bestimmt und wird gewifs ähnlich wie sein Vorbild, Justus Perthes Taschenatlas, in weiten Kreisen willkommen sein und viele Abnehmer finden. Der „Taschenatlas des deutschen Reiches" ist seiner ganzen Anlage nach vorzugsweise für Reisezwecke geeignet. Die Bahnen sind in kräftigen roten Linien eingedruckt. Außer den wichtigeren Städten in möglichster Vollständigkeit haben sämtliche Knotenpunkte Aufnahme gefunden, ebenso alle Badeorte von Bedeutung, und von den Eisenbahnstationen so viele der größeren, dafs dieselben zur Übersicht ausreichend sind. An den Hafenplätzen finden sich die Fahrzeiten der wichtigsten deutschen und ausländischen Schiffslinien verzeichnet. Auf den Spezialkartons der beigegebenen Hauptstädte wurden die verschiedenen Bahnhöfe durch eine auffällige Signatur hervortretend bezeichnet, womit dem Reisenden in vielen Fällen gewifs ein Dienst erwiesen ist. Die im Anhange gegebenen drei Kartenblätter unsrer Kolonien in Afrika und Australien und der überseeischen Beziehungen des deutschen Reiches mit Angabe der im Auslande zerstreuten deutschen Konsulate bilden eine angenehme Ergänzung. Der vorangestellte Text (32 S.) enthält sehr zahlreiche wissenswerte geographische, volkswirtschaftliche, historische und statistische Daten, welche auf die Staaten, Provinzen, Städte u. a. bezug haben. Gaeblers Taschenatlas sei unsren Lesern bestens empfohlen. W.

Die Schweiz. Von Professor Egli. Mit 48 landschaftlichen Abbildungen. Eine populäre historisch-geographische Darstellung vom Land und Volk der Schweiz, die sich durch knappen klaren Styl, wie durch den gebotenen reichen Inhalt an Thatsachen auszeichnet.

Die ethnologischen Verhältnisse des österreichischen Küstenlandes, nach dem richtiggestallten Ergebnisse der Volkszählung vom 31. Dezember 1880. Mit einer ethnographischen Karte in 2 Blättern. Von Karl Freiherrn von Czoernig. Triest, F. H. Schimpff, 1885. Dem in der Karte, welche dieser sorgfältigen bevölkerungswissenschaftlichen Untersuchung beigegeben ist, niedergelegten Ergebnis entnehmen wir, dafs von der Bevölkerung von Triest, Vororten und Territorium 144,844 Personen, nicht weniger wie 88,887 sind, deren Umgangssprache italienisch ist; der slovenisch redenden sind 26 263, der deutschredenden 5141. In der Bevölkerung der Grafschaft Görz und Gradiska ist das Verhältnis folgendes: 211,084 Personen; von diesen reden 2639 deutsch, 7345 italienisch und 129 857 slovenisch. Endlich, in der Markgrafschaft Istrien, 292 006 Personen, ist die Umgangssprache bei 4770 deutsch, bei 112 701 italienisch, 40 060 slovenisch, 123 240 serbokroatisch; 2121 rumänisch, 348 sprechen andre Sprachen.

Physikalische Geographie von Griechenland mit besonderer Rücksicht auf das Altertum bearbeitet von Prof. Dr. C. Neumann und Prof. Dr. J. Partsch, Breslau. Verlag von W. Koebner. 1885. (475 S.) Das vorliegende Werk bildet einen im hohen Maafse schätzenswerten Beitrag zur europäischen Länderkunde, indem es uns zugleich ein Muster physikalisch-geographischer Landeskunde im Ritterschen Sinne vorführt, wissenschaftliche Gründlichkeit sind hier mit einer meisterhaften Darstellung in glücklicher Weise verbunden. Das Buch behandelt in fünf eingehenden Kapiteln 1) das Klima Griechenlands (S. 13—126), 2) das Verhältnis von Land und Meer (S. 127—151), 3) das Relief des Landes (S. 152—205), 4) die geologischen Verhältnisse (S. 206 bis 255) und 5) die Vegetation Griechenlands (S. 256—456). Wenn auch zu einer vollständigen griechischen Landeskunde dieser allgemeinen physikalischen Geographie noch die Ergänzung durch die spezielle Chorographie und Topographie abgebt, so nimmt dieses Werk doch einen hervorragenden Platz in der geographischen Litteratur ein. W.

Die Nationalitätsverhältnisse Böhmens von Dr. Ludwig Schlesinger. Stuttgart, Verlag von J. Engelhorn. 1886. Die vorliegende kleine Schrift (27 Seiten) bildet das erste Heft des II. Bandes der „Forschungen zur Deutschen Landes- und Volkskunde", welche im Auftrage der Zentralkommission für wissenschaftliche Landeskunde von Deutschland von Professor Richard Lehmann in Münster herausgegeben werden und rüstig fortschreiten. Im ersten Abschnitt wird die Statistik der Nationalitäten Böhmens im allgemeinen behandelt. Wir heben aus diesem hervor, dafs nach der Zählung von 1880 in Böhmen von einer einheimischen Bevölkerung von 5 597 263 Seelen

2 051 486, d. s. 37,11 % Deutsche
3 472 940, d. s. 62,19 % Tschechen
2 837, d. s. 0,05 % andre

gezählt wurden. Von den 13 184 Ortschaften, welche das Land zählt, ergeben sich

als rein deutsch .................................... 4 304
„ „ tschechisch ................................. 8 473
„ gemischt ........................................ 407.

Von den tschechisch-gemischten Städten mit über ein Zehntel deutscher Einwohner nennen wir folgende: Prag, Pilsen, Königgrätz, Josefstadt; von den deutsch-gemischten Städten mit über ein Zehntel tschechischer Bevölkerung: Budweis, Braunau, Brüx, Rudolfstadt, Dux, Hohenelbe, Leitmeritz, Theresienstadt, Bodenbach, Trautenau. Die beiden Volksstämme Böhmens leben jeder für sich in kompakten Massen beisammen, und es ist ein ethnographischer Irrtum, wenn man glaubt, dafs es im Lande ein grofses Territorium gäbe, innerhalb dessen die Deutschen und Tschechen untereinander gemischt gelagert wären. Im Gegenteil, die Sprachgrenze läfst sich durch das ganze Land mit scharfer Genauigkeit ziehen, und es kann zwar neben den beiden grofsen, rein nationalen Gebieten noch von einzelnen Sprachzungen, Sprachinseln und gemischten Ortschaften, jedoch nicht von einer gemischten Zone die Rede sein. In den folgenden Abschnitten behandelt der Verfasser die Verteilung der Nationalitäten auf die Gerichtsbezirke, die Sprachgrenze und die Sprachzungen und Sprachinseln. Wir empfehlen das Schriftchen, sowie das ganze Unternehmen der „Forschungen zur deutschen Landes- und Volkskunde" unsern Lesern bestens.
W.

Neues vollständiges Ortslexikon der Schweiz. Von Henry Weber. Zweite Auflage von Dr. Otto Henne am Rhyn. St. Gallen, 1886. Verlag von M. Kreutzmann. Das vorstehende Werk, von dem zunächst nur zwei Lieferungen vorliegen, ist in erster Linie bestimmt, ein schneller, kurzer aber zuverlässiger Ratgeber für den Handels-, Gewerbe- und Beamtenstand zu sein, es wird aber auch durch seine allgemein interessierenden historischen und statistischen Notizen ein willkommenes Nachschlagebuch für jedermann werden, der über Lage, Gröfse, Einwohnerzahl, Industrie, geschichtliche Denkwürdigkeiten u. s. w. irgend eines Ortes der Schweiz Auskunft haben möchte. Das Buch soll etwa 40 Bogen umfassen.

## Afrika.

Ein zweites Reisejahr in Südafrika. Von Dr. Wangemann, Missionsdirektor. Mit einer Karte von Südafrika. Berlin 1886. Verlag des Missionshauses. Der Verfasser dieses Buches, das in der That ein reiches und vollgültiges Zeugnis ablegt von dem unermüdlichen Wirken der deutschen Mission in Südafrika, erzählt seine Eindrücke, Erfahrungen und Erlebnisse auf dieser neuen Reise in Südafrika, die er im Dienste der Mission, obwohl schon bejahrt, unternahm und mancher Beschwerden und Gefahren ungeachtet, glücklich ausführte. Die große Reise umfaßte in mancherlei Kreuz- und Querfahrten die Kapkolonie Natal, den Oranjefreistaat und die Burenrepublik bis in die Nähe des Limpopoflusses und von Umsilas Land und wenn auch, wie natürlich, der Hauptzweck, die Mission, überall hervortritt, so schaut, schildert und urteilt der Verfasser doch mit offenem Sinn und Herzen über Land und Leute. Die Erfolge der Mission kennzeichnen folgende in dem Rückblick am Schluß enthaltenen Sätze: „Nach dreißigjähriger Arbeit unter den Heiden zählte unsere Missionsgesellschaft am Schluß des Jahres 1864: 14 Stationen, 26 ordinierte Missionare und 9 Kolonistenbrüder; die Zahl der Getauften betrug 1823 Seelen. Am Schluß des Jahres 1884 (20 Jahre später) fand ich in Afrika vor: 45 Hauptstationen, 57 Nebenstationen, 100 Predigtplätze, 56 Missionare, 5 Kolonistenbrüder, 49 besoldete und 231 unbesoldete Mithelfer aus den Farbigen. Die Zahl der im letzten Jahre Getauften betrug 1686, also ¼ mehr als die Frucht der ersten 30 Jahre in Summa und 3336 Schulkinder besuchten unsere Schulen, während die Gesamtzahl der Getauften auf mehr als 15000 gestiegen war."

Amerika.

Der rationelle Estanziabetrieb im untern La Plata-Gebiete von C. F. E. Schultze. 1885. Es ist genugthuend, daß unser Volk in dem gegenwärtigen Kolonisationstaumel, welcher die abenteuerlichsten Unternehmungen auf fast gar keiner Grundlage freudig begrüßt und annimmt, dennoch Zeit findet, sich mit Plänen zu beschäftigen, welche allerdings nicht die Gründung von Weltreichen auf Aktien ins Auge fassen, sondern einfach die schnelle und sichere Nutzbarmachung deutschen Geldes und deutscher Arbeitskraft auf fremder Erde zum Zweck haben; wenigstens geht der Verfasser von dieser Voraussetzung aus, und unterzieht sich der Mühe, seine klaren, gut begründeten Rechnungen jenen rosigen Zukunftsbildern gegenüber zu stellen. Möge es ihm also auch gelingen, die Aufmerksamkeit klar denkender Geschäftsmänner zu erringen! Vorliegende Schrift nämlich ist in erster Linie nicht für den Auswanderer im gewöhnlichen Sinne bestimmt, sondern entwickelt, auf genaue Sachkenntnis gestützt, die Art und Weise, das La Plata-Gebiet von Seiten Deutschlands in weit höherem und vorteilhafterem Grade auszubeuten, wie dies bisher geschah. Verfasser bedauert zuförderst, daß das Großkapital, soweit dasselbe in ländlichen Unternehmungen (auch in Banken, Eisenbahnen, Dampferlinien u. a.) angelegt ist, sich fast gänzlich in englischen, beziehungsweise französisch-belgischen Händen befindet, während die wenigen deutschen Estanzien an den Fingern herzuzählen sind und unter den arbeitenden Klassen unsrer Einwanderung wirkliche Bauern und Ackerleute so gut wie gar nicht vorkommen. Der wirtschaftliche Schwerpunkt Argentiniens beruhte früher ausschließlich auf der Viehzucht, die bei der großen Ausdehnung der Besitzungen und den geringen Ansprüchen der Eigentümer höchst sorglos betrieben wurde, so daß die Rassen stets mehr zurückgingen, ohne daß je von einer Erneuerung des Blutes die Rede war. Und wenn auch seit etwa 30 Jahren viel für Veredlung des Schafes geschah, so blieb doch, außer dem eignen Verbrauch, die Ausbeutung des Rindviehes nach wie vor auf Haut, Talg und geringwertiges Salzfleisch und die der Pferde auf Haut und Fett beschränkt. Natürlich gab das angelegte Kapital geringen Zins und vermehrte sich nur durch den allmählich steigenden Wert des Bodens, sowie der Tiere selbst, sobald letztere bei der verminderten Indianergefahr als Zuchtvieh zur Anlage neuer Etablissements im Südwesten begehrt wurden. Zu gleicher Zeit waren die Herden grofser Sterblichkeit ausgesetzt, da sie einesteils ohne jeden Schutz der Kälte und Nässe trotzen mufsten und anderenteils völlig auf das Futter, welches der Kamp selbst gewährte, angewiesen waren, so dafs in Zeiten von Dürre Tausende, ja Millionen von Tieren eingingen. Erst durch Einführung der Drahtzäune, welche die umfangreichen Güter völlig einfriedigen, aber auch ganz bedeutende Kosten verursachen, änderte sich dieser Zustand, wenigstens zum Teil. Nun konnte das Vieh des Nachbars nicht mehr die Nahrung der eigenen Herden beeinträchtigen, kleinere Einzäunungen ermöglichten das Abscheiden der feineren Tiere und das Mästen von Schlachtvieh, sowie die Anlage von Luzernefeldern für die Zeit der Not; kurz eine sorgfältigere Wirtschaft und damit auch eine bessere Ausnützung des Kapitals kam zur Geltung. Dieselbe wird aufserdem seit einigen Jahren durch die Ausfuhr von frischem Fleisch nach Europa sehr begünstigt, da die rationelle Zucht besonders des Rindviehes erst hierdurch eine feste Grundlage erhält. Allerdings haben die grofsartigen hierzu gegründeten Unternehmungen bis jetzt noch keine nennenswerten Resultate gegeben, doch es liegt auf der Hand, dafs argentinisches Fleisch, schon wegen der grofsen Unterschiedes in der Entfernung, auf dem Weltmarkte sehr gut mit dem australischen wetteifern kann, sobald nur seine Qualität sich gebessert haben wird. So beginnt man also auch die Rinder zu verfeinern und die Schafe nicht mehr blos auf Wolle, sondern zugleich auf Fleisch zu züchten. Und da auch die hiesigen Pferde, welche bis jetzt nur zu Luxuszwecken veredelt wurden, vorteilhaften Absatz versprechen, wenn sie das französische oder italienische Militärmafs besitzen, so geht die frühere lässige Wirtschaft der Criollos auf ganz natürlichem Wege in eine rationelle, intensive Ausbeutung des ländlichen Materials über, bei welcher Gewinn und Verlust eben so sicher zu berechnen sind, als bei jeder andern gut begründeten Unternehmung. Parallel mit diesen Fortschritten der Viehzucht läuft seit etwa 30 Jahren das Bestreben, den noch immerhin billigen Grund und Boden durch Bestockung mit Menschen, also durch Kolonien besser zu verwerten, zumal in jenen entfernteren Gegenden, welche noch nicht die für feine Schafe nötigen zarten Gräser hervorbringen. Und wirklich war im Anfang der Ackerbau für Landspekulanten und Kolonisten gleich gewinnbringend: wurden doch noch im Jahre 1874 Weizen und Mehl im Werte von 3 Millionen Mark eingeführt, so dafs der Produzent von Brodfrüchten im Lande selbst auf sichern Absatz zu hohen Preisen rechnen, mithin auch die hohen Löhne zahlen konnte. Doch seitdem ist schon Überproduktion eingetreten; der Weizen wird nach Europa ausgeführt, erzielt also nur noch die niedrigen Preise, welche ihm den Wettbewerb auf den dortigen Märkten ermöglichen, und sein Anbau ist deshalb bei weitem nicht mehr so lohnend. Aufserdem erschöpft sich natürlich der Boden schnell genug durch die unausgesetzte Bestellung mit derselben Frucht, ohne jeden Dünger, so dafs der kleine Grundbesitzer entschieden zurückkommt, welcher nicht zu gleicher Zeit aus einem weniger zahlreichen als gut gehaltenen Viehstande den bestmöglichen Nutzen zu ziehen weifs. Also auch in diesem Industriezweige beginnt das naive Raubsystem einer vernünftigeren Wirtschaft zu weichen. Auf diese höchst sachgemäfse Schilderung der augenblicklichen Verhältnisse stützen sich nun zwei Entwürfe für die intensivere Ausbeutung der beiden grofsen Produktionsquellen des Landes, welche auch für die Zukunft stets den Vorrang behaupten dürften. Erstens die rationelle Bewirtschaftung einer Rindviehestanzia, verbunden mit einigen bäuerlichen Ansiedlungen und zweitens der Betrieb eines auf Schafzucht gegründeten Etablissements. Beide Projekte sind mit voller Kenntnis des Gegenstandes bis in die Details ausgearbeitet, und weisen einen mäfsigen aber sicheren Ertrag von 9 beziehungsweise 11% nach, also einen für die vaterländischen Verhältnisse nicht unerheblichen Zinsfufs. Doch ihre Besprechung gehört nicht in den Kreis dieser Blätter, und will ich deshalb nur auf das Mifsliche einer zu engen Verbindung der bäuerlichen Grundbesitzer mit dem Eigentümer der Estanzia selbst, wie solche auf Seite 72 vorgeschlagen wird, hinweisen, da dieselbe nur zu leicht in das Verhältnis völliger Hörigkeit ausarten dürfte. Natürlich sind zu diesen Unternehmungen nicht unbedeutende Mittel erforderlich, besonders wenn dieselben gleich von vornherein dem vollständigen Entwurfe entsprechen sollen, und ist womit das Studium der Schrift in erster Linie für Kapitalisten von Interesse; doch giebt dieselbe zugleich so viele und so authentische Daten und Fingerzeige über die gesamten ländlichen Verhältnisse des unteren La Plata-Gebietes, dafs ihre Verbreitung auch in den Kreisen der wirklichen Auswanderer nur zu wünschen ist. Gerade der „bleischwere Materialismus" der Schilderung, welcher dem Verfasser vorgeworfen worden ist, bildet ein Hauptverdienst des Buches: es ist ein treuer Spiegel der hiesigen, wirtschaftlichen Lage, in welche sich ein jeder, trotz aller romantischen Ideen, schliefslich fügen mufs.

Buenos-Aires, September 1886.

A. Seelstrang.

### Schulgeographie.

Schulgeographie von Alfred Kirchhoff. Sechste verbesserte Auflage. Halle a. S., Verlag der Buchhandlung des Waisenhauses, 1886. Von diesem vortrefflichen Leitfaden liegt bereits die sechste Auflage vor. Die erste Lehrstufe hat einige Erweiterungen erfahren, die Zählung der geographischen Länge geschieht jetzt nur nach dem Greenwich-Meridian, das nach der Anregung von F. v. Richthofen entbehrliche Wort „Plateau" ist fast ganz ausgemerzt, beim deutschen Reiche sind die neuen Volkszählungsergebnisse eingesetzt, und auch sonst sind mehrere Einzelberichtigungen vorgenommen — kurz, das Buch gewinnt mit jeder neuen Auflage. — Die englische Aussprachebezeichnung bei St. Helena, Mauritius, Canada, Labrador, Florida, Calcutta, Jamaika ist entbehrlich, jedermann wird dieselben doch deutsch aussprechen. W.

Die Methode des geographischen Unterrichts. Von Direktor Carl Boettcher (Königsberg). Berlin, Weidmannsche Buchhandlung, 1885. 146 S. Preis M. 2.40. Diese Schrift bildet einen Abdruck aus den Verhandlungen der elften Direktorenversammlung höherer Schulen der vereinigten Provinzen Ost- und Westpreussen; sie ist ein erfreulicher Beweis dafür, dafs der Geographie als Unterrichtsfach in unsern höheren Schulen eine immer gröfsere Pflege sich zuwendet. Der Verfasser, der sein Interesse und Verständnis für den geographischen Unterricht bereits durch eine frühere Programmarbeit bewiesen hatte, behandelt hier nach einer Reihe von Vorbemerkungen Ziel und Umfang des geographischen Unterrichts, Lehrgang und Gliederung, das Lehrverfahren, besonders die Einprägung der Karte, die Lehr- und Anschauungsmittel und schliefst mit einer Anzahl Wünsche. In recht übersichtlicher Weise sind die Ergebnisse des Ganzen in 51 Thesen am Schlufs zusammengestellt. Die Schrift gewinnt dadurch noch einen besonderen Wert, dafs dem Verfasser bei seinen Ausführungen Spezialgutachten von 16 höheren Lehranstalten zur Seite standen. Der Verfasser ist im Gegensatz zur sogenannten zeichnenden Methode, deren Hauptvertreter Professor Kirchhoff und H. Matzat sind, ein eifriger und scharfer Verfechter für die sogenannte „beschreibende Methode". Es ist hier nicht der Ort, auf diesen strittigen Punkt einzugehen, unser Zweck ist nur, alle, welche sich für die Gestaltung des geographischen Unterrichtes interessieren, auf die lehrreiche Schrift hinzuweisen, die neben Matzats Methodik des geographischen Unterrichts (Berlin 1885) den wertvollsten Beitrag zur Schulgeographie in jüngster Zeit bildet. 

W.

**Schul-Atlas über alle Teile der Erde.** Zum geographischen Unterricht in höheren Lehranstalten. Herausgegeben und bearbeitet von C. Diercke und E. Gaebler, 61 Haupt- und 132 Nebenkarten. Sechste verbesserte Auflage. Braunschweig. Druck und Verlag von George Westermann. Preis 5 ℳ. Eine eingehende Besprechung dieses Atlanten, der zuerst im November 1883 erschien und nun bereits in einer sechsten verbesserten Auflage vorliegt, gab Referent im VII. Bd., S. 218 ff. d. Zeitschrift. Wie bei dem reichen Inhalte, den schön und sauber ausgeführten Karten und weiter dem sehr mäfsigen Preise nicht anders zu erwarten war, hat der Atlas eine sehr günstige Aufnahme gefunden. Kleinere Fehler und Mängel der ersten Auflage sind von den aufmerksamen Herausgebern mit Sorgfalt verbessert und insbesonders sind auch alle diejenigen Veränderungen auf den politischen Karten nachgetragen worden, welche zur Zeit der Drucklegung als unbedingt feststehende Resultate der deutschen Kolonialpolitik betrachtet werden konnten. Ganz besonders ist aber als eine Verbesserung hervorzuheben, dafs seit der vierten Auflage abweichend von den früheren Ausgaben in den rein politischen Karten die Terraindarstellung gegeben ist. Der Atlas verdient die wärmste Empfehlung. Dem Geographen und jedem, der mit Karten, namentlich mit Spezialkarten zu thun hat, wird sich das vorliegende Werk vielfach als nützlich erweisen.

W.

Zur Besprechung wurden ferner eingesandt: A travers le Zanguebar, Voyage dans l'Ondoé, l' Onzigoua, l'Onkwéré, l'Onka et l'Onsagara, par les P. P. Baur et Le Roy. (45 gravures et une carte.) Tours, A. Mame et fils.

www.ingramcontent.com/pod-product-compliance
Lightning Source LLC
Chambersburg PA
CBHW032152160426
43197CB00008B/881